新媒体·新传播·新运营 系列丛书

慕课版

和秋叶一起学

新媒体营销与运营

丛书主编／秋叶

乔辉 麻天骁／主编

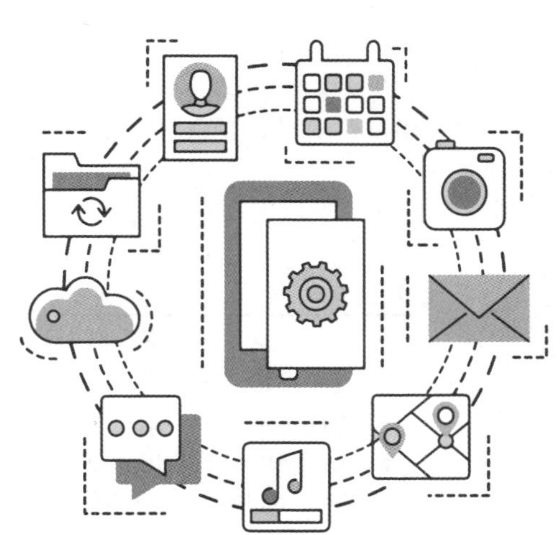

人民邮电出版社

北京

图书在版编目（CIP）数据

新媒体营销与运营 ：慕课版 / 乔辉，麻天骁主编
. -- 北京 ：人民邮电出版社，2021.1（2021.7 重印）
（新媒体·新传播·新运营系列丛书）
ISBN 978-7-115-55203-7

Ⅰ. ①新… Ⅱ. ①乔… ②麻… Ⅲ. ①网络营销
Ⅳ. ①F713.365.2

中国版本图书馆CIP数据核字(2020)第213799号

内 容 提 要

本书在讲解新媒体营销及其十大模式、新媒体运营及其九大模块的基础上，系统地介绍了新媒体编辑必备的实战技能、微博营销与运营、微信营销与运营、社群营销与运营、短视频营销与运营、直播营销与运营。本书在注重系统性和全面性的基础上，更注重讲解具体方法、技巧的操作步骤，帮助读者提高新媒体营销与运营能力，使其能够更好地在工作中学以致用。

本书适合作为本科院校、职业院校新媒体相关专业的教材，也可供新媒体从业人员进行学习和参考。

◆ 主　　编　乔　辉　麻天骁
　责任编辑　古显义
　责任印制　王　郁　焦志炜
◆ 人民邮电出版社出版发行　　北京市丰台区成寿寺路 11 号
　邮编　100164　　电子邮件　315@ptpress.com.cn
　网址　https://www.ptpress.com.cn
　三河市中晟雅豪印务有限公司印刷
◆ 开本：720×960　1/16
　印张：15.75　　2021 年 1 月第 1 版
　字数：364 千字　　2021 年 7月河北第 3 次印刷

定价：49.80 元

读者服务热线：(010)81055256　印装质量热线：(010)81055316
反盗版热线：(010)81055315
广告经营许可证：京东市监广登字 20170147 号

前　言

编写背景

我国新媒体行业正处于快速发展期，新媒体行业市场广阔，影响力日渐凸显，正吸引资本大规模流入，其营销价值逐步增强，成为营销活动的主阵地。与此同时，其竞争也在加剧，整体相关产业向纵深发展。

目前新媒体行业的从业者主要围绕图文编辑、音视频制作、文案撰写等核心技能开展微博、微信、社群、短视频、直播的营销与运营工作。很多从事新媒体行业的个人和团队或许对于其中的某一项工作比较熟悉，但缺少一本涵盖新媒体营销与运营主要工作的即查即用的工具书。新媒体从业者特别需要掌握各项营销与运营工作中的技巧和方法。例如，撰写优质微博内容的技巧，利用微信公众号开展活动的技巧，保持社群活跃度的方法，短视频运营的技巧，直播开场设计的技巧等。因此，本书将围绕新媒体营销与运营的工作，着重介绍具体的方法和技巧，以实际案例和步骤贯穿新媒体营销与运营实战工作，帮助新媒体从业者解决实际工作中的问题。

本书编写特色

实操性强：本书在注重新媒体营销与运营的系统性和全面性的基础上，更注重具体方法、技巧的操作步骤，以提升读者的新媒体营销与运营能力，使其能够更好地在工作中学以致用。

案例丰富：新媒体行业变化速度快，为了让读者能够更好地理解新媒体营销与运营的最新方法，本书选取了大量真实案例进行解读。

教学建议

本书适合作为本科院校、职业院校新媒体相关专业的教材。如果院校选用本书作为教学用书，建议学时为 48～64 学时。建议课堂教学依据本书，多进行实战训练，提高学生的实战能力。

现将本书与人邮学院的配套课程使用方法介绍如下。

1．读者购买本书后，刮开粘贴在书封底上的刮刮卡，获取激活码（见图 1）。

2．登录人邮学院网站（www.rymooc.com），使用手机号码完成网站注册（见图 2）。

图 1　激活码

图 2　人邮学院首页

3．注册完成后，返回网站首页，单击页面右上角的“学习卡”选项（见图 3）进入“学习卡”页面（见图 4），即可获得慕课课程的学习权限。

图 3　单击“学习卡”选项

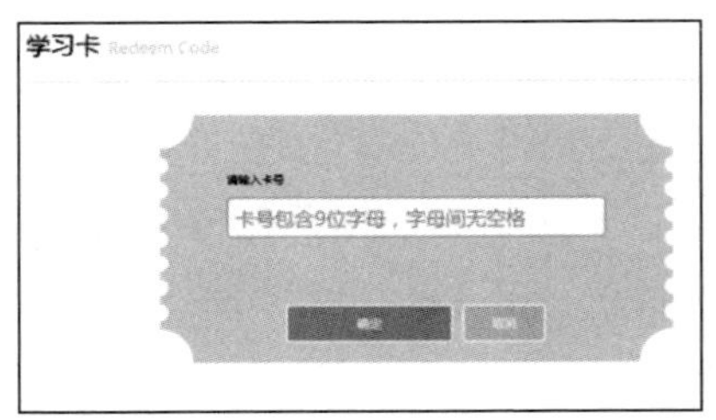

图 4　在“学习卡”页面输入激活码

4．获取权限后，读者可随时随地使用计算机、平板电脑及手机进行学习，还能根据自身情况自主安排学习进度。

5．书中配套的教学资源，读者也可在该课程的首页找到相应的下载链接。关于人邮学院平台使用的任何疑问，可登录人邮学院咨询在线客服，或致电：010-81055236。

本书编写组织

本书由乔辉、麻天骁主编，在编写过程中，得到诸多朋友帮助，尤其感谢秋叶大叔、佳少、米勒等人对本书的支持。限于作者水平，疏漏之处在所难免，对于本书的意见和建议，欢迎有识之士发邮件至 634161405@qq.com。

编者

2020 年 9 月

目　录

第 1 章

新媒体篇——新时代的制胜宝典

【学习目标】

- 掌握新媒体的概念与内涵。
- 掌握新媒体的分类。
- 掌握优质新媒体的特征。
- 掌握新媒体发展的趋势。

当新媒体发布的信息从传统的静态网站信息更新为具有社交传播属性、大数据智能推荐等特征的信息时，新媒体的内涵和形式也在快速变化。很多传统媒体在移动互联网技术的推动下成为新媒体，而一些曾被看作是“新媒体”的网络形态，似乎已不再是主流。本章主要介绍新媒体与新媒体营销。

1.1 认识新媒体与新媒体营销

1.1.1 新媒体与新媒体营销

1967 年，新媒体（New Media）的概念由美国哥伦比亚广播电视网（Columbia Broadcasting System，CBS）技术研究所所长戈尔德马克率先提出，是一个相对的概念。目前新媒体主要包括网络媒体、手机媒体、数字电视等形态，但回顾新媒体的发展过程，可知新媒体是伴随着媒体的发生和发展而不断变化的。例如，广播相对于报纸是新媒体，电视相对于广播是新媒体，网络相对于电视是新媒体等。

新媒体概念的界定，至今没有定论。《连线》杂志曾对新媒体下定义为：“所有人对所有人的传播。”这个定义过于宽泛，如人与人之间的口碑传播，有些借助新媒体，有些则借助日常交往。一些教育、科学及文化组织对新媒体的定义为：“以数字技术为基础，以网络为载体进行信息传播的媒介。”这个定义过于简单，本书谈到的新媒体是指基于数字网络出现之后的媒体形态。凡是利用数字技术、网络技术，通过互联网、宽带局域网、无线通信网等渠道，以及计算机、移动电话、数字电视机等数字或智能终端，向用户提供信息和服务的传播形态，都可以看作新媒体。

理解新媒体的概念，首先需要知道新媒体是建立在数字技术和网络技术等信息技术基础之上的。如果传统媒体开始运用信息技术改造自身运营模式，那么这些传统媒体也可以更新为新媒体。对新媒体的定义是一个动态的变化过程，网络上层出不穷的新媒体形式一方面反映出新媒体发展之快、变化之多，另一方面也说明关于新媒体的研究还不成熟、不够系统。随着新媒体各应用平台的丰富以及各个新媒体平台用户量的不断增加，新媒体营销应运而生。

新媒体营销可分为新媒体和营销，营销行业在整个社会的大分工中已经存在多年，在高校的教学体系中也已经拥有较完善的学科体系。新媒体营销是新媒体与营销的结合，这并不是一个陌生的行业或专业，传统的市场营销策略并未在新媒体营销上完全失效。

从媒介层面理解，首先，新媒体是一种新的媒介形式，区别于报刊、户外、广播、电视等媒体形式，新媒体的媒介形式包括移动电话、计算机、平板电脑、交互式网络电视，以及虚拟现实（Virtual Reality，VR）、增强现实（Augmented Reality，AR）等媒体形式，用户借助新媒体这种新型的媒介形式，在各平台上开展营销活动。随着科技的进步以及互联网内容及服务的创新，用户在新媒体平台开展营销活动，越来越看重营销活动对于新技术的使用，在未来，新媒体营销的方向是在技术和策划之间寻找平衡点。其次，新媒体营销是新的连接方式，这一连接方式区别于报刊、户外、广播、电视等媒体形式产生的连接方式，在新的媒介形式上，依托技术和软件重构了人与人之间的连接方式，人与人之间从单向的传播逐渐演化为新媒体的双向互动。

新媒体营销一方面需要营销策划的知识体系作为理论指导，另一方面，新媒体平台的特点使得企业与消费者之间、人与人之间的交互方式发生变化，又使得旧的营销知识无法完全套用在新媒体营销中。目前，较为热门的新媒体平台有微博、微信、知乎、今日头条等，其特点为用户基数大，信息及时性强，内容形式丰富，互动性强等。由于各平台之间的技术差异以及运营方式不同，用户在各个平台做新媒体营销的技巧和策略也是不同的。

总之，新媒体营销是一个系统工程，需要多个工作岗位人员共同配合完成，在策划新媒体营销活动时，需对各平台进行分析，找到适合企业自身的新媒体平台，根据平台运营机制和规则，基于产品或品牌的推广需求和目标受众的喜好，策划满足推广目标的营销活动。

1.1.2 新媒体分类

1. 新媒体之微网站

随着智能手机的普及，移动互联网时代到来，人们更喜欢在移动终端获取信息。

很多门户为了适应人们利用手机阅读的趋势，有针对性地设计了手机门户，由此也出现了很多的微网站，如图 1-1 所示。

图 1-1　几个典型的微网站

微网站更适应移动互联网的特性，信息展现形式更多样，更适合人们利用碎片化时间阅读。不过，其与门户网站一个巨大的区别就是微网站首页能展示的有效信息量非常少，所以用户在门户网站和微网站上的阅读习惯是不同的。

门户网站首页会放置很多弹窗广告、文字链广告、图片链广告。门户网站的页面上有很多分散用户阅读注意力的广告链接，而在微网站上，人们的阅读习惯是看到感兴趣的内容才会打开阅读。手机屏幕很难支持多个页面切换，人们一旦打开一个页面，在相对短的时间内很少被干扰，反而可以获得相对专注的阅读体验。

新媒体运营者要理解这些互联网媒体变化趋势，才能更好地选择合适的推广渠道。

2. 新媒体之分答

2016 年 5 月 15 日，果壳网旗下的在行平台上线了一款付费语音问答平台——分答，如图 1-2 所示。

图 1-2　付费语音问答平台——分答

用户在分答平台上可以进行自我介绍或描述自己擅长的领域，设置付费问答的价格，其他用户可以付费向其提问，对方用 60 秒的时间来回答。问答环节结束后，用户若感兴趣，可以付费收听，所得的费用将由提问者和回答者平分。

2018 年 2 月 6 日，分答在北京召开品牌升级发布会，宣布分答正式更名为在行一点。以前人们需要问题询问时，会寻求搜索引擎的帮助来获得答案，但当人们遇到复杂或特定问题时，可能会付费从在行一点平台上寻求答案。在行一点平台与搜索引擎相比，平台提供给提问者的答案相对更专业，而且回答形式更有亲和力，使之成为一种知识服务的零售平台。

3. 新媒体之微博

微博，即微型博客的简称，是一个基于用户社交关系的信息分享、传播及获取的平台，用户可以通过微博平台发布 140 字左右的文字信息，并实现即时分享。微博之所以叫微型博客，从某种意义上讲，它属于博客的一种类型。2009 年以来，随着微型博客的兴起，以新浪微博为代表的微型博客也迅速发展，吸引了大量“博主”加入，还扩展了大量普通人群进驻微博。微博逐步取代博客，除了微博更适应移动终端之外，主要有以下几点原因。

（1）入门的门槛低。用户可以通过微博平台发布 140 字左右的文字信息，降低了用户写作和分享的门槛，因此微博大受青睐。

（2）时间灵活。用户通过微博平台可以充分利用碎片时间进行写作和阅读，加快了交流速度，降低了交流成本，强化了人与人之间的即时互动交流感。

（3）互动性强。微博有关注功能，即用户可以对其所感兴趣的人进行关注或加为好友。加关注之后，对方在微博平台上公开发出的信息都会显示在用户的个人首页上，并随着时间自动更新。用户可以对关注人的微博进行转发或评论，并有可能获得即时回复，加强了双方的互动交流。

（4）社交传播。随着微博平台用户的不断增加，其发挥的作用也越来越大。例如，《人民日报》在微博平台上发布了一则新闻，短时间内被用户转发上万次，如图 1-3 所示。

图 1-3 《人民日报》在微博平台发布的一则新闻

4. 新媒体之微信

微信是腾讯公司于 2011 年 1 月 21 日推出的为智能终端提供即时通信服务的免费应用程序。微信支持用户跨通信运营商、跨操作系统平台，通过网络快速发送免费（需消耗少量网络流量）语音短信、视频、图片和文字，同时也提供了公众平台、朋友圈、消息推送等功能。用户可以通过“摇一摇”“搜索号码”“附近的人”“扫一扫”等方式添加好友和关注公众号，同时可以将内容分享给好友，以及将看到的精彩内容分享到微信朋友圈。

截至 2019 年第一季度，微信已经覆盖了 90%以上的用户智能手机，月活跃用户数量超过 10 亿，用户覆盖 200 多个国家和地区。此外，各品牌的微信公众号总数已经超过 1500 万，微信支付用户则达到了 6 亿。

5. 新媒体之视频

目前，视频网站由免费分享视频模式发展为视频前后加贴片广告的模式（包括视频暂停时也可以插入暂停广告）来增加网站收益。2016 年 9 月，专注年轻人的 15 秒音乐短视频社交软件抖音上线，用户可以选择歌曲并拍摄 15 秒的音乐短视频，创作自己的作品。

在完成初期的验证及版本更新后，抖音于 2017 年 2 月开启大规模的“用户拉新”活动；2018 年春节开始，抖音在软件下载市场的下载量超越微信、微博等软件。

除了抖音外，快手、美拍等短视频软件，也凭借全新的设计风格、炫酷的主题、丰富的特效，迅速受到年轻人的喜爱。

6. 新媒体之新闻

为了适应用户的移动阅读模式，新闻门户网站纷纷推出新闻门户客户端，如网易新闻客户端、腾讯新闻客户端、搜狐新闻客户端等。有些传统媒体也抓住时机，推出了自己的移动新闻客户端，如浙报集团的澎湃新闻客户端、上海文广集团的界面新闻客户端等。图 1-4 所示为网易新闻客户端页面。

图 1-4　网易新闻客户端页面

新闻客户端的兴起适应了用户移动阅读的趋势，取代了用户通过报纸或从门户网站看新闻的需求，但是移动终端界面很小，所以新闻客户端也为适应这一变化做了许多创新，具体介绍如下。

（1）碎片化阅读，内容排版适应移动端载体，用户可随时随地阅读相应信息。

（2）突出头条新闻，引入独家原创内容，围绕精准定位推送文章，吸引目标用户。

（3）强化个性化推送，依据用户阅读习惯，智能推送用户喜欢阅读的文章。

（4）订阅简单，安装方便，可以自动弹出消息提示。

（5）鼓励转发内容，强化交流分享属性。

7. 新媒体之直播

2015 年以来，网上最热的新媒体无疑是网络直播。网络直播是一群人在同一时间通过网络在线观看的真人互动节目。用户最早是在优酷、土豆等视频网站上传个人视频，如今的直播平台已经进入“随走、随看、随播”的移动视频直播时代。

网络视频直播最大的特点是可以让用户与现场进行实时连接，给用户带来真实、直接的体验。一方面，从信息传播的角度来看，文字可以被编辑，图片可以被修饰，就连视频也能被剪辑制作，唯独直播的真实性较强；另一方面，主播和用户如何互动是无法提前安排的，这才会给用户足够的想象空间和惊喜，吸引用户观看，而其强大的互动性也拉近了用户和主播之间的距离。如果运营商请的主播有影响力或是大明星，那么直播同样可以创造出具有超高影响力的话题，带动更多用户一起参与进来，使话题更具传播力。

8. 新媒体之支付

随着互联网的不断发展，各大商业银行纷纷推出了网上银行业务。网上银行业务的推广和普及，使支付网络电子化成为可能。但是在网络环境下，买卖双方都担心钱货两空。如何保证支付的安全，成为早期我国电子商务发展过程中亟待解决的问题。

支付宝（Alipay）是淘宝网用来解决网络交易安全所设的一个客户端，该客户端在网络环境下为买卖双方提供第三方担保，以促成电子支付的实现，进而促使交易的顺利进行。首先，买家要将货款打到支付宝账户，由支付宝通知卖家发货；买家确认收到商品后指令支付宝将货款支付给卖家，至此完成一笔网络交易。该模式的推出有效解决了支付过程中的信任危机，很好地兼顾了买卖双方的利益，在一定程度上保证了交易的安全，使得电子商务支付能真正、持久地实现电子化。

财付通是腾讯公司于2005年9月正式推出的专业在线支付平台，早期用于腾讯公司开发的游戏软件，后来用于微信转账、滴滴打车、QQ转账等软件中的支付环节。财付通的核心业务和支付宝一样，即帮助在互联网上进行交易的双方完成支付和收款，致力于为互联网用户和企业提供安全、便捷、专业的在线支付服务。

在线支付市场上，财付通具有自己的独特优势。由于几乎所有的腾讯软件付费都使用财付通，所以它拥有较高的市场占有率。财付通与支付宝相比，覆盖了大部分使用腾讯产品的用户，而支付宝覆盖的用户面更广。总体来说，在线支付改变了用户支付的习惯，带动了消费，同时也给用户的生活带来了巨大的便利。

9. 新媒体之微店

随着电子商务的飞速发展，在淘宝开店的成本越来越高，商家之间的竞争越发激烈，盈利空间日益收窄，而基于企业对用户（Business to Consumer，B2C）电子商务模式的天猫商城的进驻门槛越来越高，并占有绝大部分市场。因而，普通用户利用电子商务平台进行创业的机会越来越少。

移动电子商务呈现社交化的趋势，每个用户都可以通过移动设备订阅自己喜欢的品牌和商品信息，建立自己多个不同需求的购物清单，这些被用户订阅的品牌，可以根据用户的订阅、点赞和购物清单，进行一对一的推荐，真正实现一对一的精准营销。

微店的开通成本低，用户只需利用较少时间就可进行营销推广，是新兴的移动电子商务平台，它的优势在于发动每个用户，建立属于他们的购物社交，从根本上建立了零售企业与用户的长期关系，微店的出现也将重新定义实体零售行业在全渠道时代的意义。图1-5所示为微店App界面。

10. 新媒体之VR

虚拟现实（Virtual Reality，VR）技术是综合利用计算机图形系统和各种现实及控制等接口设备，在计算机上生成的可交互的三维环境中为用户提供沉浸感觉的技术。其中，计算机生成的可交互的三维环境称为虚拟环境。虚拟现实技术是一种可以创建和体验虚拟世界的计算机仿真系统，是一种多源信息融合的交互式三维动态视景和实体行为的系统仿真。图 1-6 所示为虚拟现实装置的佩戴者。

图 1-5　微店 App 界面

图 1-6　虚拟现实装置的佩戴者

虚拟现实的产业链主要包括三个部分，即上游的零部件供应、中游的 VR 整机产品和下游的内容和应用。目前，我国企业在 VR 领域主要集中于中游的硬件设施模块（Hardware Device Module，HDM）的生产制造方面，较出名的当属暴风科技旗下参股子公司生产的暴风魔镜，这是我国第一款头戴式显示器设备，暴风魔镜第二代支持 100 多款安卓手机。2016 年以来，互联网企业如阿里巴巴、腾讯、小米、360、锤子等公司纷纷选择布局智能硬件领域。

11. 新媒体之社群

2015 年以来，随着各大社交媒体及网络平台的崛起，自媒体也得到了繁荣发展。然而经过近一两年的爆发式增长后，自媒体的发展却陷入瓶颈，主要表现为粉丝数量增多，但文章阅读量却在下滑。因此，一些自媒体开始尝试通过持续的社群运营获得商业回报。

（1）依靠专业的优质内容输出形成社群，并建立中心化的信任关系，依靠专业度建立信任感。

（2）依靠社交平台沉淀社群关系，与群员高频互动。

（3）提供和用户人群属性匹配度高的商品和服务，实现流量变现。

如今，社群和社群经济已得到广泛认可，而自带粉丝光环的自媒体天生就具有社群化的优势。因此，自媒体人应主动抓住机遇，将自媒体升级为社群媒体，提升自身的内容生产和变现能力。

1.1.3　新媒体的特征

1. 数字化

数字化是新媒体的根本特征。新媒体的传播具有非线性特点，信息的发送和接收可以同步进行，也可以异步进行。

2. 互动性

传统媒体严格遵循一对多的传播模式，它的传播方式是线性的。传统媒体的传播者和用户的定位非常明确，传播者是信息的发布者，用户只能被动地接收。

新媒体使传播者和用户之间的界限变得模糊，用户不再是被动的信息消费者，而是具有了与传播者交互信息的功能，甚至转变成传播者的身份。新媒体使每个人不仅有听的机会，而且有说的条件，新媒体呈现出前所未有的互动趋势。

3. 相对性

新媒体是一个相对概念，会随着传媒技术的进步而不断发展，就目前技术的表现而言，新媒体主要包括互联网媒体和手机媒体两大类。

1.1.4 新媒体发展的七大趋势

移动互联网模式以信息技术为基础，新媒体对传统媒体产生了越来越深刻的影响，尤其是对传播方式的影响。

1. 注意力经济时代来临

人们阅读信息的载体，是从书籍到报刊，从报刊到 PC 端，从 PC 端到移动端。人们阅读使用的屏幕越来越小，阅读时间越来越短。更为重要的是，PC 端阅读和移动端阅读都是交互式阅读模式，人们要阅读怎样的内容需要自己选择，这和静态沉浸式阅读模式完全不同。

在这种交互式阅读模式下，如果一个人要花很长时间等待自己想看的内容，他会变得越来越缺乏耐心。这种因为不耐烦等待而马上跳出等待的行为模式在纸质图书阅读过程中就比较少见。有人归纳出“三秒原则”，意思是如果内容在 3 秒内“刷”不出来，阅读者就会选择跳出。

在这种形式下，更强调排版的长文章、更强调轻松阅读的图形文章、更强调趣味性的短视频、更强调游戏性的交互式 H5 等新的阅读载体就比传统的大段文字更有吸引力，这也成为新媒体从业者必须掌握的运营新“武器”。

2. 移动场景阅读时代来临

随着智能手机的普及，人们开始习惯用手机取代计算机完成一些工作，如工作交流、邮件收发、内容制作等。在 PC 端时代，使用计算机可以阅读相对较多的头部内容，而在移动端时代，能容纳头部内容的空间被大大压缩了，如果内容不能进入手机 App 的首页空间，那么得到关注的可能性就很小，这就进一步强化了优质内容对显示空间的争夺。谁能抢占移动端头部的显示区域，谁就能不断得到曝光，从而进一步形成品牌的传播力。

所以在 PC 端时代，有人总结出“长尾理论”，意思是有了搜索，理论上就可以找到所有的商品，每一种商品都可能被人选择和购买，那么很多销量不大的商品也可以汇集成一个大市场。这个市场销量也许能占到全部市场销量的 50%，这就打破了原来的“二八法则”。但是到了移动端时代，因为“头部内容”效应的存在，移动阅读状态下，人的注意力会进一步被集中到头部内容，人们讨论和分享的内容越来越同质化，结果很可能又回到“二八法则”，甚至是赢家“通吃”的模式。

3. 参与感时代来临

为了抓住用户，不同类型的媒体也在努力提高自己的内容设计水平和技术交互手段。以电视综艺节目为例，其交互方式进化过程如图 1-7 所示。

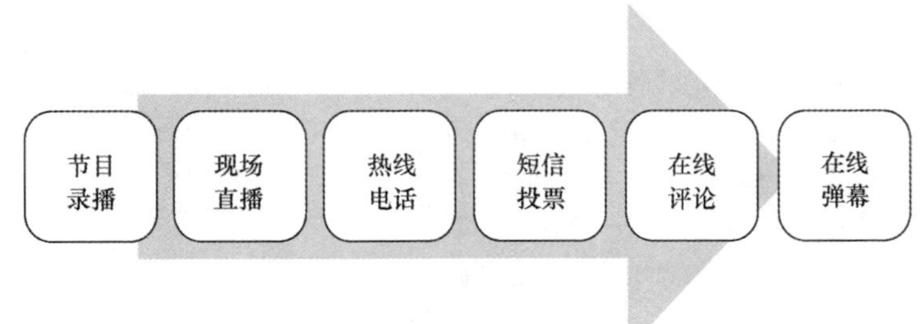

图 1-7　电视综艺节目交互方式进化过程

最早的电视综艺节目是先录制再定期播放的，观众只能看节目。随后就出现了直播类型的节目，开始有主持人串场。后来电视综艺节目也允许观众加入交流，最开始是支持热线电话打入发表意见，但电话交流只有极少数人才能成功参与，到了短信时代，电视综艺节目终于可以实现全民参与投票了。

互联网时代，越来越多的人喜欢在网络上观看综艺节目，因为可以在线评论、分享、点赞，每一个人都可以发表自己的看法，不过在这个阶段，观众还是无法真正参与到节目直播中去。直到弹幕技术的出现，每一个在线观看节目观众的弹幕发言都可以成为直播节目内容创造的一部分，观众的参与感大大增强了。

许多传统媒体都在纷纷寻求转型。一方面，人们的阅读载体发生了变化，以前由纸质媒体转移到 PC 端，现在又由 PC 端转移到移动端，那么内容的分发载体也必须改变；另一方面，内容的制作方式要全面适应从传播型设计到参与感设计的转变。

4. 社会化传播时代的来临

传统媒体考核指标为目标人群到达率，在报刊上表现为发行量，在电视广播上表现为收视（听）率，在网站上表现为访问量。将广告或公关文章插入或植入到覆盖量高的媒体内容中，便可以获得较高的注意力流量。

人和人的关系链逐步演化成社会化网络媒体最重要的组成部分。在社会化网络媒体中，谁拥有更多的用户信任，谁就掌握了一部分网络流量，谁就能通过经营好这种“信任”获取商业回报。社会化传播其实是一种“信任经济”，“网红”就是信任经济的一种典型产物。但要持续得到别人的信任，就需要培养专业化的品牌，做持续的原创专业内容。

5. 短视频时代来临

《2019 抖音大数据报告》显示，短视频产品抖音的日活跃用户突破 4 亿，热门城市全年点赞量超过 14 亿（见图 1-8）。显然，以抖音为代表的短视频产品正逐渐成为风靡全国的产品。

随着短视频的风靡，企业的新媒体营销工作也发生了相应的变化。首先是风格娱乐化，短视频平台的整体内容风格以轻松、娱乐为主，因此企业在短视频平台发布的内容需要避免枯燥的说教，增强其趣味性。

图 1-8 《2019 抖音大数据报告》部分内容

其次是视频真人化。虽然用户在短视频平台可以发布纯文字类视频（见图 1-9（a））或图片翻页类视频（见图 1-9（b）），但是平台曝光度高的内容往往以真人出镜类的视频（见图 1-9（c））居多。因此，新媒体营销者除了具备文案创作能力及内容策划能力外，还需要拥有一定的“镜头感”，感受到镜头的位置并使其表情、肢体语言能被镜头以最佳角度记录。

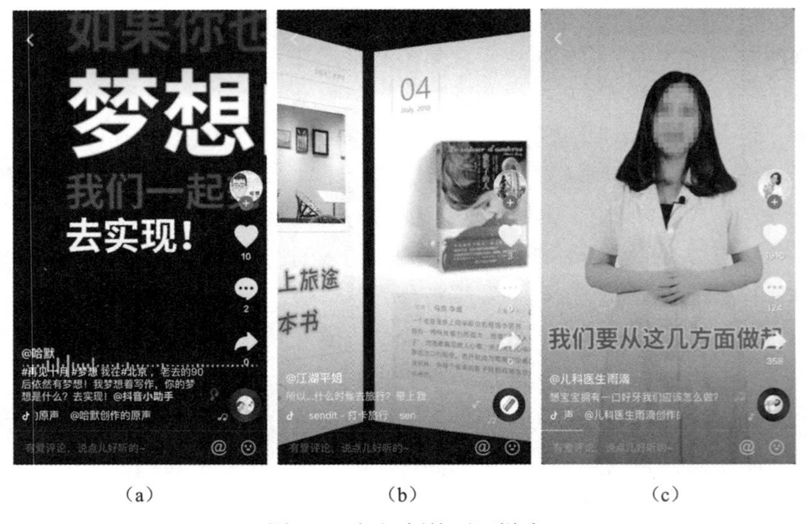

（a）（b）（c）

图 1-9 短视频的不同样式

最后是内容系列化。短视频平台用户在遇到感兴趣的视频内容后，通常会查看新媒体营销者信息并浏览其更多视频，这就要求新媒体营销者对内容进行精准定位，防止出现“昨天拍花草、今天拍生活技巧、明天拍工作技能分享”的情况。

6. 信息流时代来临

目前，多数平台数据系统会记录用户的每一次浏览行为，并基于此计算用户的喜好，随后向用户推送可能感兴趣的内容。

在以算法分发为主的信息流时代，新媒体账号发布内容的浏览量不再只取决于账号粉丝数，还取决于系统对账号的“友好”程度。如果某新媒体账号有 100 万粉丝但系统不推荐，则内容浏览量可能仅是个位数；相反，如果某新媒体账号只有 1 万粉丝但系统对其进行推荐，其内容浏览量可能会突破百万，甚至更多。

因此，在以算法分发为主的信息流时代，新媒体营销者需要在过往的“粉丝招募”“粉丝留存”工作的基础上，做好以下三项工作。

第一，加强内容原创水平，防止被系统判定为“抄袭”而不被推荐。

第二，增强账号活跃程度，有规律地更新系列化内容。

第三，重视日常沟通，加强与平台相关板块负责人的联络，第一时间了解系统规则变化，并争取获得平台资源位置。

7. 内容电商时代来临

随着微信公众平台、今日头条、大鱼号等新媒体内容平台的崛起，新媒体平台与电商平台开始广泛融合，越来越多的新媒体账号开始通过文章、视频等内容形式，直接销售商品（包括虚拟商品）。

例如，2017 年 12 月 19 日，“黎贝卡的异想世界”在其公众号推出同名品牌，用户阅读当日推送的文章《我的衣橱||怎么用基本款单品提高衣橱利用率》后，在文章末尾可以直接点击购买商品，如图 1-10 所示。

图 1-10 “黎贝卡的异想世界”公众号推文

在内容电商时代下，企业新媒体营销者需要留意消费者的互联网消费习惯正在发生变化，从过往“有具体的购物需求后，搜索电商平台，比对商品并下单”变为“无购物需求状态下浏览内容，由于被内容吸引而直接下单”。

因此，如何根据用户属性进行产品选择，如何策划独特的内容吸引用户持续浏览，如何将广告“无缝”植入文章内，如何引导用户下单等，将成为企业新媒体营销者重点思考的问题。

1.2 新媒体营销的十大模式

1.2.1 饥饿营销

饥饿营销是指商品提供者有意调低产量，以期达到调控供求关系、制造供不应求“假象”、维持商品较高利润率和品牌附加值的目的。强势的品牌、讨好的产品和出色的营销手段是饥饿营销的基础。饥饿营销的最终目的并非提高价格，而是让品牌产生附加值，饥饿营销是把双刃剑，使用得恰当可以使原来就强势的品牌产生更大的附加值，使用得不恰当将会对其品牌造成伤害，从而降低其附加值。饥饿营销的成功基础主要有心理共鸣、量力而行、宣传造势和审时度势四个方面。下面以“喜茶”为例进行分析。

从 2012 年到 2015 年，“皇茶”已在市场上获得较高的知名度，但因后期品牌市场问题及名称问题，2016 年年初，“皇茶”（ROYALTEA）更名为“喜茶”（HEYTEA），并开始注重对品牌的打造。2017 年 2 月 9 日，“喜茶”微信服务号发布将在上海来福士商场开店的消息。2 月 10 日，“喜茶”的微博账号再次预告开店信息并发起转发抽奖活动，如图 1-11 所示。

图 1-11 “喜茶”微博

“喜茶”在上海设立的第一家店位于上海人民广场来福士商场，新店开业瞬间引来上百人排队购买，人群甚至排到了商场外面。2017 年 3 月 31 日，上海“喜茶”店运营近两个月后，“喜茶”微博账号发布声明称：“目前上海两家门店每日单店出杯量在 3000 杯以上，但还是难以满足消费者每日过大的需求量”。同日，针对广州地区代购问题发表声明称：“由于近日代购日渐增多，不得不决定今日起广州各店暂时采取 1 单限购 10 杯的措施，1 人 1 次限下 1 单”。2017 年 4 月 29 日，“喜茶”深圳来福士店和东莞汇一城店开店营业，引来大量消费者排队购买，为了改善代购排队对普通消费者造成的影响，“喜茶”进行了多项限购措施。

从心理共鸣的角度讲，“皇茶”作为芝士奶盖的首创者，具有一定的产品竞争力，拥有自身产品的追随者，品牌转型为“喜茶”后，在品牌形象以及店铺装修方面均有所提升，如简单黑白线条的上班群体形象画和装修简约时尚的店铺，都能够提升品牌格调。从产品到品牌形象，都极大地迎合了“白领”群体对于高品质饮品的需求。

从宣传造势的角度讲，“喜茶”多次在微博平台发布线下店铺长时间排队的现象，与此同时，“喜茶”时常与购买过的微博名人互动，有意打造良好的品牌形象。

从审时度势的角度讲，针对“喜茶”饥饿营销的负面信息，“喜茶”一方面正在开更多线下店，另一方面在微博平台继续发布线下店排队现象的信息，展现线下火爆的现象。

1.2.2 事件营销

事件营销是企业通过策划、组织和利用具有名人效应、新闻价值及社会影响的人物或事件，引起媒体、社会团体和消费者的兴趣与关注，以求提高企业或产品的知名度、美誉度，树立良好品牌形象，并最终促成产品或服务的销售目的的手段和方式。事件营销集新闻效应、广告效应、公共关系、形象传播、客户关系于一体，企业通过把握新闻的规律，制造具有新闻价值的事件，并通过媒介投放和传播安排，让这一新闻事件得以扩散，从而达到营销的目的。当一个事件发生后，它本身是否具备新闻价值就决定了它能否以口头形式在一定的人群中进行传播，只要它具备的新闻价值足够大，那么就可以通过适当的途径被新闻媒体发现，或以适当的方式传达给新闻媒体，然后以完整的新闻形式向公众发布。事件营销的成功基础主要有相关性、心理需求、大流量和趣味性四个方面，下面以海尔“520”表白创意事件为例进行分析。

2017 年 5 月 19 日，海尔官方微博账号发出一条微博，用户只要关注并转发该微博内容，就有机会获得 100 家企业微博的关注和“520”表白服务，如图 1-12 所示。

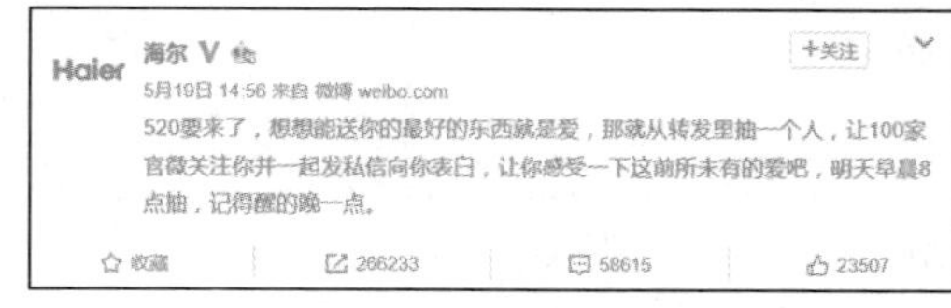

图 1-12 海尔营销广告

这条微博发出后并未立即获得大量转发，当天 18 时，“极路由”与“旺仔俱乐部”先后带着奖品参与到活动中，该微博的转发量迅速“破万”，并出现联动效应，多家“蓝 V”主动提供奖品并转发微博。

2017 年 5 月 20 日凌晨 1:15，某名人转发活动微博“#看评论#，你会转发参与的”。当天 13:32，海尔通过微博抽奖平台抽取一名幸运粉丝；14:11，海尔公布中奖粉丝获得的礼品清单，共计 63 家企业为这名幸运粉丝送出“520”礼物。

从相关性的角度说，“520”与海尔并无直接关系，但此次由海尔牵头组织的“520”表白服务，从微博活动发起到活动传播，以及各微博账号之间的转载传播，使海尔通过此次事件与关注“520”的用户产生联系，使海尔在此次事件中得到了充分的曝光。

从心理需求的角度讲，微博抽奖是微博用户喜闻乐见的微博活动，用户只要动动手指转发、评论加关注，就有可能获得礼品，如此低门槛的互动方式及数百家企业送出的丰厚奖品刺激，更是充分满足了用户心理需求。

从大流量的角度讲，海尔微博账号在长时间的运营中，积累了“网红”属性，自身具备一定的粉丝号召力，同时此次活动联合数百家“蓝 V”，更是把活动影响的覆盖面进一步扩大，把数百份祝福和奖品只送给一位用户，如此丰厚的奖品力度刺激着每一个关注此次活动的微博用户，在海尔等数百家“蓝 V”及用户围观下，微博转发量达 26 万。

从趣味性的角度讲，企业通过微博平台在节假日为用户抽送礼品是常见的微博运营活动，但过于常规的抽奖形式已让用户对于抽奖的微博活动产生审美疲劳。海尔联合数百家“蓝 V”共同发起转发抽奖活动，数百家的祝福和礼品只送一个人，让抽中的用户有一种“集万千宠爱于一身”的尊贵感。

1.2.3　口碑营销

口碑营销是指企业努力使消费者通过其亲朋好友之间的交流将自己的产品信息、品牌信息传播开来。这种营销方式具有成功率高、可信度强的特点。从企业营销的实践层面分析，口碑营销是企业运用各种有效的手段，引发消费者之间对其产品、服务及企业整体形象进行讨论和交流，并激励消费者向其周边人群进行介绍和推荐的营销方式和过程。

与传统广告相比，口碑营销实现了“关注品牌、产生兴趣、主动搜索，产生购买、分享影响他人，影响他人关注品牌”这样一个闭环营销过程；而传统广告是从消费者关注品牌产生兴趣，到渴望拥有产生品牌记忆，最终实现购买。两者之间的区别在于口碑营销实现了购买后的再分享，消费者与周围的亲朋好友存在产品信息的互动交流；而传统广告则是消费者对于产品的接受过程，借助新媒体营销平台便利的社交分享特点，口碑营销会大放异彩。口碑营销的成功基础有鼓动核心人群、简单而有价值、品牌故事与文化、关注细节和关注消费者五个方面。下面以网易云音乐地铁“刷屏”为例进行分析。

2017 年 3 月 20 日，网易云音乐在微博平台发布了网易云音乐营销推广活动，网易云音乐和杭港地铁联合推出“看见音乐的力量”活动，把网易云音乐中网友对音乐的评论“刷满”了杭州地铁 1 号线，“看见音乐的力量”这样一句具有穿透力的微博话题，把网友的视线聚焦在被挑选出来的音乐评论（以下简称乐评）上，如图 1-13 所示。

图 1-13　网易云音乐的营销微博

这些音乐评论选自于网易云音乐点赞数较高的 5000 条优质乐评，经过层层筛选，最终呈现在乘客眼前，这些乐评不仅“刷满”了杭州地铁 1 号线和整个江陵路地铁站，同时也“刷满”了互联网，更是“刷到”了一部分人的心里。

2017 年 3 月 30 日，网易云音乐发布乐评专列幕后故事视频，其微信订阅号推送文章《我们收到全国各地用户对于城市拥有这样一趟地铁的呼唤》，在文末“阅读原文”处是线上版本的“乐评故事博物馆”，在乐评下方，点击“我想听听”就可以跳转至网易云音乐收听乐评所对应的歌曲。

网易云音乐在众多乐评中精选出点赞超 5000 次的优质乐评，既是对乐评人的认可，也是鼓励。网易云音乐宣传听众与歌曲之间的故事，意味着这些故事一定程度上代表着该品牌文化。从关注用户的角度讲，每一条乐评都代表着网易云音乐用户对平台的信任和喜爱，“#看见音乐的力量#”事件把用户的乐评及名字印制并进行广告投放，有利于增强用户的品牌归属感，进而更有利于品牌口碑的传播。

1.2.4 情感营销

在情感消费时代，很多时候消费者购买商品所看重的是一种感情上的满足，一种心理上的认同。情感营销从消费者的情感需要出发，唤起和激起消费者的情感需求，激发消费者心灵上的共鸣，寓情感于营销之中。

情感营销的成功基础有产品命名、形象设计、情感宣传、情感价格和情感氛围五个方面。下面以饿了么联手“网易新闻”开“丧茶店”为例进行分析。

2017 年 4 月 26 日，饿了么发布“干了这杯小确丧”话题微博，如图 1-14 所示。

2017 年 4 月 27 日，饿了么确定合作对象，与“网易新闻”共同发布微博声明将在上海开一间“丧茶”店。

2017 年 4 月 28 日，饿了么公布“丧茶店”详细信息，该店于 4 月 28 日到 5 月 1 日限时在上海开店。消费者可通过饿了么 App 线上下单购买，线下购买不接受现金，需用饿了么 App 下单购买，这一信息要求消费者无论是线上还是线下购买，都必须使用饿了么 App。

图 1-14　饿了么营销微博

从产品命名角度讲，“丧茶”结合了情感与产品名字，通过名字就可以判断产品是什么以及有什么特点。

从形象设计角度讲，“丧茶”的线上海报宣传、线下店铺装修、“丧茶”杯和菜单均以黑白为主色调，处处融入并体现着“丧”字的情感设计。饿了么将“网易新闻”的人偶形象植入其中。

从情感宣传角度讲，“丧茶”通过“丧气”语录，为平日见惯“鸡汤”文的消费者送来了一份另类的情感消费，这些看似不太乐观的语录，给消费者带来的却是看完会心一笑的幽默，是对忙忙碌碌的平凡生活的一种调侃。

从情感价格角度讲，“丧茶”和商场一杯普通的饮品价格相差无几，在消费者情感共鸣下的感性消费中，价格并不会成为消费者是否购买的决定因素。

1.2.5 互动营销

互动营销是指企业在营销过程中充分参考消费者的意见和建议，用于产品或服务的规划和设计，为企业的市场运作服务。通过互动营销，企业让消费者参与到产品及品牌活动中，拉近了消费者与企业之间的联系，让消费者在不知不觉中接受来自企业的营销宣传。互动营销的成功基础有消费者属性、互动内容和渠道，以及反馈机制三个方面。下面以“361° 创造你的热爱”故事为例进行分析。

“361° 热爱是金”是一个互动型 H5，消费者进入 H5 游戏后需要在画面区域画出小人，小人画完后将会穿上鞋子开始一路“征战”（见图 1-15）。

小人在路上会遇到各种困难，消费者按照提示在屏幕上画出相关图形，小人以此为武器与对手对抗即可闯关成功。

图 1-15　361° 营销 H5

从消费者的角度分析，361° 的消费者是由一群喜欢运动的年轻人组成的群体，传统的展示型 H5 已无法满足年轻群体对于新奇事物的好奇心，互动型的 H5 能够让消费者参与到 H5 的剧情发展过程中，切中当下年轻群体对于新奇事物的心理需求。

从互动内容和渠道的角度来讲，H5 中的剧情需要在消费者的互动中完成，融合趣味性和互动性于一体，同时剧情内容紧扣 H5 主旨并在剧情中体现产品特性，通过 H5 的形式在微信发布可以获得更广泛的传播。

从反馈机制来讲，H5 的反馈机制需要企业在 H5 的后台系统中进行查看，对于投放的内容，企业可以根据营销目标，精准投放至不同的消费者群体。

1.2.6 “病毒”营销

“病毒”营销是企业通过利用公众的积极性和人际网络，让营销信息像“病毒”一样传播和扩散，营销信息被快速复制传向数以万计、数以百万计的消费者。“病毒”营销与口碑营销的区别在于，“病毒”营销是由消费者自发形成的传播，其传播费用远远低于口碑营销；传播方式主要依托网络，传播速度远比口碑传播快。“病毒”营销的成功基础有独创性、利益点、传播关键点和跟踪管理。下面以“秒拍”假人挑战为例进行分析。

2016 年 11 月，“假人挑战”游戏在网络上盛行，该游戏需要多人参与，每个人摆好不同的造型后，不眨眼、不出声、一动不动，就像玻璃橱窗里的假人模特，然后由摄影师一镜到底地拍下全过程，故而得名“假人挑战”，人数越多，难度越大，越考验团队之间的默契程度，如图 1-16 所示。

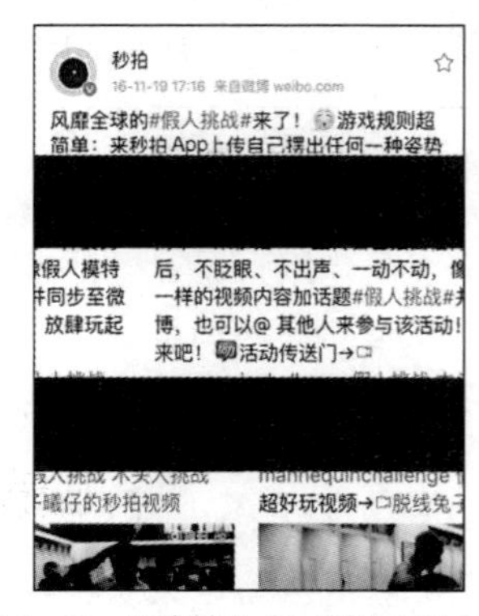

图 1-16　“秒拍”的“假人挑战”

2016 年 11 月 19 日，“秒拍”联合微博掀起全民“假人挑战”游戏热潮，几十位艺人参与“假人挑战”游戏，参与挑战的艺人在各种环境下，定格精彩一幕。

“假人挑战”游戏由“秒拍”从国外引进，在引进之前，国内短视频平台并没有大量同类视频。从利益角度讲，该游戏满足了三方面的利益点。第一，对于参与的明星艺人，“秒拍”官方组织的活动为明星艺人提供了强大的流量曝光；第二，“秒拍”需要明星艺人通过“秒拍”App 发布“假人挑战”视频来提升平台活跃度，吸引新用户注册；第三，对于用户而言，用户通过“假人挑战”游戏可以看到明星片场的状态及明星逗趣的一面。

从传播关键点角度讲，“假人挑战”游戏如此受用户喜爱，除了游戏趣味性十足之外，“秒拍”官方的发起以及几十位明星艺人的参与互动，让这个游戏和“秒拍”得到更多用户的关注。

从跟踪管理角度讲，从发起活动到邀请明星艺人参与挑战，在半个月的火爆传播期，明星艺人的“假人挑战”视频并未在一天被全部发出，而是在一段时间里持续被发出，这也使“假人挑战”的影响力更为持久。

1.2.7 借势营销

借势营销是借助一个消费者喜闻乐见的环境，将包含营销目的活动隐藏其中，使消费者在这个环境中了解产品并接受产品的营销手段。其具体表现为借助消费者关注的社会热点、娱乐新闻、媒体事件等，潜移默化地把营销信息植入其中，以达到影响消费者的目的，借势营销是一种比较常见的新媒体营销模式。借势营销的成功基础有合适的热点、反应速度和创意策划三个方面。下面以海尔利用某知名艺人公布恋情事件借势营销为例。

2016 年 12 月 6 日，某知名艺人通过微博平台公布恋情，瞬间引起网络热议，海尔巧妙借势转发并配文“啥时候成亲？需要冰箱空调洗衣机么”，如图 1-17 所示。

该微博同时带动“高德地图”“HTC 官方微博”“LAMY 凌美中国”“意尔康 Yearcon”“娃哈哈”“锤子科技营销账号”等数百家“蓝 V”联合转发，并植入自家产品，形成大规模的“蓝 V”借势营销活动，如图 1-18 所示。

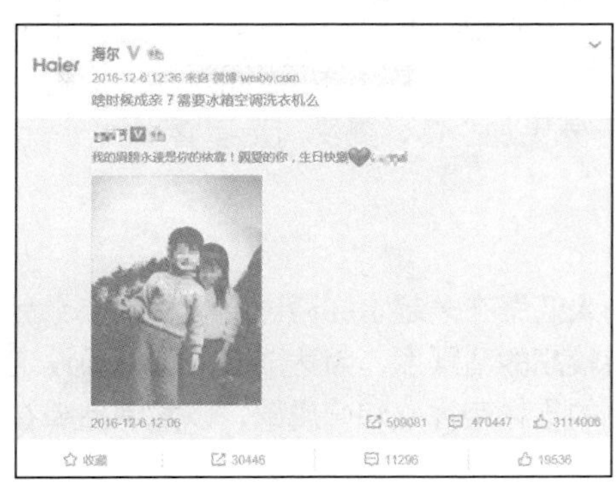

图 1-17　海尔营销微博

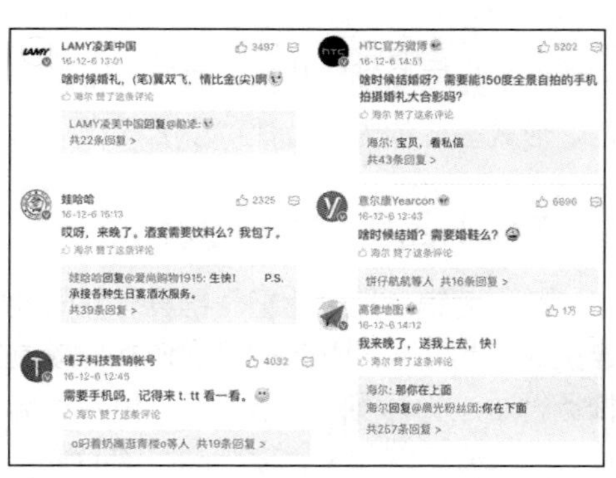

图 1-18　大规模的“蓝 V”借势活动

海尔此次转发的单条微博阅读量为 360 万，关键词“海尔”在当天下午跻身“微博热搜榜”，海尔此次借势营销花费 0 元，其官方微博账号“增粉”3 万，微博账号给消费者的印象好感度持续增强，并得到 400 多家微信媒体报道，数百家传统媒体报道，各大微博账号借势转发微博。此次借势营销奠定了海尔微博账号在“蓝 V 圈”的地位，逐渐被消费者熟知并追捧。

1.2.8 IP 营销

IP 营销中的“IP”原意为知识产权（Intellectual Property，IP），近年来随着 IP 内容的丰富和其可观的商业价值，IP 的含义已超越知识产权的范畴，正在成为一个现象级的营销概念。IP 营销的本质是让品牌与消费者之间建立沟通桥梁，赋予产品温度和人情味，通过这一沟通桥梁大大降低了人与品牌之间和人与人之间的沟通门槛。IP 营销的成功基础有人格化的内容、原创性和持续性三个方面。下面以“小茗同学”为例进行分析。

“小茗同学”是“统一”旗下的饮料品牌，以其独特的口味被广大消费者喜爱。2017 年 5 月，“小茗同学”包装升级，新增“漫画瓶”，并发起了“漫画瓶来袭，红包来集”的线上线下营销活动，消费者通过扫描饮料瓶盖内的视觉码并抽取词卡，集齐 6 种词卡即可获得 666 元现金红包。

2017 年 6 月，“小茗同学”与“天天 P 图”合作上线“小茗同学”形象贴纸。同期，“小茗同学”分别在广州、深圳、杭州、南京四地开展线下营销及红包地铁专列活动；该品牌还与“KT 足球官方微博”推出动漫足球教学动画，把足球教学融入动画中，“小茗同学”的品牌形象也得以传播，如图 1-19 所示。

图 1-19 “小茗同学”营销微博

从人格化的内容角度讲，把 IP 形象拟人化、具象化是品牌 IP 营销输出人格化内容的有力方式；从原创性的角度讲，“小茗同学”形象的原创及展现出的性格特征，使其具有较高的辨识度，“小茗同学”的营销活动也因其 IP 形象而变得更加有趣，更能拉近“小茗同学”与消费者之间的关系；从持续性的角度讲，“小茗同学”通过持续不断的线上线下互动，与消费者进行接触，有利于消费者加深对“小茗同学”形象的记忆，形式多样的内容也让“小茗同学”的 IP 形象更加立体，更受消费者喜欢。

1.2.9 社群营销

社群营销是指企业把一群具有共同爱好的人汇聚在一起，并通过感情和社交平台连接在一起，通过有效的管理使社群成员保持较高的活跃度，为达成某个目标而设定任务，通过长时间的社群运营，提升社群成员的集体荣誉感和归属感，以加深品牌在社群成员心中的印象，提升品牌的凝聚力。

社群营销与会员营销类似，企业把活跃度较高的忠实用户聚集起来，针对忠实用户的表现给予不同于普通用户的权益，以加强忠实用户的忠诚度，为企业的品牌推广、产品推广、公关事件等活动提供支持。社群营销的成功基础有同好、结构、输出、运营、复制五个方面。下面以“凯叔讲故事”为例进行分析。

“凯叔讲故事”微信公众号的创始人为某知名主持人，他凭借着多年播音主持的经验，开设了“凯叔讲故事”微信公众号，通过持续运营，该微信公众号已成为母婴类、生活类顶级微信公众号，粉丝破千万，如图 1-20 所示。

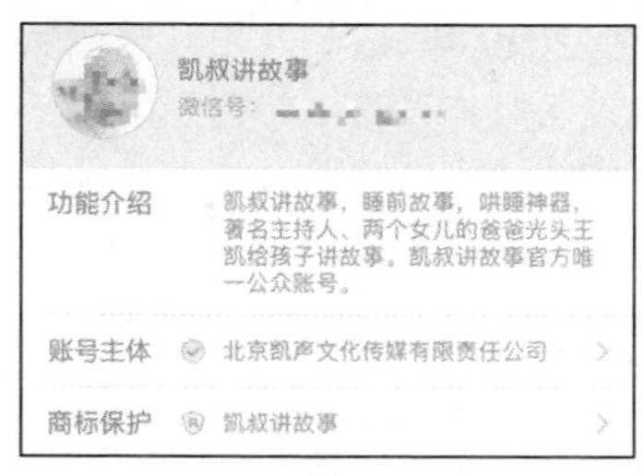

图 1-20 “凯叔讲故事”微信公众号

在账号起步阶段，凯叔经常录播一些睡前故事，再上传至幼儿园的家长群里面，得到了广大家长的喜爱，后来他就把音频故事发布在“凯叔讲故事”公众号中，并对音频做了调整升级，从讲故事到讲古诗词和四大名著，后期通过改编《西游记》等制成音频作品，并开启付费模式，通过公众号逐步开始盈利。

随着“凯叔讲故事”影响力的不断提高，其产品线不断丰富，他逐步与出版社、动画片制作方等渠道展开合作，出版漫画绘本和动画片等产品。随着公众号用户的增加，其知名度日益提升，目前已开发了“凯叔讲故事”App。该公众号自定义菜单中主要分为“孩子听故事”“搞定班主任”和“优选商城”电商板块。经过持续的课程开发，课程内容已经十分丰富；在优选商城方面，主要针对父母和孩子人群，提供定制化或优质产品的推荐。

从同好的角度讲，“凯叔讲故事”公众号用户及社群成员大多数为家中有孩子的父母，其共同的目标就是给孩子提供优质的教育、有意义的学习内容等，这一共性加强了用户之间的关系，通过“凯叔讲故事”形成母婴类社群。

社群规模的扩大及影响力的扩散离不开“凯叔讲故事”的产品设计，“凯叔讲故事”以免费内容吸引更多潜在用户，以付费内容为用户持续提供优质的内容。

“凯叔讲故事”通过线上讲故事与父母和孩子沟通互动、创办漫画大赛等活动，旨在保持用户对于社群的活跃度，共同输出成长成果，有利于增强社群成员之间的共识，加强凝聚力。通过长时间持续的运营，“凯叔讲故事”已推出了移动端 App，在产品内容上除了针对孩子的音频故事，还开发出了针对父母的各种课程，在商业化方面，通过与企业合作进行社群商业化的探索，持续优质内容的更新，使“凯叔讲故事”以一个健康的模式在发展。

1.2.10 跨界营销

跨界营销是指企业根据不同行业、不同产品、不同偏好的消费者之间所拥有的共性和联系，把一些原本毫不相干的元素进行融合、互相渗透，进行彼此品牌影响力的互相覆盖，并赢得目标消费者的好感。跨界营销的成功基础有跨界伙伴、契合点和系统化推广三个方面。下面以麦当劳和小黄人“一起耍堡”为例进行分析。

2017 年 6 月《神偷奶爸 3》上映前后，麦当劳与小黄人展开跨界营销，在线上推出“和小黄人一起耍堡”话题与消费者进行互动，在麦当劳微博主页，麦当劳的微博头像变成小黄人形象，并且上传了代表小黄人和麦当劳“M”的元素的微博主页背景、封面图及焦点图（见图 1-21），整个微博页面营造出一种明亮和欢快的气氛。

2017 年 6 月 28 日，麦当劳发布召唤小黄人游戏，消费者使用 QQ-AR 扫描汉堡上的小黄人就能召唤小黄人，并可以和小黄人合影录制视频。在麦当劳的线下店铺装修方面，麦当劳店铺的硬装修及餐饮包装等都充分融入了小黄人的元素，并推出了小黄人套餐。

同时，麦当劳和小黄人合作推出了广受消费者喜爱的小黄人玩偶。截至 7 月 13 日，30 多家麦当劳小黄人主题餐厅上线，这些餐厅在装修、餐纸、餐饮包装及互动游戏中充分结合了小黄人元素，如图 1-21 所示。

图 1-21　麦当劳营销微博

从跨界伙伴角度讲，麦当劳是餐饮行业的巨头，小黄人是全民热爱的动画片形象，在《神偷奶爸 3》上映前后，双方展开跨界合作，麦当劳作为快餐食品企业，需要让消费者对其保持较高的关注度，需要持续地吸引消费者进行消费；《神偷奶爸 3》电影借助麦当劳餐饮的线下店铺推广及线上营销活动，可以吸引更多的麦当劳消费者关注电影的上线，以达到增加票房收入的目的。

从契合点角度讲，麦当劳与小黄人的首先在颜色上是一致的，麦当劳“M”字母的黄色和小黄人皮肤的黄色都是很强的视觉标志；在人群方面，儿童是《神偷奶爸》系列电影影迷的重要组成部分；同样，麦当劳干净、舒适的就餐环境搭配美味的餐饮，是儿童钟爱的就餐地点，麦当劳和《神偷奶爸》系列电影在覆盖消费者方面有较高的契合点。

从系统化推广角度讲，麦当劳和小黄人在此次合作中，系统化的推广方式包括 QQ-AR 技术、线上营销推广、线下店铺装修、产品包装、贴纸指示牌等，内容形式多样且合作深入。

1.3　新媒体运营的九大模块

1.3.1　新媒体运营四大经典运营模块

经典的新媒体运营分为“用户运营”“产品运营”“内容运营”“活动运营”四大模块，这四个模块在新媒体运营过程中发挥着不同的作用。

1．用户运营，新媒体运营的核心

用户运营指的是以用户为中心搭建用户体系、开发需求产品、策划相关活动与内容，同时严格控制实施过程与结果，最终达到甚至超出用户预期，进而实现企业新媒体运营目标。

无论研发产品、策划活动，还是推送内容，都需要围绕用户有针对性地展开。因此，新媒体运营者需要进行用户日常管理，吸引新用户关注，减少老用户流失，同时想方设法激活沉寂用户。在用户运营工作中，用户画像是工作的起点。只有构建了清晰的用户画像，后续的用户分类、拉新、促活与留存等工作才有意义。否则，用户运营的效果会大打折扣，甚至会出现"越努力越无效"的结果。

2. 产品运营，新媒体运营的根基

产品运营指的是从内容建设、用户维护、活动策划三个层面来连接用户和产品，并塑造产品价值和商业价值的新媒体手段。狭义的"产品运营"指的是企业的互联网产品运营，包括企业手机软件的设计与开发、企业网站的运营与调试等。广义的"产品运营"可以把新媒体运营过程中涉及的账号、平台、活动等项目都看作产品，进行策划、运营与调试。

例如，今日头条账号也可以被看作一件"产品"。用户在开通后，需要进行产品调研（搜索相关今日头条账号，了解其日常内容）、前期设计（头像设计、简介设计、选题设计）、上线调试（撰写文章并测试阅读数据）、正式发布（度过新手期后，正式撰写）等产品工作。产品运营的关键点是类型分析与周期判断。一方面，产品运营负责人需要准确识别产品的类型，针对不同的产品采用差异化的运营模式。另一方面，产品运营负责人必须清晰地判断出产品的生命周期，根据产品的生命周期及时调整运营策略。

3. 内容运营，新媒体运营的纽带

在新媒体运营过程中，内容运营指的是新媒体运营者利用新媒体渠道，用文字、图片或视频等内容形式将企业信息友好地呈现至用户面前，并激发用户参与、分享、传播的完整运营过程。新媒体的内容用于连接产品与用户，新媒体运营者需要重点关注内容的定位、设计与传播，找到差异化的内容定位，用心设计其内容形式，并辅之以好的内容传播方式，从而惠及更多用户。

新媒体内容运营并不是简单的"写一篇文章""录一段视频""做一张图片"，而是要让更多的用户打开内容、完整浏览内容并转发到朋友圈或转发给好友。因此，新媒体内容运营的关键点是设计传播模式，力争让内容获得更广泛的传播。

4. 活动运营，新媒体运营的手段

活动运营指的是围绕企业目标而系统地开展一项或一系列活动，包括阶段计划的制订、目标分析、玩法设计、物料制作、活动预热、活动发布、过程执行、后期发酵及效果评估等全部过程。

规模较小的新媒体团队一般不会设置专门的"活动部门""活动组"等，因为活动是其他三大模块都会涉及的重要组成部分。

新媒体活动运营需要关注策划与执行。新媒体活动在进行前，新媒体运营者需要

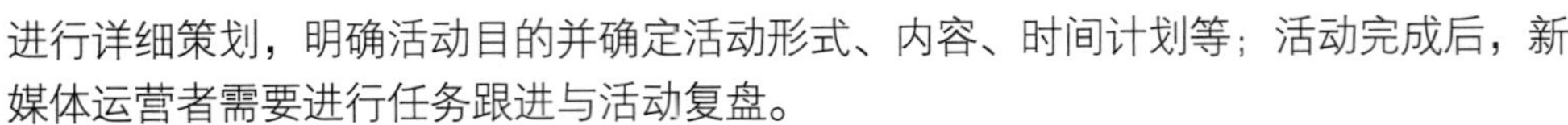

进行详细策划，明确活动目的并确定活动形式、内容、时间计划等；活动完成后，新媒体运营者需要进行任务跟进与活动复盘。

活动运营的效果体现在活动的用户参与度上，但是持续提升用户参与度比较困难。一方面，现阶段用户的选择较多，通常不会对同一家公司、同一个账号或同一类活动保持浓厚兴趣；另一方面，活动运营团队很容易在策划几次活动后，进入“思路枯竭”“创意失效”的状态，自然无法激发用户的参与热情。因此，活动运营的关键点是跨界与整合，活动运营团队可以与其他行业的公司举办联合活动，同时整合各方面传播资源，以确保活动效果。

1.3.2　新媒体运营的五大衍生模块

企业在新媒体运营的过程中，四大经典运营模块会被进行重新组合，衍生出 5 个模块，包括社群运营、网站运营、流量运营、内容运营及店铺运营。由于这 5 个衍生模块是基于四大经典运营模块衍生而成的，因此新媒体运营者可以尝试将 4 大经典模块的思维方式与执行技巧迁移到衍生模块。

1. 社群运营

在新媒体运营过程中，部分企业会将用户运营的重心从微信公众号、微博等内容平台转移至 QQ 群、微信群等社群平台，因此企业对用户的运营与管理便随之迁移至社群进行管理。

2. 网站运营

网站运营由产品运营、内容运营、用户运营三大模块衍生而成。

第一，网站作为企业的互联网产品之一，需要按照产品管理的流程进行开发、调试、上线测试、改版等。

第二，网站新闻、产品信息等内容，需要进行日常更新。

第三，企业需要对网站的注册用户需要进行分类管理，对网站的日常浏览用户也需要进行管理，充分挖掘用户需求。

3. 流量运营

流量运营也称“推广运营”。为了增加企业微信公众号中文章的阅读量、企业微博粉丝量及曝光量、企业网站的访问量，运营者需要进行专门的流量统计与管理。一方面，运营者需要做好内容，因为推广需要通过优质内容承载；另一方面，运营者需要策划活动，阶段性地提升流量的转化效果。

4. 内容运营

内容运营的主要工作是微信公众号、今日头条等内容平台的日常运营，因此一部分企业将内容运营细化，其中内容平台的注册、发布、推送等工作被归类到平台运营中。实际上，平台运营也可以看作是将内容运营的一部分工作放大与细化。例如，内容运营的工作之一是“微信公众号编辑与推送”，通常企业只操作微信公众号的“素材管理”“留言管理”等内容相关功能；而在此基础上，平台运营需要企业继续围绕微信公众号进行细化管理，对“自动回复”“自定义菜单”“消息管理”“统计”“设置”等功能进行日常管理与维护。

5. 店铺运营

新媒体运营者管理天猫店、京东店、微店等互联网店铺，需要综合产品运营、用户运营、内容运营、活动运营。

第一，对于店铺销售的产品，新媒体运营者需要利用产品运营思维进行调试与优化。第二，对于购买店铺产品的用户，新媒体运营者需要借助用户运营的思路进行分类与管理。第三，对于店铺页面、店铺推广文案等，新媒体运营者需要利用内容运营的知识进行设计。第四，店铺在“元旦购物节”“双十一狂欢节”等线上购物节日，可以借鉴活动运营的方式策划活动。

1.4 新媒体运营岗位及能力要求

1.4.1 新媒体运营的主要工作

一个合格的新媒体运营者，不只是发布微博、微信消息，还需要做到以下几点。

1. 理解产品

脱离产品的新媒体运营是没有意义的。脱离产品的新媒体运营对内容传播或产品销售没有促进，最终将难以持续。

新媒体运营者要先熟悉产品，分析产品最吸引用户的点在哪里，再思考目标用户的行为模式特点，不同类型的用户在使用产品过程中会经历哪些场景、遇到哪些问题、产生哪些需求等，这样才能写出激发用户购买欲望或者传播欲望的新媒体文案。

2. 积累“网感”

为什么有的人总是能比你先发现网络热点话题、先使用网络热点词汇、先发现网络热点潮流表情包？这就说明他的“网感”比你强。

“网感”其实是要求新媒体运营者具备能够快速抓住网络流行热点并创造内容的能力。这种能力是基于长期对网络话题的数据分析、对优质内容的信息搜集等基础之上的。

新媒体运营者对网络趋势的把握很关键，需要根据热点或新闻很快做出反应，而且还要做到让创作的内容和自己品牌的格调相匹配，这就需要新媒体运营者在了解产品和用户的基础上具备良好的“网感”。

3. 整合资源

新媒体运营不是简单地写几个好文案。一个好文案要能够扩散，关键是要找到网络上能扩散有关内容的关键资源。并不是任何文章都可以通过自己的平台成为爆款的。

这就要求新媒体运营者有超强的整合资源的能力，不仅是整合网络上各种文案素材，更重要的是整合网络上各种能帮你传播的优质资源，并与其建立互利互惠的长期合作关系。

4. 内容策划

新媒体运营的形式一直在变，但有效策划好内容、好活动却是不变的，新媒体运营者都需要理解内容策划的方法。

图 1-22 所示为新媒体运营架构。

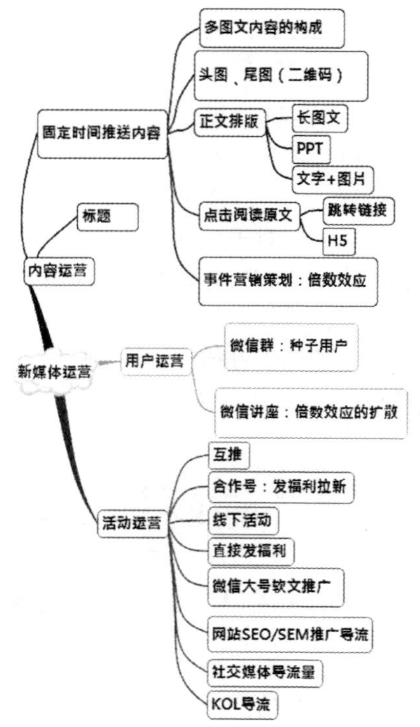

图 1-22 新媒体运营架构

1.4.2 新媒体人才的能力提升点

现阶段互联网上充斥着大量同质化内容和产品，用户开始有选择性地浏览新媒体内容。企业若想提升新媒体平台的运营效果，必须从以往“只会发广告”“只懂写文章”的粗放式新媒体运营转为更精细化的新媒体运营。

各大招聘网站的数据均表明，现阶段大量企业急需新媒体运营人才，尤其是对精细化新媒体运营人才的需求更是呈上升趋势。从市场需求角度来看，新媒体运营者除了要掌握基础理论外，还需提升以下 5 方面能力。

1. 内容策划能力

用户在接触企业产品之前，最先接触的是企业发布的文章、海报、短视频等。因此，新媒体运营者需要持续提升内容撰写、测试、优化的能力。

需要特别强调的是，现阶段各大新媒体平台一般都具有电商功能，用户在阅读内容时可以直接购买产品。因此，新媒体运营者除了需要提升内容策划能力外，还需要学习内容转化技巧，并提升企业内容电商的业绩水平。

2. 工具应用能力

新媒体运营者未必是专业的设计师或程序员，但必须知道如何快速找到最适合的新媒体工具和如何借助工具提升工作效率。例如，当新媒体运营者需要设计一张活动海报时，即使没有设计功底，也可以在“创客贴”网站在线编辑并生成一张海报。

为了提升工具应用能力，新媒体运营者需要持续提升使用以下工具的熟练程度，包括图片处理工具、文字处理工具、表单处理工具、H5 制作工具及音视频处理工具等。

3. 运营统筹能力

新媒体运营是一项系统化的工作，需要新媒体运营者做好策划、执行、反馈等一系列工作。刚进入新媒体行业的新人需要针对微信营销与运营、微博营销与运营、社群营销与运营、活动策划与运营、产品策划与运营等模块，学习与实践相应的营销与运营工作。

4. 数据分析能力

新媒体运营往往很容易获得较为精确的数据，如页面访问量、文章转化率、用户浏览时长、网页跳出率等。新媒体运营者必须持续提升其数据分析能力，包括自媒体数据分析能力、活动数据分析能力、网站数据分析能力等。

5. 热点跟进能力

新媒体运营者需要提高对信息的敏感度，了解互联网文化并掌握影响信息传播的因素，在发生热点事件时可以及时地跟踪并且做出反应。

图 1-23　微博热搜榜

新媒体运营者需要提升热点跟进能力，及时了解互联网动态，关注热点事件的演化，分析其背后的传播规律。例如，对近期较火热的案例进行分析并取长补短；时刻关注“微博热搜榜”（见图 1-23），查看当前热门信息；关注百度搜索风云榜，了解用户搜索与关注的热门内容等。

1.4.3 打造个人品牌，用新媒体营销自己

个人品牌指的是个人拥有的外在形象和内在涵养所传递的独特、鲜明、确定、易被感知的信息集合体。传统的个人品牌打造方式包括书籍出版、电视采访、新闻报道等，这些方式对多数人而言难度较大。不过，在“人人都是自媒体”的新媒体时代，打造个人品牌的难度大大降低，每个人都可以尝试注册新媒体平台账号并发表观点，尝试获取粉丝。打造个人品牌，需要新媒体运营者做好以下四方面内容。

1. 策划细分定位

用户往往只对行业内前三名甚至第一名印象深刻，而在内容数据服务平台“新榜”搜索“新媒体”后显示，已经有超过 4800 个微信公众号与新媒体相关，如图 1-24 所示。

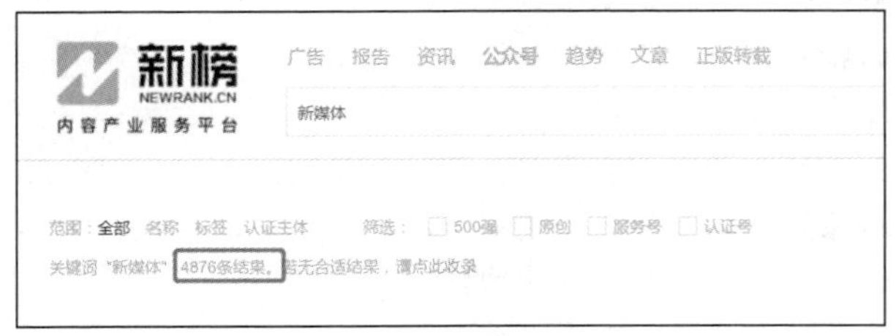

图 1-24　“新榜”搜索数据

因此，在打造个人品牌时，新媒体运营者必须寻找更加细分聚焦、更具有差异化的定位。例如，新媒体运营者可以按照位置、能力、行业、兴趣等进行定位的细分，打造适合自己的个人品牌。

2. 制订运营规划

打造个人品牌时，新媒体运营者要做好全局规划，使后续运营有条不紊。

全局规划包括三部分：首先需要做好形象规划，设计头像、简介、欢迎词及引导关注二维码等；其次需要进行内容选题规划，设计后续文章推送时间及选题；最后需要进行品牌推广规划，列出品牌推广的主要平台及账号。

3. 输出品牌内容

用户对于品牌的认知是建立在长期交流的基础上的，而在新媒体平台上，新媒体运营者与用户的交流基础就是品牌内容：在阅读某个账号的多篇“行业干货”“热点解读”“案例剖析”等文章后，用户才开始逐渐认同账号中的内容，此时个人品牌才算是初步建立。

因此，新媒体运营者需要按照制订好的内容选题规划，稳定地输出个人品牌内容。

4. 尝试运营升级

完成前三个步骤后，打造个人品牌的起步工作才算完成。若想持续提升个人品牌知名度，新媒体运营者需要进行运营升级。一方面，挖掘更多账号资源并尝试进行推广合作。例如，本书作者之一在进行个人品牌推广时，曾与网易云课堂合作并进行品牌曝光，如图1-25所示。另一方面，新媒体运营者要寻找行业内的优秀个人品牌账号，研究其选题规划、推广方法、形象设计等要素并取为己用。

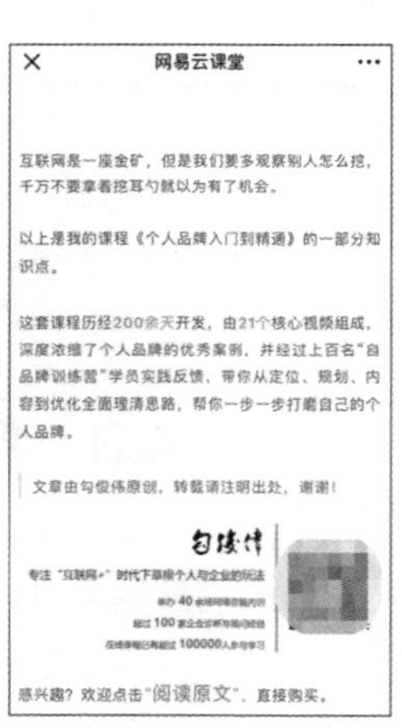

图1-25 个人品牌合作推广

思考与练习

1. 如何理解新媒体及新媒体营销？
2. 新媒体的特点和分类有哪些？请举例说明。
3. 新媒体发展的趋势有哪些？
4. 新媒体营销的常见模式有哪些？请举例说明。
5. 在运营新媒体时，为什么要重视个人账号体系的搭建？
6. 新媒体运营者的主要工作及能力提升点有哪些？
7. 用新媒体营销自己的步骤有哪些？

第 2 章

技能篇——新媒体编辑必备的技能

【学习目标】

- 掌握新媒体图片处理技能。
- 掌握新媒体图文排版技能。
- 掌握新媒体文案写作技能。
- 掌握短视频处理技能。

新媒体编辑离不开文字、图片、表情包、文案、短视频等内容。本章重点讲解新媒体文字的写作技巧、图片的制作技能、表情包的制作技能、H5 海报制作技能、文案写作技巧、短视频处理技能，帮助从业者掌握新媒体编辑必备技能。

2.1　新媒体图片处理技能

随着各平台号的兴起与发展，平台号对于订阅者（或称粉丝）而言更像是一本杂志。平台号与杂志的一个重要区别在于，粉丝可以与平台号创作者进行互动与交流。

2.1.1　制作精美封面图

1．使用 PPT 裁剪并制作封面图

第一步：修改幻灯片尺寸

以公众号封面图为例，在 Office 2013 或更新的 Office 版本中，新建 PPT 时依次单击幻灯片顶部的“设计”—“幻灯片大小”—“自定义幻灯片大小”，将宽度设置为 90 厘米，长度设置为 38.3 厘米。其他平台封面图的尺寸可参照此方法同比例设置。

设置好幻灯片尺寸后，通过单击幻灯片顶部的“插入”—“图片”，插入图片后单击图片的任意一个角，按住鼠标左键拖动进行等比拉伸，直到图片完全覆盖幻灯片，

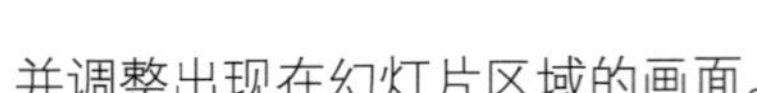

并调整出现在幻灯片区域的画面。

第二步：添加文字、标志元素

根据需要单击幻灯片顶部的“插入”—形状或文字等，对封面图进行二次编辑，如添加文字及品牌标志等。

第三步：导出图片

封面图设计完成后，导出图片即可上传至相应平台使用。导出图片的方法为：依次单击幻灯片左上方的“文件”—“导出”—“更改文件类型”—“PNG 可移植网络图形格式”或“JPEG 文件交换格式”—“另存为”，然后将当前幻灯片保存为所选格式的图片。

通过 PPT 进行裁剪并制作封面的优点在于：一方面，可以对图片进行尺寸裁剪，另一方面，可以压缩图片大小。

使用 PPT 制作封面图的优点已经不言而喻，其缺点是需要新媒体编辑自己动手设计各种图标元素。

2. 使用“创客贴”制作封面图

“创客贴”是一款极简的在线平面设计工具，新媒体编辑无须下载任何客户端，只要计算机处于连网状态，打开浏览器进入网站即可使用。其包含的丰富、可自定义且免费的图片、图标、字体、线条、形状、颜色等素材，都大大降低了图片设计的难度。

登录账号后，单击“开启设计”按钮，进入选择模板页面。图片模板按照使用场景进行划分，分别为社交媒体、广告印刷、工作文档、生活、其他等，每个类别又以不同平台对图片尺寸的要求进行细分。这样的模板设计对于新媒体编辑来说是非常实用的。单击图片场景，即可进入图片设计页面，如图 2-1 所示。

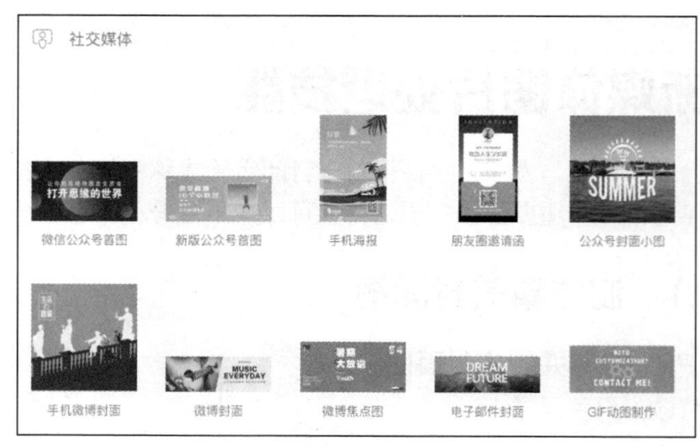

图 2-1 “创客贴”图片场景

进入“创客贴”设计界面后，最左侧为功能导航区，中间部分是设计操作区，最右侧为预览区（见图 2-2）。其中，最左侧的功能导航区选项包含检索、模板、素材、文字、背景、小工具、上传共七项功能。

图 2-2 “创客贴”设计界面

在“检索”中，新媒体编辑可以搜索素材、模板、图片、图形等。

“模板”包含免费模板和付费模板。“模板”并未分类，但会根据时下热点推荐适合的模板。

“素材”包含我的素材、热门素材、图片吸附框、线和箭头、文字容器、形状、图表、图标、图片、插图、电商、免抠素材。

在“文字”中，新媒体编辑可以插入文本框或选用设计优美的字符进行简单修改并使用。

“背景”包含可自定义的纯色背景、渐变背景和花纹背景等。

“小工具”包含表格、图表、二维码 3 项可高度自定义的功能，如插入表格或图表并进行表格编辑等。

在“上传”中，新媒体编辑可进行上传图片等操作。

每个元素的详细编辑操作按钮均位于页面上方，单击设计图片中的不同元素可以对颜色、字体等进行修改和编辑。

3. 使用“懒设计”制作封面图

“懒设计”作为一款在线平面设计工具，功能与“创客贴”类似，新媒体编辑在无须下载客户端的情况下，只要计算机处于连网状态，打开浏览器进入网站即可使用。

登录账号后单击“开始设计”按钮，进入选择模板页面。图片模板按照使用场景分为印刷、社交平台帖子、封面、横幅广告、电子商务，每个类别又以不同平台的图片尺寸要求进行细分，支持新媒体编辑自定义图片尺寸，如图 2-3 所示。

进入“懒设计”的设计界面，最左侧为功能导航区，中间部分是设计操作区，最右侧为预览区，如图 2-4 所示。

“懒设计”设计界面的左侧功能导航区包含模板、贴纸、文字、背景、云相册五项功能。“模板”并未分类但会根据时下热点推荐适合的模板，允许新媒体编辑通过关键词进行模板搜索。“贴纸”包括图片容器、基础形状、线、插画、图标，允许新媒体编辑通过关键词进行贴纸搜索。“文字”支持插入文本框。“背景”包含可自定义的纯色背景和花纹背景等。“云相册”支持新媒体编辑上传图片。

图 2-3 “懒设计”开始设计界面

图 2-4 “懒设计”的设计界面

“创客贴”和“懒设计”均为在线设计平台，新媒体编辑在制作封面图时，都可以遵循“挑模板、改元素、预览后导出”的原则进行设计。

2.1.2 制作信息长图

信息图通过将文字信息和数据信息重新包装，点缀以元素，形成内容丰富的图片，给用户提供一种轻量化阅读体验。随着移动端用户数量的增加，普通信息图已经不能满足用户在移动端的阅读需求，信息图渐渐演变成信息长图。

信息长图并非简单地把普通的图片进行拉长处理，而是新媒体编辑借助长图模式构思长图所包含的内容，通过信息长图讲述一个完整的故事。

信息长图的具体设计分为直接设计长图和设计小图并拼接成长图两种。使用 Photoshop 直接设计长图对于新媒体从业者而言难度较大；但采用 PPT 这种办公软件设计小图再拼接为长图，就大大降低了设计长图的难度。只需通过工具把设计并导出的幻灯片图片进行拼接，即可得到一张长图，从 PPT 设计的思路来看，设计信息长图分为小图设计、图片拼接两步。

第一步：小图设计

使用 PPT 设计小图时需要明白，每一张幻灯片都是整张长图中的一部分，因此在设计小图时一定要注意：图片整体风格是纵向的，设计每一张小图时要避免在拼接的过程中由于上下页的风格不一致而导致拼接不完整。

在设计小图时，图片背景应避免使用渐变色，避免使用复杂的线条等元素，这样可以大大减轻拼接长图时的工作量。多使用纵向的线条、纯净的背景色等便于拼接的元素，重点突出整张长图的核心信息，避免复杂的背景喧宾夺主。

使用 PPT 设计长图时，用鼠标右键单击幻灯片以外的页面—勾选“标尺”—“网格和参考线”—勾选“参考线”和“智能参考线”。利用这些功能都可以让图片的对齐工作更加高效，熟练使用这些功能对于拼接图片有很大的帮助。

长图按照上下结构分为封面、内容、封底三个部分。

封面统领全图（见图 2-5）。封面包含主标题、副标题（对主标题起补充说明作用）、图片说明等元素，新媒体编辑要从视觉元素及标题文案技巧入手，着重突出长图主题。

内容是长图的核心（见图 2-6）。把内容信息主要放在长图中间的部分并非只是简单地做文字排版，而是可以通过视觉化的图表来代替数据，使用形象化的图片元素来代替冗杂的文字描述。在内容纵向引导上，使用线条、序号、色块等视觉逻辑标志提示读者注意关键信息，并引导读者逐渐向下阅读。

图 2-5 封面

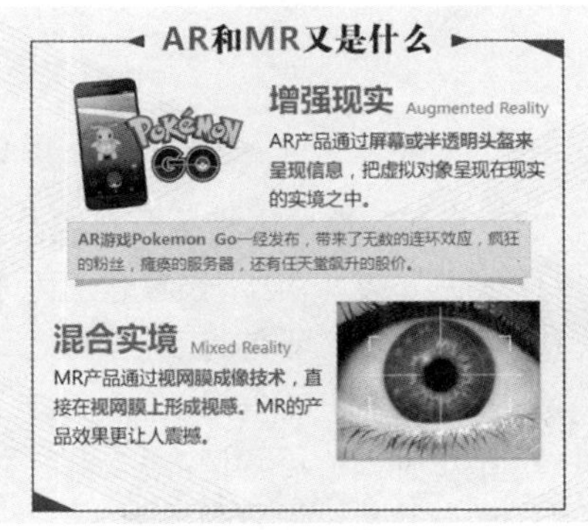

图 2-6 内容

封底是对内容进行总结（见图 2-7）。新媒体编辑可在封底展示内容核心观点或注明内容出处、制作单位与制作人、制图时间等，根据实际需求进行设置。

第二步：图片拼接

封面、内容、封底设计完成后，使用 PPT 的“导出”功能导出全部幻灯片图片，并使用美图秀秀拼接成长图即可。使用美图秀秀拼接成长图时注意把“边框大小”调整为 0。使用 PPT 插件工具同样可以方便地导出长图，以 iSlide 插件为例，完成插件安装后打开 PPT，其功能界面如图 2-8 所示。

图 2-7 封底

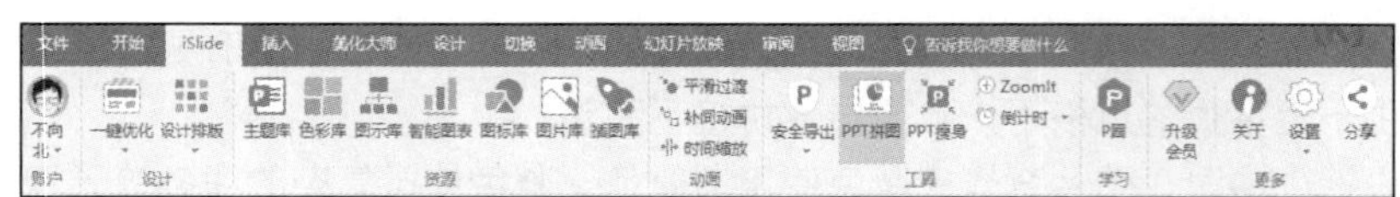

图 2-8 “iSlide 插件”功能界面

单击功能界面的“PPT 拼图”，在弹出的窗口中调整相关设置，如图 2-9 所示。“PPT 拼图”数量限制为 100 张幻灯片。

图 2-9 PPT 拼图

“PPT 拼图”窗口中相关参数的设置如下。

① 图片宽度（px）：设置数值为 1080，默认值即可。

② 包含封面：不勾选。

③ 包含封底：不勾选。

④ 不足补白：不勾选。

⑤ 横向数量：设置数值为 1。

⑥ 外围边距（px）：设置数值为 0。

⑦ 内侧间距（px）：设置数值为 0。

⑧ 背景颜色：此处背景颜色是指当“外围边距”与“内侧间距”不为 0 时边距空隙所填充的颜色。

⑨ 文字水印：勾选“文字水印”后可以选择“水印字体颜色”和“水印背景颜色”，自定义水印内容和水印颜色。

⑩ 包含隐藏页面：根据需要可自行选择。勾选“所有幻灯片”，单击“另存为”按钮即可导出拼图。

2.1.3 绘制 icon 图标

icon（icon file）是 Windows 图标文件格式的一种。在计算机应用中，icon 文件

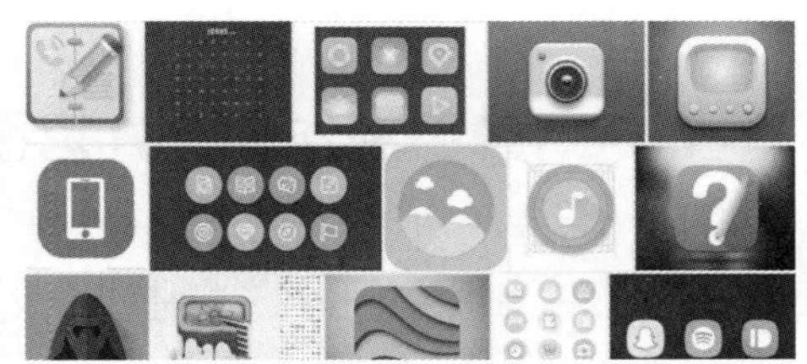

图 2-10　icon 图标

名的后缀为“.ico”。在图文中使用精心设计且符合品牌特性的 icon，如小标题、分隔符等，可以有效提升图文整体观感，提升主题账号的品牌形象，如图 2-10 所示。

icon 图标一直深受 PPT 制作者的追捧，它不仅仅是一种图形，更是一种标志，具有高度浓缩并快捷传达信息、便于记忆的特性。无论是设计封面图还是信息长图，恰到好处的 icon 图标能够为图片增色不少。一方面，icon 图标能够最大限度地取代文字信息，满足视觉化设计需求；另一方面，使用 icon 图标可使长图的逻辑性更加清晰。设计人员可以在网站中下载并使用 icon 图标，部分网站支持设计人员根据需要在下载时修改 icon 图标的颜色，设计人员也可以自己绘制更个性化的 icon 图标。

专业级 icon 图标的设计要求非常高，而对于一般的新媒体 icon 图标，设计人员使用 PPT 即可制作。使用 PPT 制作 icon 图标的工具是合并形状（见图 2-11）。当选中两张图片时，PPT 顶栏的“绘图工具”中会出现“合并形状”选项。icon 图标则是通过合并形状中的联合、剪除、相交、组合、拆分功能而被制作完成的。

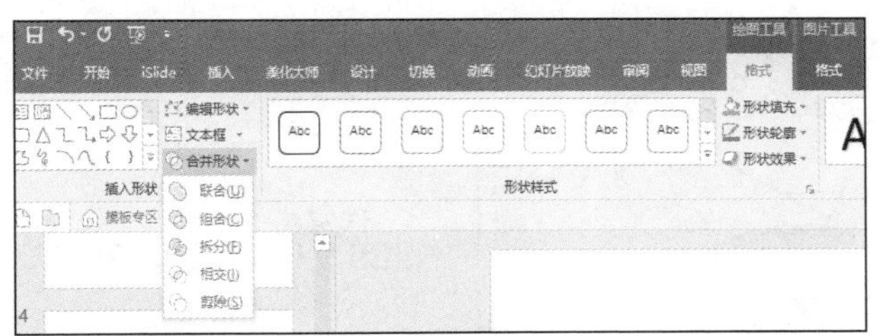

图 2-11　icon 图标的制作

使用 PPT 设计 icon 图标的基础是充分地了解 PPT 的各个功能。在学习制作 icon 图标时，设计人员可以先从模仿设计简单 icon 图标开始，进而开始创作自己的 icon 图标，对 PPT 提供的功能进行优化排列组合，从而拼成想要的 icon 图标。icon 图标的制作步骤如图 2-12 所示。

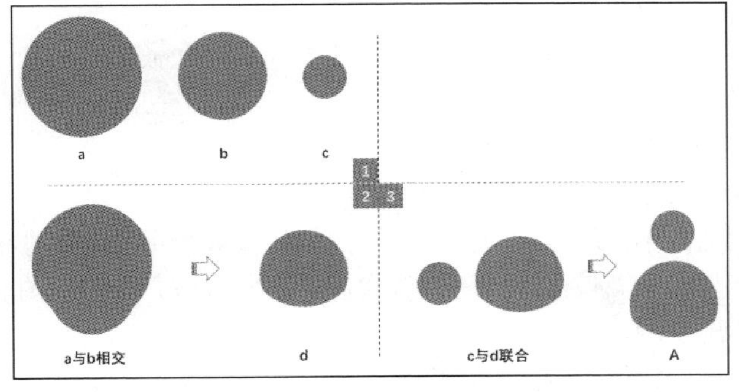

图 2-12　icon 图标的制作步骤

2.1.4 制作动态九宫图

九宫图又称为九宫格图，其形状由九个方格组成，借用九个方格之间的关系，设计人员可以在海报设计和社交媒体配图设计方面发挥很多创意。动态九宫图是增加了动态效果的九宫图。

1. 制作动态创意九宫长图

动态创意九宫图是在九宫图的基础上强化了动态创意的部分。用户在预览动态创意九宫图时看到的是一张完整的图片，单击每张图后又能看到一张长图或另一张图。随着设计人员对平台的了解和创意的施展，配图技巧变得更加丰富。图 2-13 所示为动态创意九宫长图，单击每一个张图后显示为一张长图。

制作一张预览时为一张完整的被切开的九宫长图，用户打开图片后，九宫长图中的小图处在一张长图的中间的图片（见图 2-14），制作步骤如下。

图 2-13 动态创意九宫长图

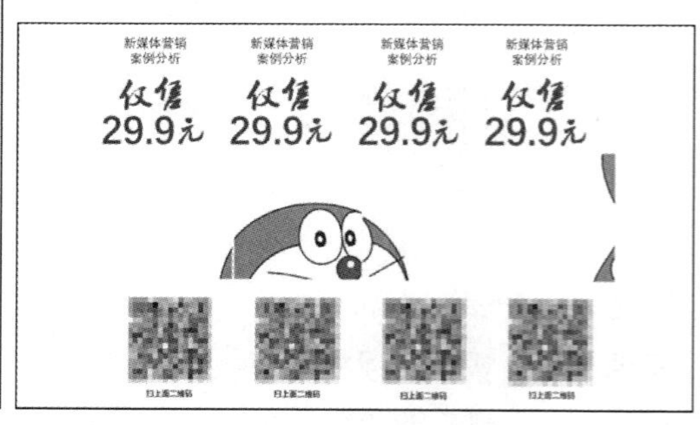

图 2-14 九宫格的小图处在一张长图的中间

第一步：切出九张小方图

找到目标图片后，使用美图秀秀将完整的图片切为九张小方图。

第二步：设计幻灯片

设计幻灯片为正方形，尺寸大小不限。

第三步：设计长图

在幻灯片中插入小方图，在小方图上下分别拼接数量相同、尺寸相同的幻灯片，并设计这些幻灯片信息。按照此方法，依次设计出九张小方图的长图。

第四步：导出长图。

通过 PPT 的导出功能，导出设计好的长图。

发布动态创意九宫长图时，按照序号依次选择即可，如图 2-15 所示。

2. 制作多帧九宫动图

多帧九宫动图可以实现用户预览时看到的是一张图，单击每一个方图后看到的是另一张图片的效果。每个方图都是两帧动画（见图 2-16），预览时显示的是第一帧，打开后显示的是第二帧。

图 2-15　上传动态创意九宫长图

图 2-16　多帧九宫动图

设计人员可以在“百度”搜索“EasyGIF”，获取软件的下载地址并安装 EasyGIF Animator 软件，使用该软件制作多帧九宫动图的步骤如下。

第一步：切出九张小方图

使用美图秀秀软件将完整的图片切为九张小方图。

第二步：使用 PPT 设计第二帧图

设计幻灯片为正方形，尺寸大小不限，并设计幻灯片信息，即动态图的第二帧画面。按照此方法，依次设计出九张小方图的第二帧画面。

第三步：导出 PPT 图片

按照九张小方图的顺序通过 PPT 的导出功能，导出设计好的第二帧画面。

第四步：合成两帧图片

打开 EasyGIF Animator 软件，依次插入九格切图中的任意一张和幻灯片方图，在“动画属性”选项卡中将“播放”设置为 1（见图 2-17），将“帧属性”设置为 50，分别单击左上角“File”“另存”，保存完成后，预览 GIF 图无误（两帧图不循环视为成功）。使用相同的方法把其余八张图生成 GIF 图，并依次编号。导出九张 GIF 图后，依次将它们发布到微博平台，即可形成 GIF 图的九宫格效果。

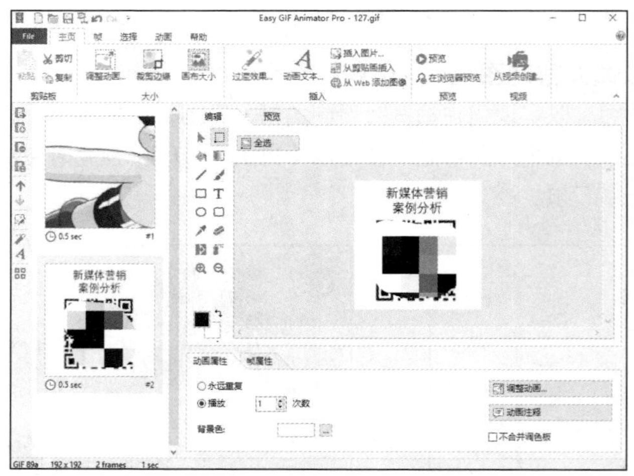

图 2-17　制作多帧九宫动图

2.1.5　制作 GIF 图

1. 录制计算机屏幕制作 GIF 图

录制计算机屏幕制作 GIF 图，可以使用 LICEcap 或 GifCam 软件。在“百度”搜索“LICEcap”或“GifCam”可获取软件的下载链接，下载之后解压即可使用。

工具一：LICEcap。

双击打开软件，可拖动录制框的任意一角调整录制框大小。将所需录制的内容置于方框内，单击“录制”按钮，如图 2-18 所示。弹出保存文件的对话框，选择保存路径并输入文件名，单击“保存”按钮，之后会延迟 1～2 秒启动录制，以确保有充足的时间调整录制窗口。如果录制框左下角出现时间计时，代表录制已经启动。

工具二：GifCam。

双击打开软件，可拖动录制框的任意一角调整录制框大小。将所需录制的内容置于方框内，单击“录制”按钮开始录制（见图 2-19）。此时，“录制”按钮会自动变成“停止”按钮，单击“停止”按钮可暂停录制，再次单击将继续录制。

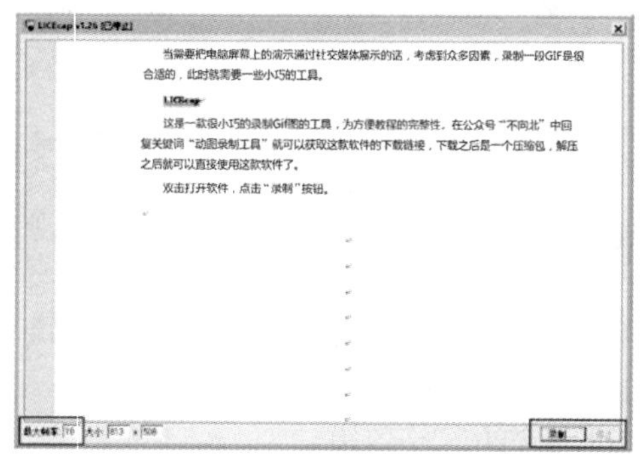

图 2-18　LICEcap

图 2-19　GifCam

2. 利用手机制作 GIF 图

在手机的应用商店中搜索“GIF”关键词，下载相关应用软件。以“美图 GIF”为例，进入应用后选择“特效 GIF”“魔术 GIF”“GIF 相册”，可对拍摄张数及持续时间进行设置，如图 2-20 所示。

3. GIF 在线编辑

打开网站“SOOGIF”后，可以对 GIF 图进行压缩、裁剪、编辑以及视频转 GIF、多图合成 GIF 等操作，如图 2-21 所示。

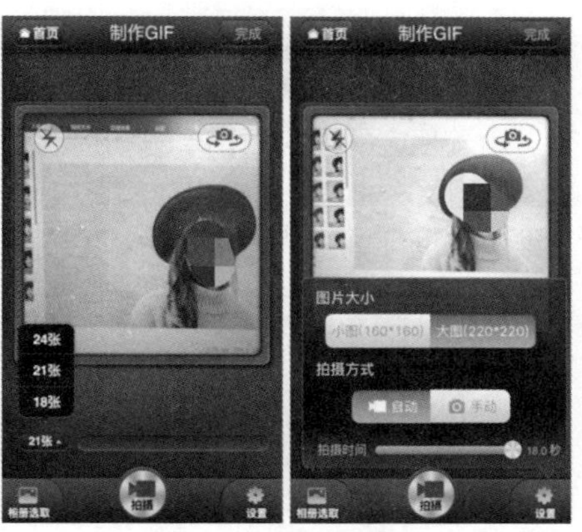

图 2-20　美图 GIF

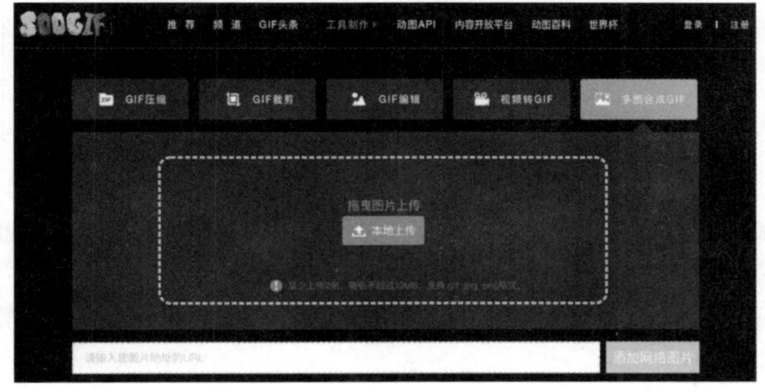

图 2-21　SOOGIF 在线制作工具

“GIF 压缩”中支持上传 GIF 和选择压缩尺寸，但单个 GIF 的大小不得大于 20MB。

“GIF 裁剪”中支持复制粘贴或上传 GIF，以及任意裁剪矩形。

“GIF 编辑”中支持复制粘贴或上传 GIF，以及为 GIF 添加文字水印、滤镜和好玩的特效。

“视频转 GIF”中目前只支持在线转换视频，设计人员只需将视频网址复制到编辑框，就可以拖动时间轴进行剪辑，支持制作长达 20 秒的视频。

“多图合成 GIF”中支持通过拖曳图片或上传图片制作 GIF，要求至少上传 2 张图片，并且每张图片大小不超过 10MB。用户可以对上传的图片顺序进行调，也可以调整 GIF 的动态速度，以制作出合适的 GIF 图。

2.1.6　生成与美化二维码

二维码的使用已经不仅局限于微信平台，越来越多的平台开始使用二维码作为互联的渠道。但是，传统单一的黑白方块二维码，其美观性往往不足，利用平台自动生成的二维码普遍缺乏个性。鉴于此，“草料二维码”与“第九工场”提供了二维码的生成和美化服务。

1．草料二维码

在草料二维码网站中，不论是网址链接、文字、图片，还是文件，均可生成二维码。输入相应的内容后，单击“生成二维码”按钮，就可以在页面右侧生成一张二维码图（见图 2-22）。单击生成的二维码下方的“其他格式”，可下载各种尺寸及格式的二维码，也可单击“美化器”对生成的二维码进行美化。

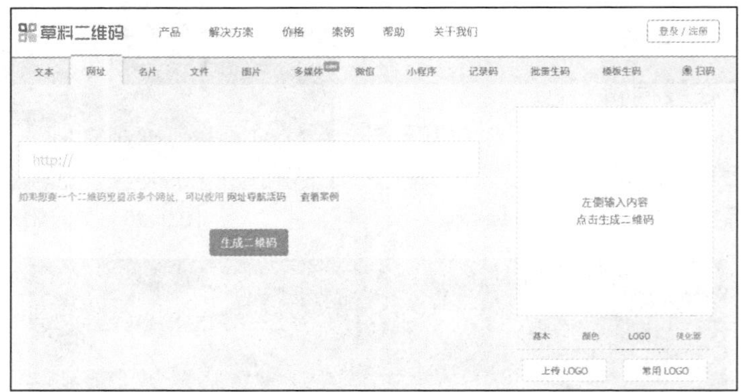

图 2-22　草料二维码

“草料二维码”同时支持生成“活码”。“活码”理论上是一个网址，搜索该网址后显示的内容可以随时变化，其中可以放置包括图片、视频、音频等多媒体内容。“活码”不会随着内容的变化而变化。相比较而言，“活码”的内容具有更强的可扩展性和灵活性。

2．第九工场

“第九工场”在二维码的美化上尤为出色，它支持对上传的普通二维码进行美化，将普通的网址链接生成美化二维码（见图 2-23），同时支持美化二维码付费定制服务。

图 2-23　第九工厂

2.1.7　制作新媒体表情包

1．常用表情包制作方法

表情包在制作过程中可以分为专业设计与个人制作，在使用过程中可以分为企业推广与个人互动。本节以个人制作与个人互动为主进行介绍。

（1）自拍表情包

与使用网络表情包不同，通过使用自拍表情包，用户可以更加方便快捷地拉近聊天双方的关系。而自拍表情包 App 具有强大的功能，大大降低了个人制作表情包的难度，如“B612 咔叽”“无他相机”等。“B612 咔叽”是一款“美颜”贴纸相机应用。通过这款应用，用户不仅可以实时拍摄并美化照片，还可以录制个人表情包。该应用可提供多种贴纸、文字、增强现实等功能，方便用户适配并制作出更有趣的表情包（见图 2-24）。

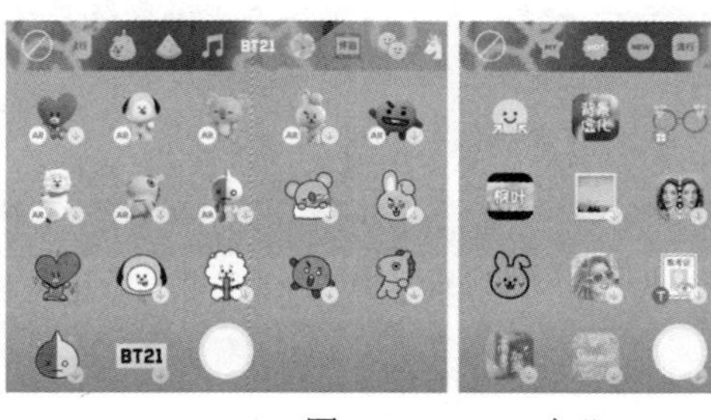

图 2-24　B612 咔叽

（2）制作网络表情包

随着网络文化的发展，网络表情包成为网友表达个人情绪和喜好的工具，其符号化明显、易上手制作、寓意明显等特点深受年轻人喜欢。如“斗图”指的就是用户之间互相发送网络表情包。

网络表情包的明显特点是用户通过截取部分经典、搞笑的图片或视频等，配以不同的文案，从而表达不同的含义。常用的制作网络表情包的应用程序有“Biu 神器”“搞笑斗图大师”“斗图神器”等。以“Biu 神器”为例，该应用程序具有强大的修改表情包功能、修改图片或视频模板功能，并且有众多用户上传的表情包，如图 2-25 所示。

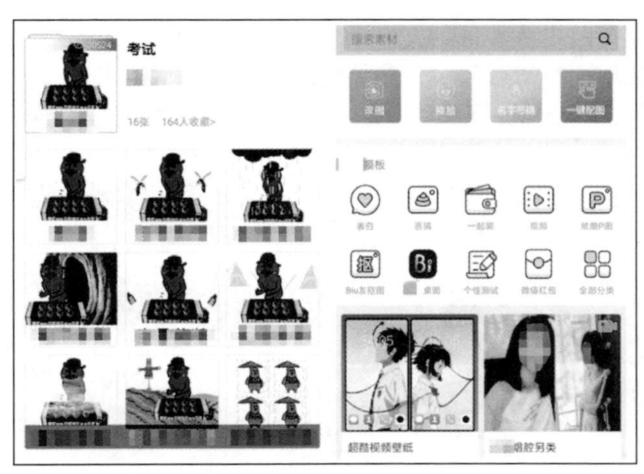

图 2-25　Biu 神器

使用移动端应用程序创建表情包，一方面大大降低了制作表情包的门槛，另一方面可以把制作完成的表情包及时发布到微信平台或保存在相册中。

2. 表情包的开放平台

在目前主流的社交平台中，使用表情包较为频繁的平台有微信、QQ、微博，但微

博并未开放表情包平台。在微信和 QQ 的开放平台上，创作者可以根据平台对表情包的要求制作形式各异的作品，并提交平台方审核。审核通过的表情包即可在该平台上向用户开放下载。通过表情包开放平台，创作者可以把自己的作品最大力度地扩散出去，甚至可以实现个人品牌的增值和表情包变现等。

（1）微信表情开放平台

微信表情开放平台是基于微信平台生态的表情包上传平台。该平台支持企业或个人上传作品，提交表情包的人必须拥有表情包作品的版权或获得授权。上传至微信表情开放平台的表情包作品的版权仍然归属投稿人或授权人。在微信表情开放平台发布微信表情包的具体流程如图 2-26 所示。

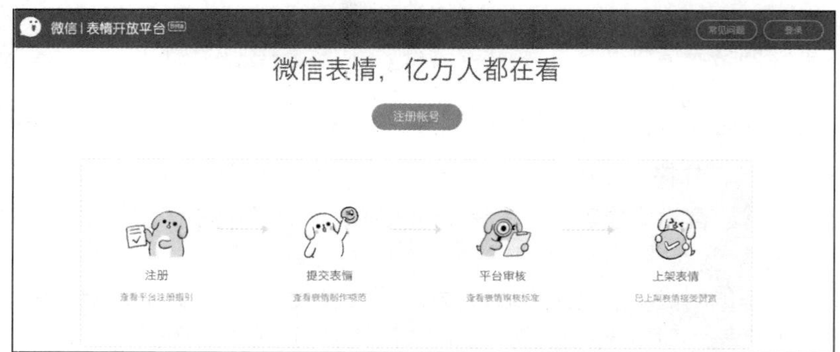

图 2-26　在微信表情开放平台发布微信表情包的具体流程

（2）QQ 原创表情平台

QQ 原创表情平台是基于 QQ 生态的表情平台，支持静态表情包和动态表情包。创作者根据平台要求制作表情包之后，需要经过约 20 天时间的审核，审核通过后，平台用户即可在 QQ 表情中搜索并下载。QQ 原创表情平台的作品设计规范如图 2-27 所示。

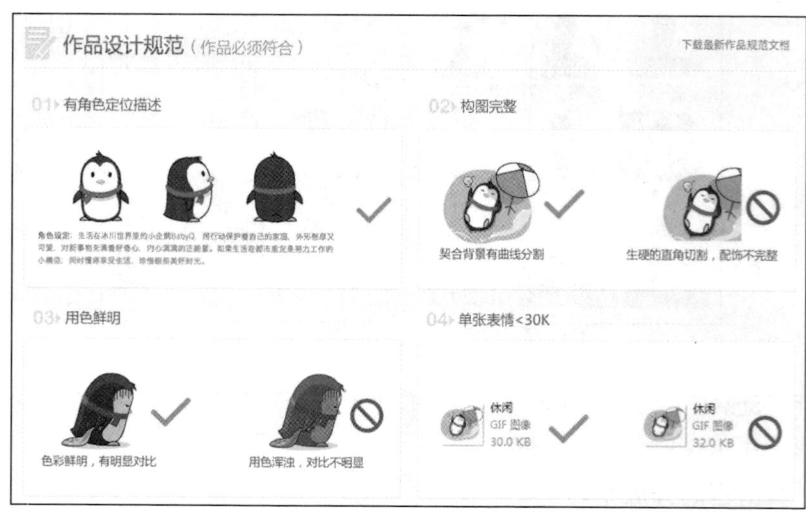

图 2-27　QQ 原创表情平台的作品设计规范

2.2 新媒体图文排版技能

2.2.1 文字的视觉传达

文字是新媒体视觉内容的重要组成部分。以文字为中心的文字排版已经成为一门艺术。看似简单的文字位置摆放，事实上是一项综合性的艺术技能。一个完善的文字排版方案需要综合考量多种因素，如字体、字号、加粗、阴影、颜色、文字内容、应用场合、文字数量、产品或品牌的风格，以及标题与正文之间的关系、读者与文字之间的距离等。

1. 基础排版

（1）字体

每个字体都有其固有的风格。在文字排版中，字体的选择并不是一个随机的过程。文字排版的过程需要根据文字内容和文字载体的应用场合、产品风格、字体的易读性等方面综合考虑。如果需要使用不止一种字体，一定要限制在三种以内，并且确保字体之间是紧密关联的。使用两种非常相近的字体可能会导致读者认为设计者使用了错误的字体。

常见的文字类型包括衬线体和无衬线体。

衬线体是指笔画的开始、边缘、结尾的地方有额外装饰的部分，它能够更清楚地注明笔触的末端，提高读者的辨识率，提升读者的阅读速度。衬线体让人感觉更加正式，多见于英文书籍、论文、小说等的正文部分。常见的衬线体有 Times New Roman、Georgia、宋体，如图 2-28 所示。为方便读者看出字体差异，图中文字均加粗显示。

相对于衬线体来说，无衬线体省略了笔画边缘的修饰部分。常见的无衬线体有 Verdana、Arial，如图 2-29 所示。

图 2-28　衬线体

图 2-29　无衬线体

（2）字号

在铅字印刷时代，字体的大小是使用“字号”作为单位的，但是在计算机排版时代，字体的大小是按照国际标准，用“磅”作为单位的。两种标准并不统一，图 2-30 所示为字号与磅数的换算。

第2章　技能篇——新媒体编辑必备的技能

字号的选用需要考虑文字所发布的渠道。在新媒体平台中，文字常常以纯文本、海报文本、视频文本的形式，展示在 PC 端或者是屏幕有限的移动端上，因此设计者学会恰当地使用字号，有助于读者在有限的空间中获取重要信息。

微信公众平台中，通常使用字号为 15px 的文字（见图 2-31），具体可根据文章要求自行设定。

字号	磅值	字号	磅值
初号	42	四号	14
小初	36	小四	12
一号	26	五号	10.5
小一	24	小五	9
二号	22	六号	7.5
小二	18	小六	6.5
三号	16	七号	5.5
小三	15	八号	5

图 2-30　字号与磅数的换算

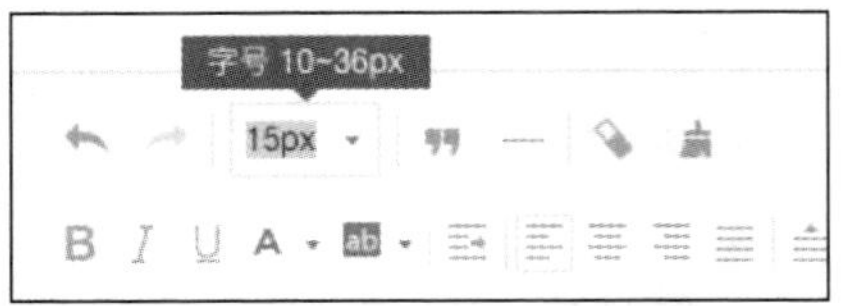

图 2-31　微信公众平台文字字号的设定

135 编辑器、i 排版、新榜编辑器同样支持设计者使用字号 15px 的文字进行编辑。对于不支持直接选择 15px 字号的编辑器，设计者可以在字号栏手动输入使用，如图 2-32 所示。

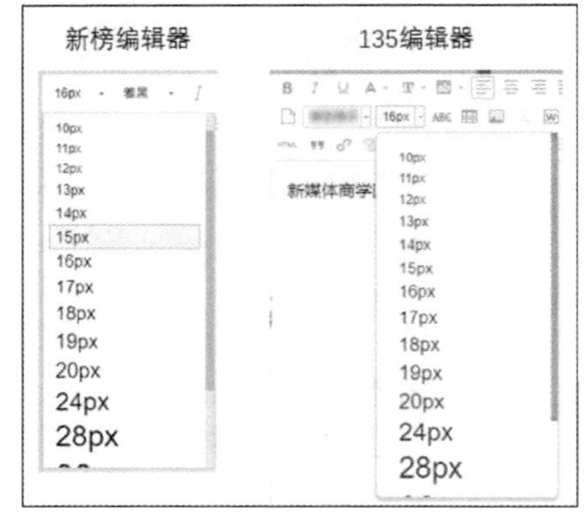

图 2-32　新榜编辑器与 135 编辑器

（3）颜色

字体颜色与背景颜色是文字的重要组成部分。一方面，恰当的背景颜色有助于突出显示内容信息，起到强调作用；另一方面，不同的颜色给读者带来的视觉体验不同，恰当地使用字体颜色，可以起到烘托文字气氛的作用。

纯黑色字体相较于白色屏幕，会形成强烈的对比冲突，反差太强显得刺眼，造成读者体验不佳。因此正文字体颜色尽量不用纯黑色（#000000）。下面列举三种看起来比较舒服的颜色及其色值代码，如图 2-33 所示。

在背景颜色方面，我们可以选择与字体颜色反差较强的颜色，以突出显示部分的内容，但同时需要注意与字体颜色相协调，如图 2-34 所示。

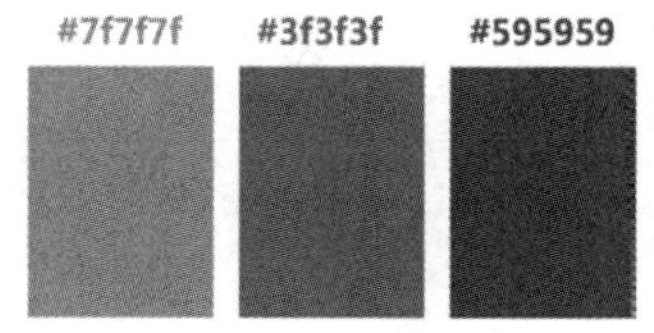

图 2-33　三种看起来比较舒服的颜色及其色值代码

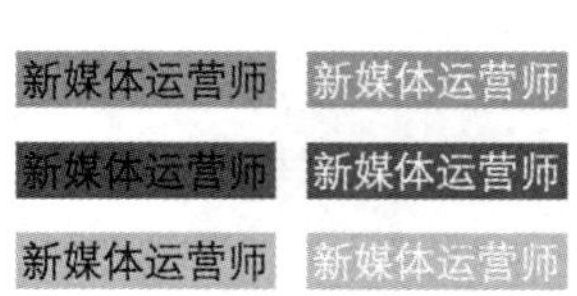

图 2-34　背景颜色

（4）字间距

调整字间距的主要目的是确保每个字符之间的空间美学，创建优美的文本序列。

恰当的字间距调整可以让读者的阅读更加顺畅。尤其是对于长句、段落、标题来说，一个合适的字间距可以成就一个完全不同的设计。

微信公众平台的字间距设置，如图 2-35 所示。其他微信编辑器平台，如秀米、135 编辑器、i 排版、新榜编辑器等同样支持字间距调整。图 2-36 所示为新榜编辑器的字间距设置。

图 2-35　微信公众平台的字间距设置

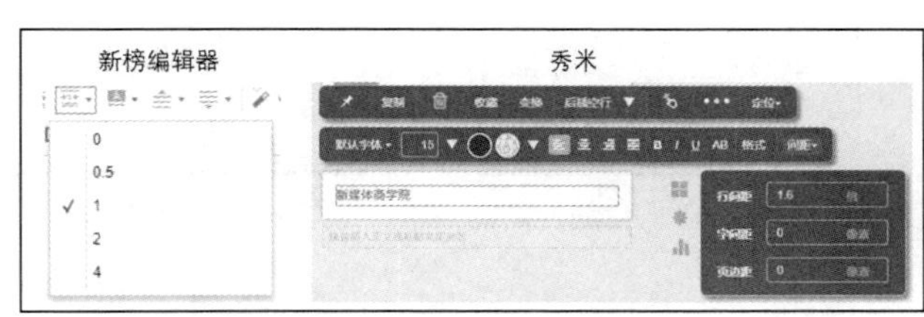

图 2-36　新榜编辑器和秀米的字间距设置

在 135 编辑器、i 排版、新榜编辑器排版工具中，还可以用代码调整字间距。单击“HTML”源代码，将如下的字间距设置的代码复制进去。如图 2-37 所示，“2px”就是字间距的像素值。

```
<section style="letter-spacing: 2px">
把你的文章粘贴在这里
</section>
```

手动输入代码时，需切换至英文输入法下进行输入。

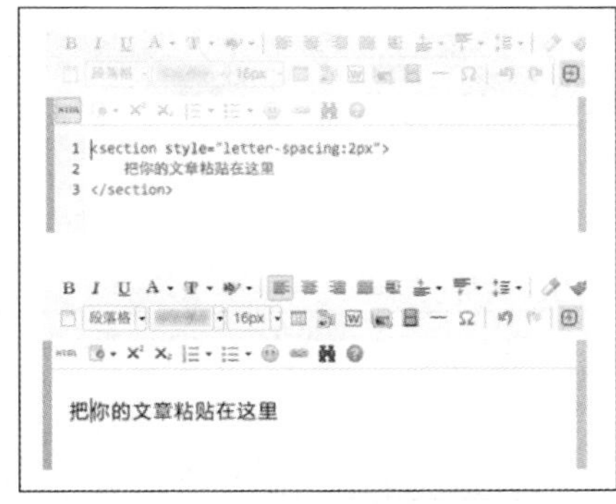

图 2-37　用代码调整字间距

（5）行间距

行间距是文字信息上下行之间的距离，以确保合适的行与行之间的空间。合理的行间距有利于提升文章的整体美感，同时方便读者的迅速阅读。

默认行间距的文本在手机上显示较为拥挤，因此可以先按“Ctrl+A”组合键全选正文，再把行间距设置为 1.5 倍或 1.75 倍（1.5 倍和 1.75 倍的视觉体验较佳）。微信公众平台的行间距设置，如图 2-38 所示。其他微信编辑器平台，如秀米、135 编辑器、i 排版、新榜编辑器等同样支持行间距调整。图 2-39 所示为新榜编辑器和 135 编辑器的行间距设置。

（6）段间距

段间距作为每段文字之间的距离，能够让读者有效地区分上下段，并形成阅读缓冲区，减少了长篇段落文字对读者带来的阅读压迫感。

当字号设置为 15px，正文段前距或段后距设置为 10px 或 15px 时较为合适，且阅读体验较好。微信公众平台的段间距设置，如图 2-40 所示。秀米、135 编辑器、i 排版、新榜编辑器等平台同样支持段间距调整。图 2-41 所示新榜编辑器和 135 编辑器的段间距设置。

图 2-38　微信公众平台的行间距设置　　图 2-39　新榜编辑器和 135 编辑器的行间距设置

图 2-40　微信公众平台的段间距设置　　图 2-41　新榜编辑器和 135 编辑器的段间距设置

（7）页边距

页边距是指页面中文字两端与页面两端之间的距离。恰当的页边距能够让文本内容的视觉效果更好。在印刷品中，考虑到印刷品的装订，页边距也为裁剪和胶装等工序留下了操作空间。

微信公共平台的页边距设置表述为“两端缩进”，如图 2-42 所示。秀米、135 编辑器、i 排版、新榜编辑器等编辑器也支持页边距设置。图 2-43 所示为秀米和新榜编辑器的页边距设置。

图 2-42　微信公众平台的页边距设置

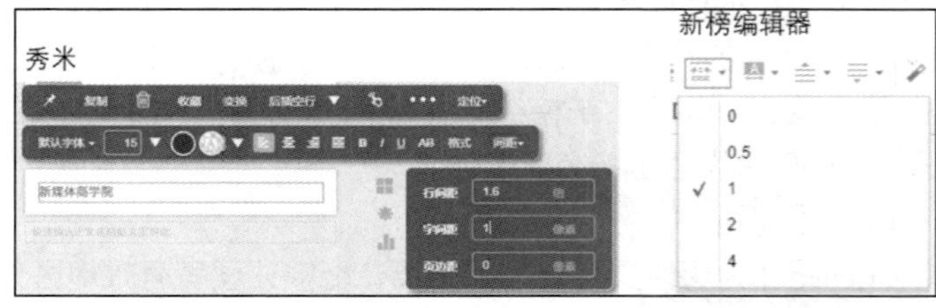

图 2-43　秀米和新榜编辑器的页边距设置

（8）对齐方式

在字体排版设计中，对齐方式在符合读者阅读习惯的同时，也要保证文字与内容的其他元素进行互动。常见的四种关键对齐方式是左对齐、居中对齐、右对齐、两端对齐。

微信公众平台编辑器的对齐方式设置如图 2-44 所示，从左至右分别是左对齐、居中对齐、右对齐、两端对齐。在其他微信编辑器平台中，如秀米、135 编辑器、i 排版、新榜编辑器等同样支持对齐方式调整。图 2-45 所示为秀米与新榜编辑器对齐方式设置。

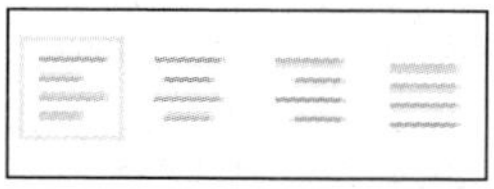

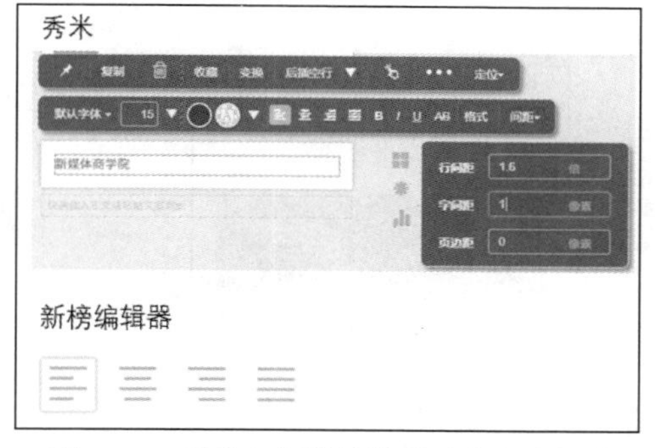

图 2-44 微信公众平台编辑器的对齐方式设置

图 2-45 秀米与新榜编辑器对齐方式设置

（9）文字链

文字链是内容链接的一种形式，以文字的形式进行呈现，读者通过点击文字实现链接跳转。从呈现效果看，文字链比传统链接更简洁、更高效，可以避免文字与长串网址的混乱排版。图 2-46 所示为使用文字链的视觉效果。

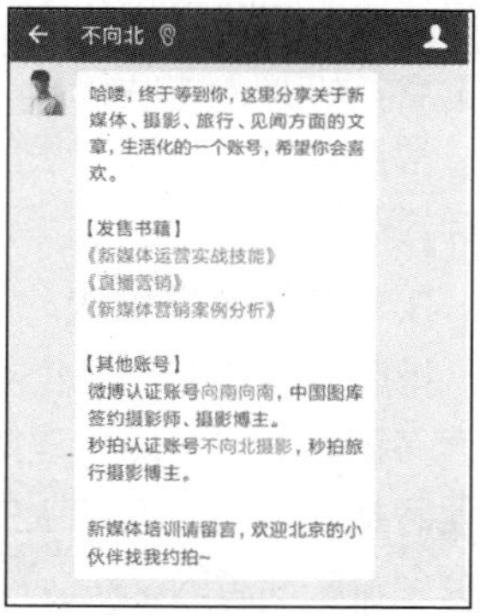

图 2-46 使用文字链的视觉效果

2. 适当优化排版

优化排版主要有以下两个目的。

第一，突出品牌形象。统一使用独特的排版，会让读者产生亲切感，并熟悉品牌风格。公众号文章无论是出现在朋友圈、微信群，还是被其他公众号转载，有特色的排版都会被读者第一时间“认出来”。

第二，促进转化。好的文字排版可以突出重点，辅助内容引导读者做出相应的动作，如关注、转发、点赞、购买等。

常见的文字排版优化内容包括顶部关注、底部引导、文字强调等。

（1）顶部关注

读者打开公众号文章直接看到大量的文字，容易产生阅读压力，阅读体验过于生硬。因此，设计者可以在文字顶端增加引导关注的图片或文字，友好地提醒未关注的读者先关注公众号再进行阅读，如图 2-47 所示。

（2）底部引导

与顶部关注类似，如果文章结束后直接收尾，会让公众号文章显得太突兀，因此

需要在底部进行动作引导。常见的底部引导包括关注公众号、提醒阅读原文、引导相关阅读等，如图 2-48 所示。

图 2-47　顶部关注

图 2-48　底部引导

（3）文字强调

读者阅读公众号文章的场景各不相同，有的在上班路上，有的在赶飞机，有的在咖啡厅，因此，设计人员必须将文章中用于强调的文字突出显示，便于读者快速找到重点，如图 2-49 所示。

常用的文字强调方法包括加粗、变色、加文字框、变样式等。

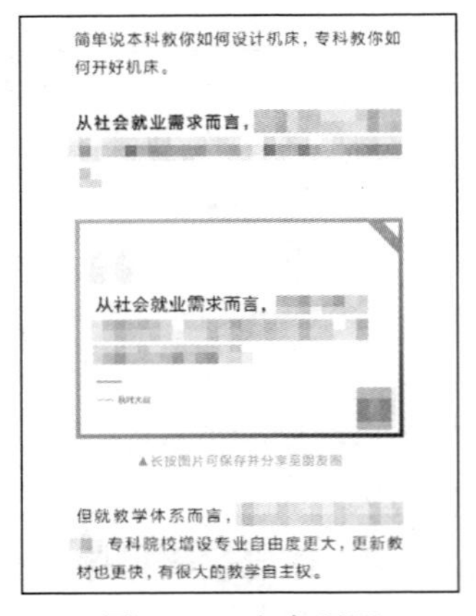

图 2-49　文字强调

3. 避免过度排版

排版的目的在于优化阅读体验，经过优化的排版会让读者读起来更舒服，理解起来更容易。但过度排版会让读者把注意力放在排版的格式上，而过于花哨的排版甚至会引起读者的反感。

常见的过度排版有四类，包括动态背景、颜色过多、风格不定、样式繁杂，设计者在排版时必须尽量避免。

（1）动态背景

常见的动态背景如漫天飘落的雪花、不断燃放的焰火、循环游过的小鱼等，如图 2-50 所示。其最大的弊端在于：读者的视线会随着背景而动，从而忽略正文内容。

（2）颜色过多

一篇文章中的文字颜色应尽量不超过三种，否则读者无法确定哪一种颜色是强调部分，导致找不到阅读重点，如图 2-51 所示。

（3）风格不定

公众号偶尔变化风格，会让读者感觉耳目一新。但如果公众号推送出的每一篇文章，其字体、分割线等都不相同，就会导致公众号整体形象无法呈现，风格自然也无法被读者记住。

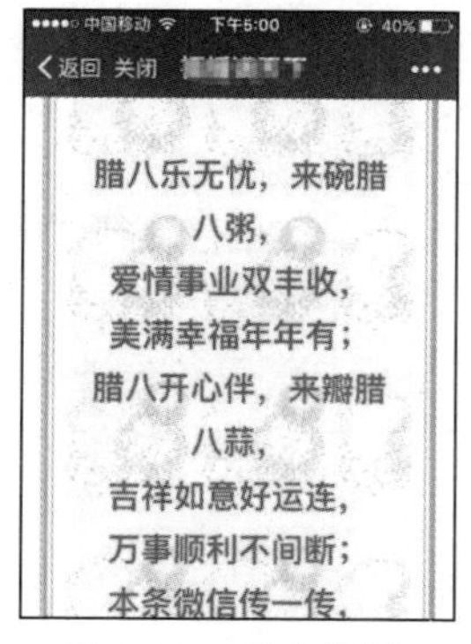

图 2-50　动态背景

图 2-51　颜色过多

固定的排版风格，可以更好地统一品牌形象，提升品牌的识别度，如图 2-52 所示。

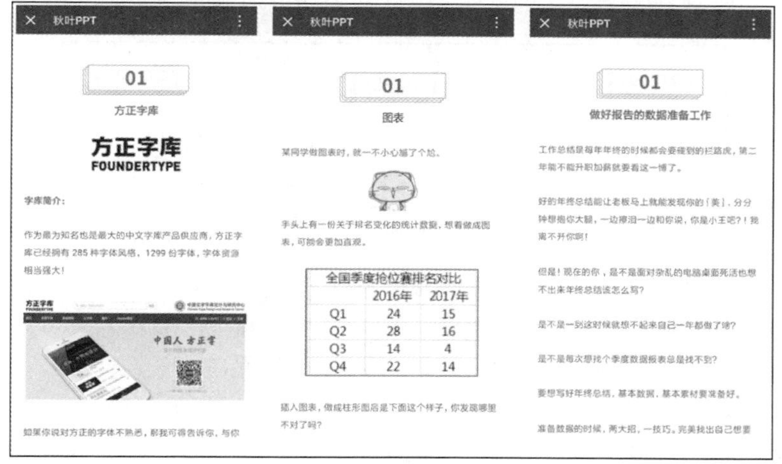

图 2-52　固定的排版风格

（4）样式繁杂

微信编辑器有很多样式，但设计者在使用样式时必须注意求精而不求多。过多的线条、文字框、箭头等堆砌在一起，反而无法将想要表达的内容表达清楚，如图 2-53 所示。

正因为文字排版所涉及的因素较多，所以并不存在某种万能排版风格或可以套用的排版风格。良好的文字排版对于文字内容而言，犹如绿叶衬红花，而符合内容表达的排版风格才是好的。设计人员在具体的文字排版过程中应清楚要表达何种形象。

无论采取何种排版风格，首先必须确保读者可以容易地看到并明白文字信息，设计者不能为了追求独具一格的排版风格而舍弃内容的易读性。

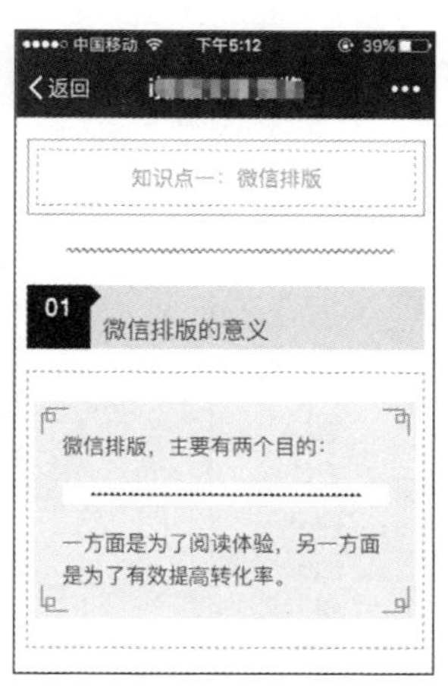

图 2-53　样式繁杂

2.2.2 排版插件的应用

新媒体排版插件是通过浏览器对微信公众平台后台功能进行增强的插件。此类插件一方面可以帮助运营者在编辑图文信息时，不必跨多个编辑平台进行“复制”“粘贴”“同步”等操作，可以直接登录微信公众平台进行多项功能的使用；另一方面可以增强公众号后台的数据分析功能，并对整个公众号领域的热门文章等数据进行汇总展示。

新媒体插件分为排版增强型插件与数据分析型插件。下面以“新媒体管家 Plus”“壹伴”“西瓜助手”为例进行讲解。

1. 新媒体管家 Plus

新媒体管家旗下的新媒体管家 Plus 是一款帮助运营者提升运营工作效率的新媒体工具。新媒体管家 Plus 插件依托主流浏览器，如图 2-54 所示。在安装插件的浏览器中打开微信公众平台后台，即可使用插件提供的增强功能。

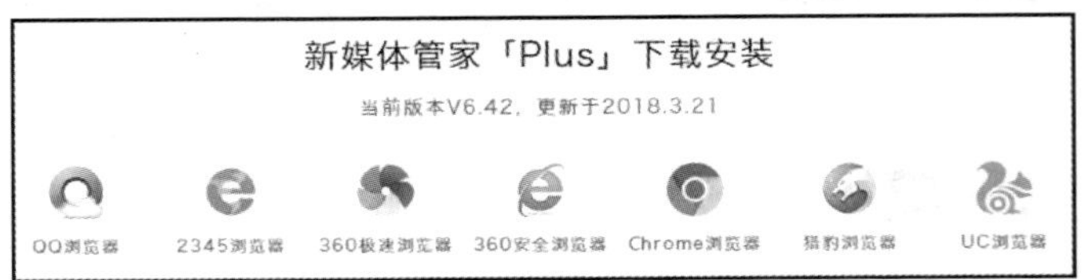

图 2-54 新媒体关键 Plus

以 Chrome 浏览器为例，登录新媒体管家官网下载完成后，打开浏览器的“扩展程序”，把插件拖曳至浏览器即可安装。安装完成后，浏览器页面的右上角会出现新媒体管家的图标“P”，该插件不存在 Windows 系统和 Mac 系统的差异。

单击页面顶部的图标“P”即可登录账号。新媒体管家 Plus 插件同时支持管理小程序、今日头条、微博、1 点资讯、企鹅媒体平台、百度百家、网易号等平台，如图 2-55 所示。

图 2-55 新媒体管家 Plus 支持的平台

新媒体管家 Plus 的排版增强功能目前只支持微信公众平台。通过扫码登录新媒体管家后，再登录微信公众平台，就可以看到插件扩展出的各项功能，其中包括灵感中心、数据导出、全网发布、样式中心、付费服务等。灵感中心位于微信公众平台后台的首页，汇聚了热点事件、热门文章、关键词订阅和第三方服务，如图 2-56 所示。

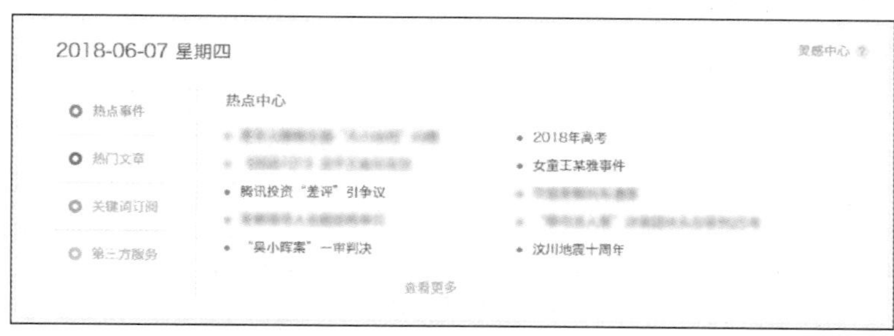

图 2-56　新媒体管家 Plus 灵感中心

在"数据导出"中，可以导出文章数据 Excel，也可以批量删除历史文章，如图 2-57 所示。

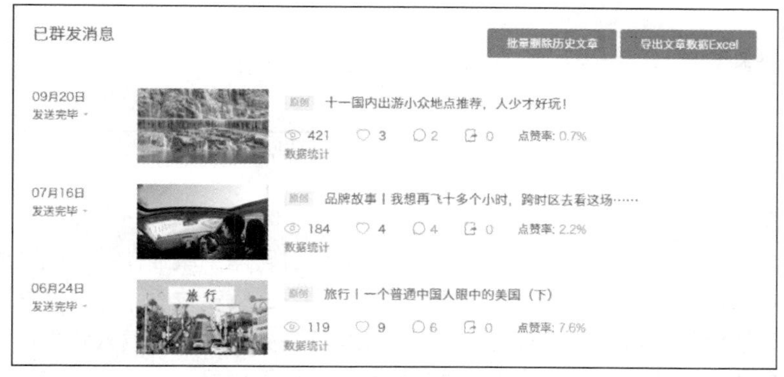

图 2-57　数据导出

在首页"已发送消息"列表中，每一篇文章标题后面都有新媒体管家 Plus 扩展的"全网发布"按钮，单击该按钮可以把已发布的文章一键同步至其他已经绑定账号的内容平台，如图 2-58 所示。

图 2-58　"已发送消息"列表

在图文编辑页面左侧打开"样式中心"后，可以使用新媒体管家 Plus 提供的标题、正文、关注、图文、背景等样式；在编辑框上方，新媒体管家 Plus 新增了字体、两端缩进、表情、代码等；在图文编辑页面右侧，新媒体管家 Plus 提供了图文采集、图片搜索、永久链接、导入 Word、生成长图、免费配音等功能，如图 2-59 所示。

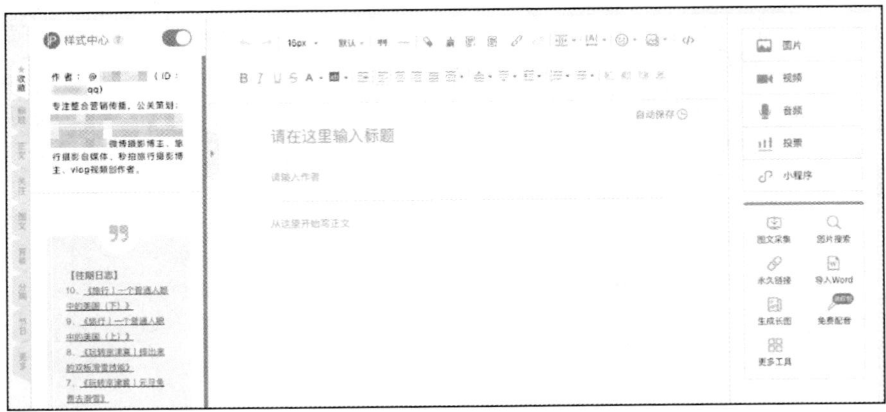

图 2-59　样式中心

图 2-60 所示为插件安装前后编辑框的对比。

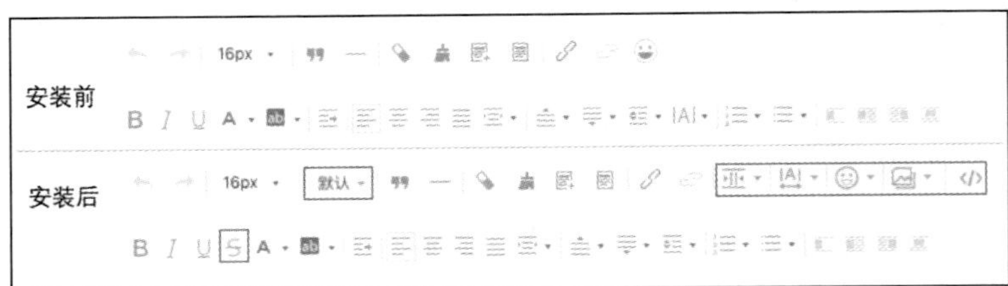

图 2-60　插件安装前后编辑框的对比

2. 壹伴

“壹伴”提供与新媒体管家功能类似的服务，通过官网下载插件并安装至浏览器即可使用。熟练运用这些插件的功能，可以大大提高图文编辑效率。

登录“壹伴”官网，根据浏览器提示下载和安装完成后，微信公众平台后台的首页中会增加数据统计、热点汇总及单篇文章数据统计等信息。

“壹伴”图文编辑页面新增了一行编辑功能栏，如图 2-61 所示。在其中单击“一键排版”按钮可以保存不同的排版样式，方便设计者对不同的图文采取一键排版，提高排版效率。

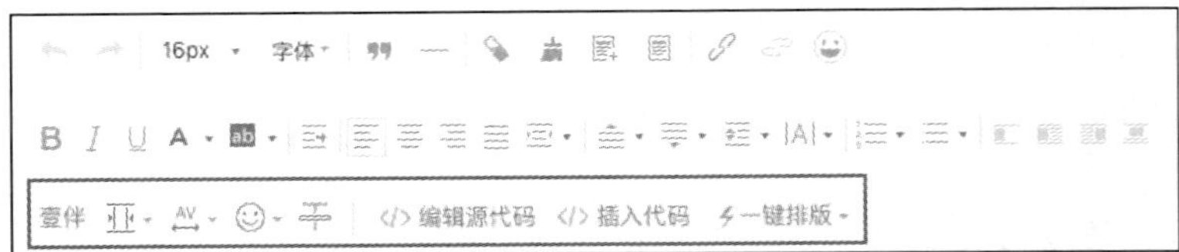

图 2-61　编辑功能栏

“壹伴”图文编辑页面的左右两侧分别增加了样式中心和扩展功能，如图 2-62 所示。

“壹伴”图文编辑页面右侧的扩展功能中有采集文章、配图中心、手机传图、永久预览链接、生成二维码、检查错别字功能，能够极大地提高排版效率。

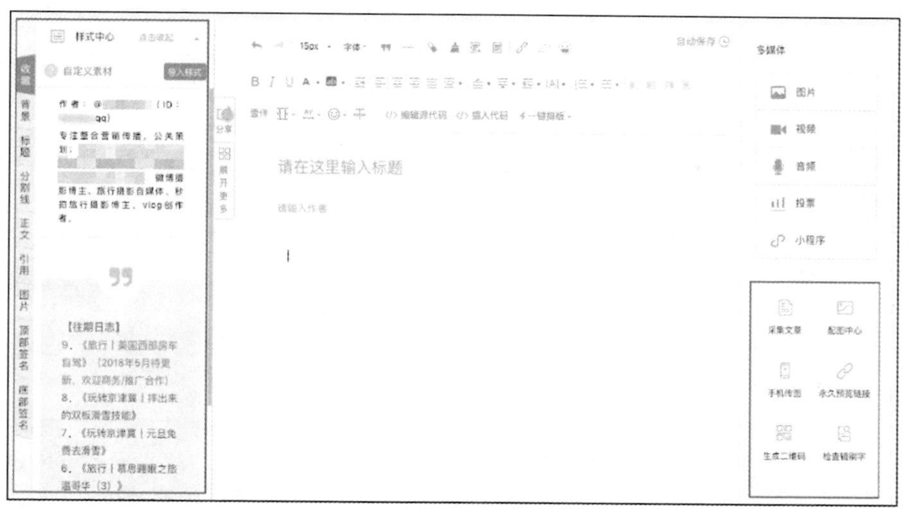

图 2-62　样式中心和扩展功能

3. 西瓜助手

西瓜助手更偏重公众号数据分析和文章采集。登录西瓜助手官网下载插件，安装后的微信公众平台后台首页如图 2-63 所示。导航栏中新增了“灵感订阅”和“采集库”功能。

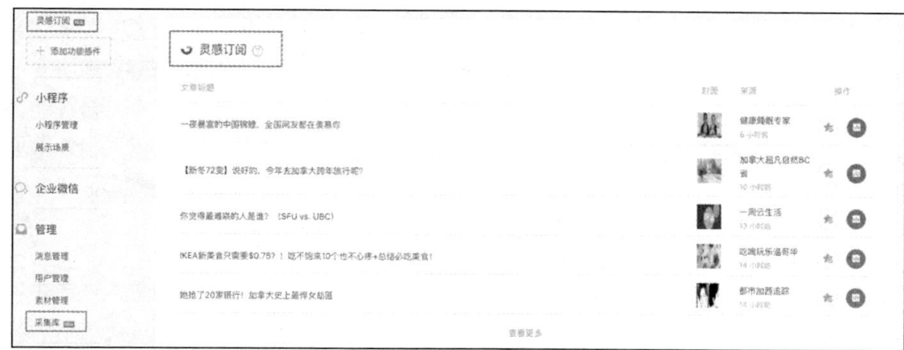

图 2-63　安装“西瓜助手”后的微信公众平台后台首页

在图文编辑页面，西瓜助手提供了多图排版功能，如图 2-64 所示。

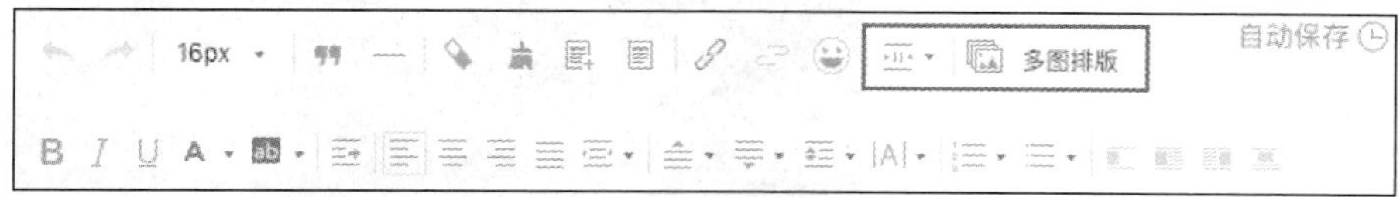

图 2-64　多图排版功能

图文编辑页面的左右两侧分别提供了样式中心和导入文章功能，以满足设计者的排版需求，如图 2-65 所示。

图 2-65　样式中心和导入文章功能

西瓜助手插件极大地提高了设计者排版、内容选题、格式套用等的效率。除此之外，这些工具都在不断更新中，而且还有很多助力微信公众号运营的隐藏功能。

2.2.3　创意字的设计

1. 创意字设计

创意字是文字在传播和应用过程中的一种变形文字形式。创意字设计并没有固定版式和固定字体可以套用，其本质是在文字形状的基础上，设计者通过对文字含义的理解，把含义与形状进行结合的产物。很多创意字是从原有字体库中的字体演变而来的，创意字的设计更加考验设计者对文字形状的驾驭能力和对文字含义的理解能力。

创意字在品牌名称和海报中经常会被用到。如淘宝网、当当网等品牌（见图 2-66），在字体的创意设计上较好地突出了品牌感，其字体标志本身就是品牌名称，视觉效果直观。好的创意字设计能让人过目难忘，深入人心。

创意字在海报中的使用更能突出其特点。图 2-67 所示的海报中的文字分别是“挑战”“最强”，巧妙的字体设计能够加深观众对海报的印象。

图 2-66　创意字

图 2-67　创意字在海报中的应用

创意字的设计与设计者的艺术审美及其对表达内容的理解能力有关，并没有固定的规则。但在新媒体视觉营销中，字体设计必须拥有营销价值，使观众记住品牌名字或产生购买行为。

创意字设计中需要遵循“字”“形”“意”三者相结合的原则。

“字”是一种记录语言的符号。图 2-67 中文字是“最强”，其内容含义包含了“强势”“优越”等意思。

“形”是指字的形状，包含使用什么字体或设计成什么形状的字体。图 2-67 中“最强”使用的是设计者设计的字体，而非固有的字体。同时，“形”需要与“字”相关联，即“字”的含义中有“强势”“优越”的意思，则字体“形”的设计就要符合“字”的含义。

“意”是指创意字所表达的意境。“意”就是创意字设计中的创意部分。

创意字的主要设计工具是 Photoshop 与 Adobe Illustrator。创意字设计作为一项艺术性工作，并没有详细、固定的步骤，因此具体设计根据设计者对创意字的理解不同，所设计的风格也不相同。

2. 创意文字云

（1）“创意文字云”的概念和组成

“创意文字云”是一种文字呈现形式，以图形化排版来表达某个概念或形象。文字与图形在表达内容和形象展示上互相补充，形成一种新型文字处理技巧。

图 2-68 所示为与新媒体运营者相关的“创意文字云”，内容部分是以新媒体为主题展开的相关关键词，图形展示部分是一个人物的轮廓。将人物形象与新媒体运营相关的工作内容进行结合，就形成了一个“创意文字云”。

图 2-68　与新媒体运营者相关的“创意文字云”

（2）“创意文字云”的呈现形式

① 文字决定呈现内容

文字是组成“文字云”的内容部分，这些字词信息紧紧围绕着某一主题或要展现的某一形象而展开，字词对于主题信息描述越详细，越能突出表达主题。

例如，做一个与大学生相关的“文字云”，“大学生”就是“文字云”要表现的主题，展开联想发现，围绕大学生相关的关键词有很多，如四六级、考研、留学、社团、学生会、图书馆、快递、暑假、寒假、聚会、食堂等。

② 图形决定呈现创意

图形是“文字云”的升华部分，通过具体的图形展示主题或形象。“创意文字云”的图形可以分为文

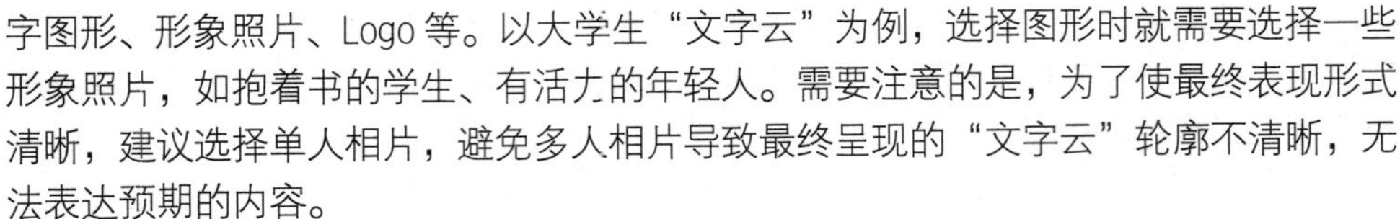

字图形、形象照片、Logo 等。以大学生“文字云”为例，选择图形时就需要选择一些形象照片，如抱着书的学生、有活力的年轻人。需要注意的是，为了使最终表现形式清晰，建议选择单人相片，避免多人相片导致最终呈现的“文字云”轮廓不清晰，无法表达预期的内容。

（3）创意文字云的制作方法

下载 PPT 插件“口袋动画 PA”，安装完成后，插件将会出现在 PPT 页面顶部。设计者单击进入后可以选择“文字云”，如图 2-69 所示。

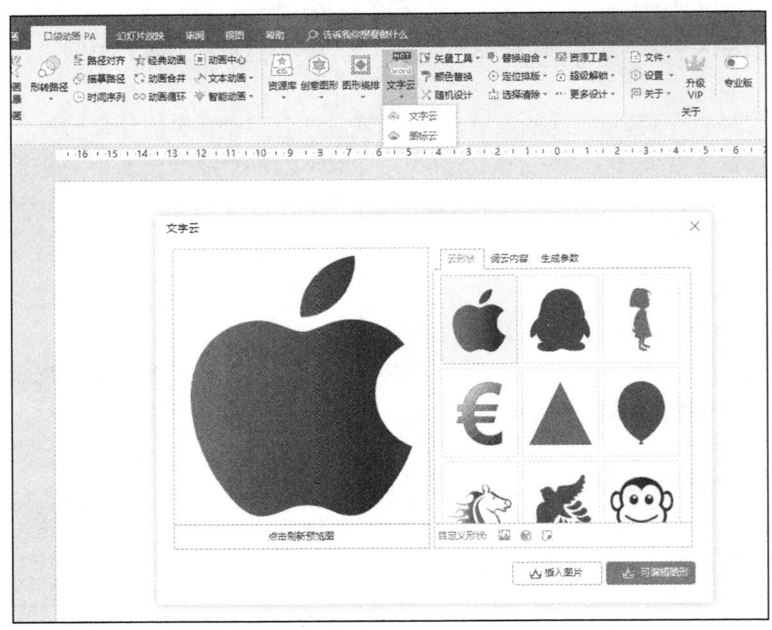

图 2-69　用 PPT 制作“创意文字云”

第一步，选择形状。

在“云形状”中选择想要生成的文字形状。如果没有合适的图形，设计者可以选择“自定义形状”并上传保存在 PC 端的图片。

第二步，插入文字。

在“词云内容”中输入“文字云”的文字部分，分别是“内容”和“强调次数”板块。“内容”是指文字，“强调次数”是指文字出现的次数，文字出现次数越多，在“文字云”中呈现的字体越大。同样，设计者可以在“内容”中导入 PC 端的 txt 文件。输入文字后单击“刷新预览图”即可看到“文字云”。

第三步，调整参数。

在“生成参数”中，设计者可以对“文字云”进行详细的编辑，其中包括是否内容重复，是否角度旋转，以及动画方案、紧密度、字体、最大字号、背景颜色、图形配色等。设置完动画方案后，单击“可编辑图形”按钮即可生成一个带有动画效果的“文字云”，若单击“插入图片”按钮，则生成的是一张“文字云”图片。

2.2.4 H5 海报制作

1. 引发 H5 动画传播的心理因素

有趣的 H5 动画总是能够引起广泛的传播。从转发动机来看，引起 H5 传播的心理因素有以下四个方面。

（1）好奇心

好奇心是个体学习的内在动机之一，是个体寻求知识的动力。用户总会对未知事物有好奇心，存在猎奇心理，而这些未知的事物正好能充分地调动用户的情绪和注意力。

用户对 H5 动画的标题或焦点图感到好奇，就会点击进去查看；看到某个 H5 动画被熟悉的朋友转发了，也会点击查看。

（2）认同感

认同感是指用户对自我及周围环境有用或有价值的判断和评估。用户都需要被肯定，更确切地说是一旦标准不适合自己，就会体验到疏离感，会产生"我没有用"等认同感缺失的心态。

不少测试型 H5 会被转发，主要源于认同感。例如，通过一系列娱乐性的测试题，用户来测算出自己如果生活在古代会是哪个朝代的什么人，或测测自己的人气指数是多少等。这些娱乐性测试，其测试结果切合了用户的认同感心理。

（3）攀比心理

根据产生的作用不同，攀比心理可分为正性攀比和负性攀比。正性攀比指正面的、积极的比较，是在理性意识驱使下的正当竞争，往往能够引发个体积极的竞争欲望，产生克服困难的动力。负性攀比指消极的、伴随有情绪性心理障碍的比较，会使个体陷入思维的死角，产生巨大的精神压力和极端的自我肯定或否定。

攀比心理体现在 H5 中多出现在游戏型 H5 和测试型 H5。典型的游戏型 H5，如"围堵神经猫"和"2048"，都由于用户攀比"谁的成绩更高"而被传播得非常广；测试型 H5。

（4）炫耀心理

炫耀指从金钱、地位、头衔、物品等独有或外在的事物来特意凸显或强调自己。能满足用户炫耀心理的 H5 比较多，几乎所有类型的 H5 都可以在某种程度上满足用户的炫耀心理。例如，在比分赛制类 H5 中获得了高分，想要分享出去炫耀一番；或者自己比其他人更早地发现了有趣的 H5，转发出去炫耀自己在流行的最前沿。

2. H5 动画的展现形式

我们在微信平台上见过各种各样的 H5 动画，总结起来共有展示型、互动型、场景型、游戏型和测试型五种形式。

（1）展示型

展示型是我们经常看到的 H5 动画，它的制作难度低，人人可以参与制作。在一些 H5 动画制作平台上，用户只需上传图片，就可以套用模板生成一个 H5 动画。

扫描图 2-70 所示的二维码，可以查看展示型 H5 动画样式。展示型 H5 动画的主要形式是通过展示内容的同时，伴随有简单的滑动和点击等动作，展示的内容相对简单，页面互动效果也相对简单。常见的展示方式为由屏幕底部向上滑动进入下一页或直接观看。

展示型 H5 动画常用到的场景有活动宣传、出游照片合集等。

（2）互动型

互动型 H5 动画和展示型 H5 动画类似，都是展示内容，只不过形式不同。展示型 H5 的页面互动体验较弱，侧重于直接展示的内容，而互动型 H5 则通过互动体验将要表达的内容展示出来，侧重于互动体验。

扫描图 2-71 所示的二维码，可以查看互动型 H5 动画样式。虽然互动型 H5 增加了互动体验，相较于展示型 H5 动画在制作和创意难度上有一定的提升，但是用户在 H5 动画的制作平台上仍可以套用模板。

图 2-70　展示型 H5

图 2-71　互动型 H5

H5 动画的互动形式是：用户通过在屏幕上各个方向的滑动、点击、拖曳等动作，完成一定的 H5 动画设置，才能顺利进行 H5 动画的演示。同时，“手机摇一摇”“手机话筒与 H5 动画互动”等，都属于互动形式。

（3）场景型

场景型 H5 动画融入了一些互动型 H5 动画的成分，更着重 H5 动画展现形式的场景化，通过互动能进入一定的场景、情景当中，将要传达的信息植入场景中，从而使用户较容易接受这些广告信息。

（4）游戏型

游戏型 H5 动画的展现内容本质上是一个游戏。用户不论是通过屏幕互动还是手机感应器，其目的都是为了完成游戏。通常能够在微信中传播较广范围的 H5 动画，多是一些游戏型 H5。

扫描图 2-72 所示的二维码，可以查看游戏型 H5 动画样式。常见的游戏型 H5 动画有“2048”“黑白块”等。这些游戏会引发用户的自发传播，除了上一节分析的心理因素之外，其传播原因还包括以下两方面：一是简单易上手；二是用户可以比分值，获奖激励明确。

（5）测试型

测试型 H5 动画较为显著的特点就是基于测试标准，通过 H5 动画对用户进行测试对比，在互动形式上比较简单。

扫描图 2-73 所示的二维码，可以查看测试型 H5 动画样式。其共同特点是对用户进行一个分值、等级等显性且有明显差异的排名。

图 2-72　游戏型 H5

图 2-73　测试型 H5

3. H5 动画素材收集

MAKA、易企秀、兔展、人人秀、凡科互动等 H5 动画制作平台已经为设计者提供了丰富的素材。然而，对于自定义程度较强的 H5 来说，平台所提供的素材并不能满足需求。H5 动画的素材包括字体、图片、GIF 图、icon 图标、音乐五个部分。

（1）字体素材

主流 H5 动画制作平台已经提供了多种字体选项，设计者无须安装字体即可在线使用，还可以根据需求选择不同的字体，其中部分字体可以免费使用。当平台未提供需要的字体时，设计者可以运用以下方法制作字体。

① 使用 PPT 制作字体

新建一个幻灯片，通过插入文本框并选择想要的字体，输入文字内容，然后根据需要修改字体颜色，用鼠标右键单击文本框，在弹出的快捷菜单中选择“另存为图片”命令（见图 2-74），即可把文字内容保存为透明底色的 PNG 格式图片，将图片上传至 H5 动画制作平台即可使用。设计者熟练掌握 PPT 的设计技巧，可以设计出样式各异的字体。

② 在线转换字体

当 PC 端尚未安装目标字体时，设计者可以使用在线字体转换器进行字体转换，推荐“找字网”和“第一字体转换器”两个字体下载及转换的网站，如图 2-75 所示。设计者通过这两个平台可以将输入的文字转换为其他字体，并且在转换过程中可以进行字号大小、字体颜色、背景颜色等设置，最后把转换后的字体保存为图片进行使用。

图 2-74　使用 PPT 制作字体

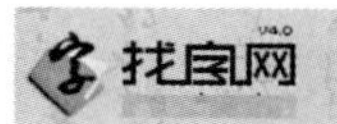

图 2-75　字体下载及转换网站

（2）音乐素材

在 H5 动画中，背景音乐起到烘托气氛的作用，合适的背景音乐能让人沉浸其中，充分体验 H5 动画。各 H5 动画制作平台均提供了音乐素材，同时支持上传音频。设计者可通过以下音乐平台寻找音乐素材。

① 网易云音乐搜歌单和音乐评论

歌单与音乐评论是网易云音乐的两大特色功能。设计者充分利用歌单关键词搜索，可以迅速找到大量关于关键词的背景音乐，如图 2-76 所示；通过查看音乐评论，可以找到与音乐匹配的场景和相关联的感情，从而迅速找到大量关于某一主题的背景音乐。

图 2-76　网易云音乐搜歌单

② 音乐伴奏平台

当要使用某首歌曲的伴奏作为背景音乐时，可以进入“5sing”网站进行搜索，如图 2-77 所示。“5sing”是“酷狗”旗下的原创音乐平台，提供免费伴奏下载。如需商用，应与版权方联系购买。

图 2-77　“5sing”网站

4. H5 动画页面制作

初学者在制作 H5 动画页面时可在免代码设计平台进行。在无代码基础的情况下，通过免代码 H5 动画设计平台，初学者可以方便、快捷地设计出 H5 动画作品。无论使用哪个 H5 动画设计平台，建议用微信账号登录，这样无论设计者是在 PC 端还是移动端制作，都方便统一账号分享，同时在微信中观看 H5 动画作品时也省去了重新登录的麻烦。

H5 制作目前分为两大类：H5 动画制作与 H5 营销活动制作。

（1）H5 动画制作

H5 动画制作的平台包括“易企秀”“MAKA”“兔展”等，它们的设计方法相近。下面我们以在“MAKA”平台制作 H5 动画为例来进行讲解。

第一步，选择模板

“MAKA”平台有大量的 H5 模板（见图 2-78），它们按照场景、行业、风格、色调等进行划分，设计者可以根据预算情况按照“全部”和“免费”进行详细搜索，或按照“最受欢迎”和“最新发布”两个维度进行搜索。

图 2-78　H5 模板

第二步，编辑页面

设计者根据需要和实际情况选择模板后，进入 H5 动画模板编辑页面，页面左侧为组件区域，中间为编辑预览区域，右侧为组件编辑区域，如图 2-79 所示。

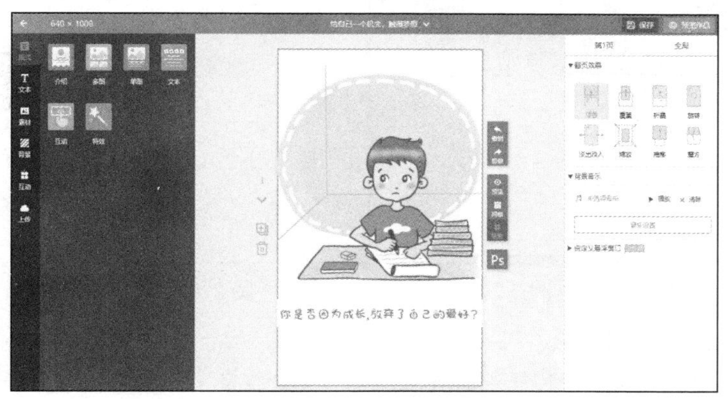

图 2-79　H5 动画模板编辑页面

页面左侧的组件区域包含版式、文本、素材、背景、互动、上传。

① 版式是指在 H5 页面基础上新增的内容页，包括介绍、多图、单图、文本、互动、特效。

② 文本包括可编辑的文本框和图片文本元素。

③ 素材包括图片、贴纸、形状、图标、线条、相框、图标、条幅、节日、婚礼、餐饮、会议、相册、生日、招聘、促销。

④ 背景包括纯色背景、推荐背景、纹理，并且支持设计者自定义上传背景。

⑤ 互动包括表单、拨号组件、图组、投票、抽奖、接力、跳转链接、视频、点赞、倒计时。

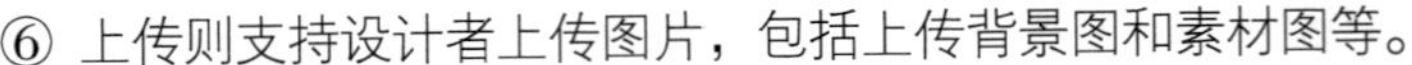

⑥ 上传则支持设计者上传图片，包括上传背景图和素材图等。

在页面中间的编辑预览区域，单击或双击图片元素可以进行更多操作。图片右侧有一个“PS”标志，单击可上传 PSD 格式的设计图。一方面，平台素材库及模板可以满足大部分设计者的需求；另一方面，设计者针对特定需求设计 PSD 图层，可以上传制作更加个性化的 H5 动画，如图 2-80 所示。

第三步，添加动作

在为每一页添加素材后，设计者可以对该素材或该页面设计动画。单击中间编辑预览区域的文字、图片等，在右侧的组件编辑区域可以对文字、图片进行设置，包括图片的对齐方式、图层、透明、圆角、阴影、旋转、位置及尺寸，并可以对图片或文字进行动作设置，如图 2-81 所示。单击编辑预览区域的不同元素，右侧会出现不同的可编辑界面。

图 2-80　个性化 H5

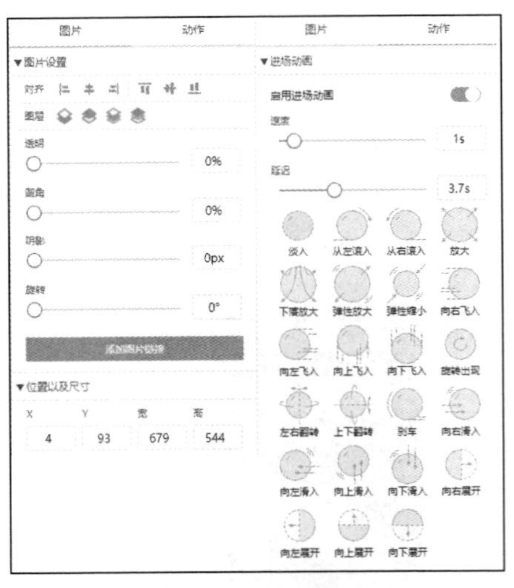

图 2-81　动作设置

第四步，添加背景音乐

H5 动画制作完成后，设计者可为其添加一段背景音乐，如图 2-82 所示。平台提供了音乐素材可供选择，设计者也可以添加 MP3 格式的音乐。在搜集相关主题的音乐时，不要盲目搜索，可以在音乐应用中搜索 H5 动画主题相关的歌单。例如，在网易云音乐上可以搜索“舒缓”“气势”等关键词，找到适合各种场合的歌单，即可下载后添加到“MAKA”平台使用。

第五步，预览保存

单击设计页面右上角的“预览作品”按钮，可以对当前设计的 H5 动画进行预览。

在预览界面的右上角设置封面、标题、摘要，便于将 H5 动画信息分享到朋友圈或群内，如图 2-83 所示。

单击设计页面右上角的“保存”按钮，然后单击作品“预览”扫描二维码或复制链接即可查看该 H5 动画，保存后再次编辑或修改 H5 动画并不影响其二维码及链接。

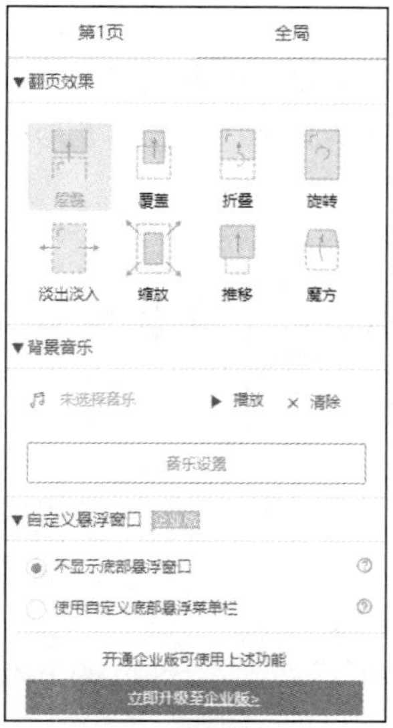

图 2-82 添加背景音乐

图 2-83 预览

（2）H5 营销活动制作

H5 营销活动制作平台包括“人人秀”“凡科互动”“iH5”等。下面以“凡科互动”为例进行讲解。

第一步，授权公众号

进入微信公众平台后台的个人中心，公众号管理员扫描二维码绑定公众号。根据实现功能的不同要求绑定的公众号类型不同，其中服务号能使用全部功能，包括开通强制关注功能，如图 2-84 所示。

图 2-84 授权公众号

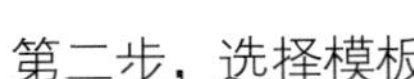

第二步，选择模板

“凡科互动”平台有大量的营销模板。进入“创建活动”界面，设计者即可看到各种营销场景，如节日、抽奖活动、游戏营销、商业促销、助力活动、投票活动、签到活动等，如图 2-85 所示。

图 2-85　选择模板

第三步，编辑并发布

以营销活动中的摄影活动为例，进入 H5 编辑页面，页面左侧为导航栏，中间为预览页面，右侧为设置区域。首先单击导航页按钮，然后在预览页面双击想要修改的元素，即可在右侧的设置区域进行详细设置，或在弹出的窗口中进行设置。编辑完成后，单击右上角的“预览”或“保存”按钮，如图 2-86 所示。回到管理中心即可查看并发布保存的活动。

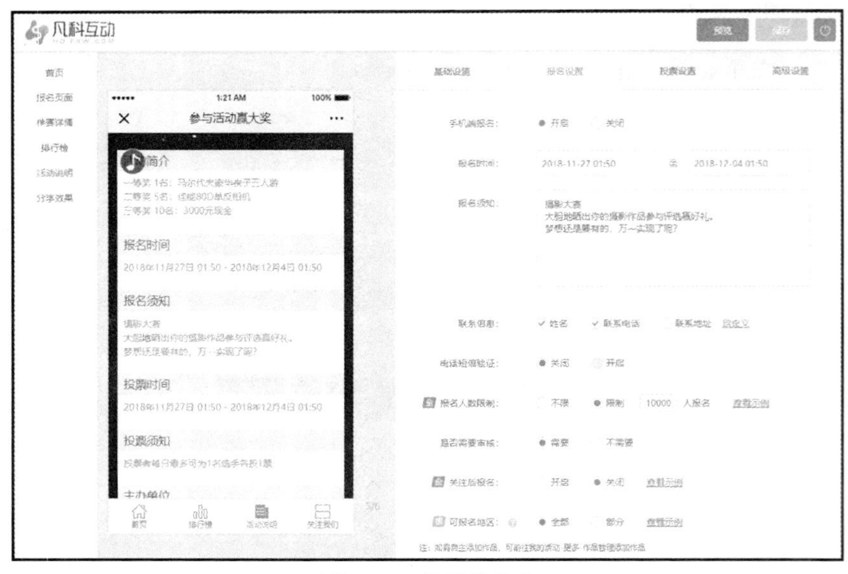

图 2-86　编辑并发布

2.3 新媒体文案写作技能

2.3.1 什么是新媒体文案

新媒体文案是以现有的新兴媒体（多为移动互联网媒体）为传播平台，利用网络媒体和社交平台的交互性，进行有创意的广告内容输出，用于辅助商家或企业实现某种营销目标的一种文案。市场对新媒体文案的需求量越来越大，继而对新媒体文案的行业环境、岗位要求也更加规范。

1. 新媒体文案的概述

“文案”一词来源于广告行业，是“广告文案”的简称，多指以文字进行广告信息内容表现的形式。狭义的广告文案只包括标题、正文、口号的撰写，广义的广告文案还包括对广告载体的匹配设计。例如，海报文案，就包括文字撰写和海报设计两部分内容。

关于文案的常见工作内容包括以下几方面。

（1）为产品或品牌命名。

（2）撰写广告口号。

（3）撰写产品包装文案。

（4）撰写企业样本、品牌样本、产品目录。

（5）撰写日常宣传单页、各类宣传小册子。

（6）撰写企业官网文案（包括网站栏目设计）。

（7）撰写报纸广告、杂志广告、海报。

（8）撰写手机短信广告。

（9）撰写广播广告。

（10）撰写电视广告脚本，包括分镜头、旁白、字幕。

（11）撰写电视专题片脚本和电视广告的拍摄清单。

（12）撰写广告歌词。

（13）撰写线下路演或活动系列文案。

（14）撰写活动请柬及活动现场宣传品上的文字。

（15）撰写新闻式、故事式、评论式软文。

（16）撰写各种形式的网络广告。

新媒体文案早就是文案工作的一部分。只不过新媒体文案发布在各种新媒体平台上，而不是发布在传统的户外、报纸、杂志、电台、电视等媒体上，需要更具有针对性的设计。传统的文案工作者也需要考虑自己的文案如果在新媒体上进行传播，应该如何做适应性调整。

2. 新媒体文案的特点

新媒体文案结合不同新媒体平台的特性，利用其网络媒体、社交平台的交互性，进行有创意的广告内容输出，制造社交化传播，从而帮助商家或企业实现特定营销目标。

（1）新媒体文案类型更丰富

新媒体文案类型日益多样，微信公众号支持多种形式的文案，包括纯文字、语音、图片、图文（图片+文字）、短视频等。例如，微博平台支持 140 字短微博，也支持超过 140 字长微博，用户可以附图、附视频、附投票等。

新媒体文案表现方式突破了传统文案的文字或海报等载体，可以通过语音、表情包动图、视频，交互式 H5 等载体传播。新媒体文案表现形式非常多元化，让广告不仅以文字的形式发布，还有图片，视频、游戏等多种形式，更能打动受众。

（2）新媒体文案投放途径更多元

新媒体文案设计完成后，可以快速投放到多个渠道。例如，一篇好的产品品牌故事，可以投放在企业微信服务号、微信公众号自媒体、微博、QQ 空间、支付宝服务窗、淘宝产品详情页、微信有赞小店等媒体，进行多平台分发。不同新媒体平台的用户差异性很明显，如"00 后"常用社交媒体为 QQ，常用的视频网站为"哔哩哔哩"，而职场人群则更喜欢通过微信订阅号和朋友圈进行文案的传播。很多企业为了在多渠道抢占用户注意力，会将同一信息根据不同新媒体目标人群的差异，设计成不同风格的新媒体文案在不同新媒体平台上发布。

（3）新媒体文案传播更有互动性

新媒体文案在平台上要想吸引用户的注意力难度较大，因而新媒体文案需要更有效地刺激用户眼球，更重视"抓眼球"的标题和内容创作，激发用户对新媒体文案的反馈行为带动二次传播，如"转发""点赞""打赏"或直接购买。文案广告主甚至可以在线沟通与用户进行信息交流，以更快的速度实现商业目标，并最大限度满足用户需求。

另外，由于用户在新媒体平台上的各种行为均被数据记录，企业可根据自己的目标用户有选择地进行相关信息的推送及广告投放，如针对浏览过胎教书籍的妈妈推送母婴用品，针对大四学生推送旅游信息等。很多新媒体平台基于数据的处理，也能够对不同用户推送不一样的信息内容。

新媒体文案一定程度上鼓励用户分享及再创作文案内容，从而带来二次传播。甚至在新媒体文案创作过程中，就预留了用户参与二次创作的空间和可能性。

（4）新媒体文案写作定位更人格化

传统文案发布渠道有严格的广告发布限定，用户往往借助广告平台流量触达，目标用户只是对平台有黏性，需要平台反复推广才能让广告在用户心目中沉淀下印象，所以传统文案更倾向于站在企业角度引导用户购买，强调转化率。

新媒体文案主流发布平台都有粉丝订阅功能，更强调通过优质内容吸引和沉淀用户，做大用户规模，成为潜在用户的流量池和传播的能量源。因而新媒体文案写作更强调站在用户角度建议用户，更愿意打造自己的专业人设，形成特定的语言风格，让用户产生长期认同和信任。

（5）新媒体文案更强调快速反应

新媒体最大的特点是热点事件传播扩散快速，如果能够结合热点进行借势植入扩散，就会吸引大量用户的注意力，从而得到免费流量。新媒体文案的反应也需快速，跟进网络热点快速产出，才能得到最大的效益。

快速反应创作新媒体文案是非常有挑战的工作，也使得一部分人为了内容产出忽略了内容的真实性而带来负面结果。

3. 常见的新媒体平台

目前微信、微博、今日头条、淘宝和抖音短视频是五个最具代表性的新媒体平台，每个平台上的文案写作要求和特点也有所不同。

（1）微信

微信的快速发展使其成为较为热门的网络营销和推广平台之一，也是新媒体文案的一个热门载体，很多企业或个人会建立一个公众账号进行专门的营销和推广，用优质内容积累忠诚度高的用户，进行持续转化。

此外，微信个人号的朋友圈也是微信用户发布各种文案的一大阵地，好的朋友圈文案也有助于建立个人“人设”，进行持续转化。

（2）微博

微博使用人数众多，依然是目前流行的信息分享和交流平台，其更注重信息的时效性和随意性，还有博主和用户的参与度。在微博上发布文案，更侧重和博主的人设相符，结合热点话题做好活动文案吸引用户参与和扩散。

（3）今日头条

今日头条是一个开放性的新闻推送平台，如果内容获得平台推荐，会获得较高的流量，它会根据用户的订阅内容和阅读习惯来推荐相关内容。在头条上发布广告文案，要注意文案和推送内容的广告匹配度，这样才能提升转化效果。

（4）淘宝

淘宝是一个购物平台，主要以介绍产品信息为主。用户在“淘宝”平台上搜索自己需要的商品，再进入店铺购买需要的商品。因此，淘宝文案更侧重客观介绍商品本身的功能和使用说明，强调合法合规。

（5）抖音短视频

抖音短视频是一个娱乐平台，大部分用户看抖音是为了获得快乐，在观看时会被有趣的内容吸引，进而注意到有趣的商品并冲动购买。抖音文案要侧重引导用户关注“带货”的商品，用户通过观看短视频激发购买欲望，更接近电影软性广告植入的模式。

4. 常见的新媒体文案类型

按照不同文案分类方法，新媒体文案有以下分类。

（1）按文案目的分类

按照文案目的分类，新媒体文案可分为促销文案和传播文案两类。

促销文案：用于提升产品或服务销售转化的文案。例如，“双十一”大促推广文案、产品福利活动文案，可以提高销售业绩。

传播文案：即为了达到扩大品牌影响力的文案。例如，企业品牌故事、创始人故事，不一定立即带动商品的销售，但能提升企业形象。

（2）按篇幅长短分类

按照文案的篇幅长短，新媒体文案可分为长文案和短文案。长文案一般为 1000 字以上的文章，如微信公众号里的产品推广软文；短文案则为低于 500 字的文案。

长文案多用于微信公众号的推荐文章、电商产品详情页，有助于用户通过详细阅读产生购买行为，短文案多用于海报图、朋友圈或 140 字的微博，更强调创造交流的需求。

（3）按广告植入方式分类

广告分为软广告和硬广告。软广告具有一定的隐蔽性，一开始不会直接介绍商品或服务，而是通过其他的方式带入广告，如在案例分析中植入品牌广告、在故事情节中植入品牌广告。用户不容易直接察觉到软广告的存在。例如，我们在看电视剧时，画面中会出现某款产品的特写。硬广告则相反，是将直白的内容发布在对应的渠道媒体上，如地铁、公交车上、电梯间的广告。

相应的文案也分为软文和直接推广的文案。

2.3.2 新媒体文案的创作流程

美国广告大师大卫·奥格威认为："每一则广告都应该成为一位超级推销员。"广告文案的特点是其语言必须要精练，让人一看到就被吸引。这种具有创意的文案并非是文案创作者天马行空的产物，事实上专业的文案创作者要写出满意的文案，都要求文案创作者在创作文案的过程中遵循一定的流程。按照标准化的流程设计出来的文案，往往能更符合客户需求，而且可以做到稳定可持续供应。

文案写作包括以下五个关键流程。

1. 了解客户需求

文案创作者一般不是文案使用方，最终为文案付费的人是客户，所以文案创作者需要了解客户对文案的要求和想达到的预期，避免脱离客户需求而创作文案。除此之外，文案创作者也需要管理客户需求，避免客户提出难以实现的文案创作要求，或提出容易成本失控的文案创作要求。了解客户需求要做好多次沟通的心理准备，帮助客户最终锁定文案创作需求。表 2-1 所示为客户对文案需求重点和需要了解的事项。

表 2-1 客户对文案需求重点和需要了解的事项

客户文案需求	需求描述
文案用途	产品文案、品牌文案、创意文案
目标受众	给什么人看这些文案?
投放渠道	在哪些媒介渠道投放文案?
文案形式	图文、海报、纯文字、视频、H5……
文案风格	有无过去认可的文案范例参考

续表

客户文案需求	需求描述
文案长度	长文案、短文案
沟通方式	线上还是线下？如何确认文案是否合格？
交付周期	什么时候完成？
支付成本	愿意花多少钱购买文案？

2. 搜集背景资料

了解了客户的需求后，还需要搜集相关的背景资料，包括客户的公司介绍、战略定位、产品资料和品牌文化等信息，有些产品有强大的竞争对手，所以还需要了解竞争对手的文案特点，确保知己知彼。

搜集背景资料至关重要，因为文案创作者需要从常人看不见的地方深挖产品特点，才能写出打动人心的好文案。这时，背景资料就成为重要的参考。背景资料包括产品的优势和劣势，产品在公司的战略地位，产品与品牌文化的关系等。

（1）用好搜索引擎

常用的搜索引擎有百度、搜狗和必应，文案创作者在三个网站搜出来的资料会有所不同，所以都需要试一下，综合起来才够全面。

另外，文案创作者搜索资料需要掌握一些很多技巧，这里介绍几个比较常用的。

一是善用关键词的组合。例如，你想知道企业创始人的创业故事，可以搜索“创始人姓名 创业故事”（关键词中间要有空格）。

二是善于选择时间段。可以设置搜索时间为 2009 年—2011 年，不在该时间段的信息就会被过滤掉。

三是善用一些搜索命令。可以在关键词后面加“filetype”，可以搜索某一种文件类型。例如，输入“某品牌保湿霜 filetype：pdf”，搜出结果都为 pdf 格式的文件（如果想要搜索 Word 格式的文件，就将“pdf”改为“doc”即可）。

在关键词后面加上减号，就可以过滤掉你不想看的内容。

（2）用好社交网站

我们把微博、微信、知乎等都称作社交网站，这些网站也是找资料非常重要的渠道。通过关键词搜索，文案创作者可以找到社交网站上产品使用者分享的经验和心得，这些对于了解一个产品在真实用户中受欢迎程度非常重要。

有时候仅仅搜集资料还不够，文案创作者需要对大量的产品用户进行调查、访谈，让自己真正了解用户是什么样的人、喜欢什么、反感什么，完成精准的用户画像。

文案创作者只有在充分深入了解产品竞品、目标用户、客户需求、品牌风格等背景资料后，撰写初稿才能做到心里有数。在撰写过程中文案创作者其实很可能要继续和客户沟通，进一步明确文案写作的方向和风格。

3. 撰写初稿

初稿应该满足以下几点要求。

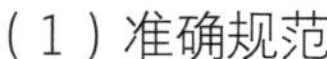

（1）准确规范

准确规范是文案最基本的要求。文案中表达的信息必须是真实的，不能作假。

首先，广告文案中语言表达要规范完整，避免语法错误或表达残缺；其次，广告文案中所使用的语言要准确无误，避免用户产生歧义或误解；再次，广告文案中的语言要符合语言表达习惯，文案创作者不可生搬硬套，自己创造用户所不知的词汇。

（2）简洁明了

文案创作者在文案文字语言的使用上，要简明扼要、精练概括，让用户用最少的精力和轻松的方式读到最重要的信息。首先，要以尽可能少的语言和文字表达出广告产品的特点，实现有效的广告信息传播；其次，简明精练的广告文案有助于吸引用户的注意力；再次，要尽量使用简短的句子，以避免用户因长语句而带来的反感情绪；最后，广告文案中的语言要尽量通俗化、大众化，避免使用冷僻和过于专业化的词语。

（3）富有创意

好文案要把创意写到目标用户的心里，文案中的生动形象能够引起用户的注意，激发他们的兴趣。文案创作者在文案创作时，采用生动活泼、新颖独特的语言的同时，可以考虑辅以图像来配合。

（4）语言精妙

文案是广告的整体构思，要注意优美、流畅和动听，使其易识别、易记忆和易传播，从而突出广告定位，很好地表现广告主题和广告创意，产生良好的广告效果。同时，也要避免过分追求语言和音韵美，而忽视广告主题。

4. 分发测试

文案创作者写成初稿后，即便文案得到用户认可，也不要大规模投放，而应该在小范围内进行投放测试，收集反馈意见，确认文案的效果和转化率，修改完善后再投放到正式渠道，这样才能保证文案的效果。

如果文案在某个分发渠道数据不错，那么文案就可以安排在类似分发渠道投放；对于投放转化效果不好的渠道，需要有针对性地优化文案，争取最佳的转化率。

分发测试时，需要注意的事项有两点：一是尽可能选择不同格调的平台和群体评估效果；二是评估文案优劣时，用数据说话。

5. 文案定稿

分发测试完成后，文案创作者要及时根据反馈意见对文案进行修改，和用户最终确定定稿，交付正式投放。

在新媒体文案投放过程中，即便文案已经定稿，文案创作者也可能会依据上一次反馈，不断优化文案，增删细节，让文案质量不断得到提升，再进行下一轮投放。

经过以上完整的五个步骤完成的新媒体文案，即使不能“一炮而红”，也大概率是一篇合格的文案。

2.3.3 新媒体文案的写作策略

新媒体完整文案的输出，必须建立在确定写作的目的、目标人群，分析竞争对手，以及提炼产品的卖点上，结合投放渠道的特性，最后进行创作，完成文案的输出。

1. 吸引力策略

（1）与“我”相关

人总是关注自己想关注的内容，对任何与自己没有直接利益的事情都不容易在乎。例如，走在路上，发现一个路人被高空落物击中受伤，人的第一反应是确认自己的上方是不是也有物体坠落，确保自己在这个环境下有没有危险、会不会受伤。在确认过后，人才会开始对受伤者产生同情，或者理性上考虑受伤带来的后果。

查看大部分的官方网站、品牌介绍、产品介绍等就会发现，大部分企业的文案都侧重于描述“我是什么”“我有什么”，却很少关注能够给目标人群带来什么，企业在这方面有很大的改善空间。

（2）制造对比

对比，即把两种相应的事物对照比较，使目标人群的感受更加强烈。对比手法常常用在文学创作中，如动与静、明与暗、冷与热，甚至突发情况与日常情况也是对比。对比强烈的事物，会直接触发人类大脑的决策机制。因此，这也意味着文案也可以通过制造对比来引起用户的关注。在日常的文案写作中，可以制造的对比有之前和之后，没有解决方案时和有解决方案时，你和竞争对手。

（3）满足好奇

人为什么会有好奇心呢？这里有一个来自“果壳网”的解释：“人对生存之中不可知事物的关注、理解和研究可以让人们在预测、防御和处理危险时更有成功的机会，从而避免伤害。”

工作与生活中有一个很好的运用句式——将“如何”这一词运用在句子开头，就可以自然而然地使用“认识性好奇”的原理。例如，“如何快速阅读一本书？”“如何在 21 天养成一个好习惯？”

（4）启动情感

文案创作者通过情绪、情感的刺激，以起到吸引注意、打动人心的作用。情感、情绪更容易直达人的内心并引起强烈的记忆感受。

情感、情绪可以按照不同的范畴去分类。按照价值的正负变化方向可以分为正向情感和负向情感。正向情感包括愉快、信任、感激、庆幸等，而负向情感则包括痛苦、鄙视、仇恨、嫉妒等。按照价值主题的类型又分为个人情感、集体情感和社会情感。

2. 代入感策略

（1）讲故事

讲故事的方式几乎适用于任何产品和品牌的宣传文案，更适用于宣传同质化比较严重的产品，用故事来加强用户和产品的情感联系，当然也可以在产品本身就具有很大特点时，用故事来深化这个特点。

（2）提问题

提问题能使用户付出思考，引起重视，做出反应，更容易让用户有代入感，用户就能直接进入广告文案要表达的主题中去。例如，国外的戴亚肥皂电视广告："难道你不喜欢使用戴亚？难道你不希望每个人都使用它？"

提问题的方式可以是选择题、填空题或反问式，一般适用于功能性比较强的产品或服务介绍，通过提问题将用户带到需求的困扰点上，然后用户通过品牌商的产品或服务获得解决。

（3）用情怀

每个品牌门店的橱窗装饰都会花费极大的精力和成本，以达到不仅体现品牌的风格，更能触动目标人群内心的效果，甚至包括店内的音乐，也都是精心挑选的。这些都是在营造一个场景，而这个场景最终的目的就是为了激发用户内心的情怀。情怀是一种高尚的心境、情趣和胸怀。例如，大家常说的"生活不止眼前的苟且，还有诗和远方"中的"诗和远方"就是典型的情怀。

在新媒体文案中，文案创作者需要动用一切能用到的资源来营造这样的情怀氛围，如用具有情怀的文字、图片、音乐等，将用户带入品牌所营造的氛围中去。

3. 信任感策略

（1）用细节

商品的卖点都是通过一个个细节卖点的拆分来表现整体的卖点诉求。例如，小米手机将四个细节卖点一起展示，就是为了说明手机品质好。如果直接说小米手机很好，可信度不高，但是展示出细节为十核旗舰处理器、全金属一体化机身、4100mAh超长续航、全新MIUI8，这些细节就是在说明手机好在哪里，为什么好。

（2）用数据

在广告文案中用数据也是以较理性的方式来证明卖点，在必要的时候还需要呈现最为准确的数据。

（3）用户自证

用户自证即鼓励用户通过自己的方式去验证产品或服务的卖点，让信息可信、可验证。例如，卖电饼档的商家会直接现场做蛋糕，卖刀的商家会现场展示用刀切各种物品的效果。如此示范的主要目的除了重点强调产品的卖点外，还能够示范出受众购买产品回家后的使用场景，也会让人有代入感。另外，商家会创造出极端的环境以展示产品效果，越为极端则产品越具有说服力，越值得信赖。路虎为了强调自己的汽车有极强的越野功能，会拍摄路虎车在不同的极端路况上的优良表现，如冰面上、雪地里、沙漠里，甚至是泥水覆盖到半个车的高度。把这样极端情况下的汽车表现展示出来，即使没有文案，也能够让人直接感受到商家想要说的话。

（4）示范效果

在商家无法让用户立即自证商品或服务的情况，商家都会极力地去示范效果，让用户亲眼看到效果的真实性，达到文案可信的目的。实用性强的商品，更适合运用示范效果的方式。示范效果均为对产品卖点及效果的进一步强调说明。

经典的广告创意，如洗衣粉品牌汰渍的广告。汰渍自 1995 年进入中国市场以来，广告风格和创意几乎没有变更过，都是通过“衣服非常脏—用汰渍清洗—展示洗过之后的效果”来表现汰渍洗衣粉的去污效果，加强了“有汰渍，没污渍”这句广告文案的可信度。

（5）说愿景

通常用说愿景的感性方式去满足用户归属感和被尊重的需要，主要有运用明星代言展现美好形象的愿景、展示品牌或产品。例如，现代营销大师菲利普·科特勒说过，“如果你的企业没有非常强有力的创新，那可以找一个代言人，如果用户看到一个有名的脸，用户会很快认识这个产品。”明星代言就是利用明星的光环效应（或晕轮效应），将某知名的、令人喜爱的、尊敬的人物形象与具体产品联系起来，将前者的价值转移到后者上。

2.3.4　新媒体文案的写作要点

1. 常见的标题写法

新媒体文案标题的几种写法如下。

（1）亮点前置+犀利观点

“入职 12 年，辞退一瞬间”：最笨的努力，就是没有成果的瞎忙。

（2）亮点前置+悬念

苹果公司的 iPhone 设计团队几乎全数离职，苹果公司是如何逼走设计师的?

（3）设问+犀利观点（悬念）

你会把父母送进养老院吗？看看摄影师镜头下的老人。

（4）颠覆大众的刻板印象，形成反差

孩子睡觉踢被子，别以为是热，这两种情况，家长不重视会影响发育。

（5）挑战认知，激发讨论

英语专业的我，成为了一名数学老师。

（6）犀利观点/现象，引发共鸣

对不起，我要的是辞职报告，不是入职申请。

2. 常见的开头写法

好开头要么巧设悬念抓住用户的好奇心，要么开门见山地说出用户关心的热点话题。这两个文案开场技巧用得最多，也是比较好掌握的。

（1）巧设悬念

巧设悬念有两种，一种是倒叙冲突，另一种是打破常识。

倒叙冲突是指从一个故事高潮的场面开场，先告诉用户这个故事里最大的冲突事件或人物矛盾是什么，然后再把故事拨回到正常的叙事时间，慢慢地解释故事的起因、经过、发展。

第二种方法是打破常识，换句话说，就是文案要出乎意料。例如，箭牌衬衫有一则文案的开头是这样写的，“我的朋友乔·霍姆斯常常说，他死后愿意变成一匹马。”这是一个很有创意也很诙谐的开头。人愿意变成一匹马，这显然与我们的常识不符，但这听上去很有悬念。

（2）开门见山

开门见山是文案要直截了当地切入要旨。例如，语文课本中《白杨礼赞》这篇文章一开头就触达题旨：“白杨树实在是不平凡的，我赞美白杨树。”这种写法干脆利落，入题快捷，颇受欢迎。开门见山的手法，总结来说，就是用平实朴素的语言，营造一个带有情绪的情境。能够让用户快速进入主题，与文案描述的内容产生共鸣。

3. 常见的“金句”写法

（1）相反/相似/递进句式

相反、相似、递进的句式前后意思形成反转或者递进关系，设计巧妙、富含哲理。文案创作者使用这种句式的时候，首先要有一个深刻的观点，其次，前后两个分句在意思上要形成反差或递进。下面介绍 3 种写法。

① 互换被动关系，关键词不变。

案例：我们一路奋战，不是为了改变世界，而是为了不被世界改变。

仿写：坚持、勤奋、努力不一定会成功，但要想成功就一定得坚持、勤奋、努力。

② 前后关键词递进/相反。

案例：我以为，爱情可以填满人生的遗憾，然而，制造更多遗憾的，偏偏是爱情。

仿写：我以为有钱以后可以获得自由，没想到如今束缚自由的正是钱。

③“再……也……”句式。

案例：再名贵的树，也不及你记忆中的那一棵。

仿写：再小的个体，也有自己的品牌。

（2）修辞法：关键词的拟人化/具象化解释

案例：想留你在身边，更想你拥有全世界！世界再大，大不过“一盘番茄炒蛋”。这句话其实把父母对子女的爱，这个抽象的表达具象化为“番茄炒蛋”，以此来诠释“亲情”。

（3）否定法：不必/不要/不是/不用……

案例：耐克的经典文案《卷土重来》中写道：“他不必再搏一枚总冠军戒指，他不必在打破 30000 分纪录后还拼上一切，他不必连续 9 场比赛都独揽 40 多分，他不必站起，他不必再站上罚球线投进那一球，也不必投进第二球力挽狂澜，他甚至不必重回赛场。即使科比已不必再向世人证明什么，他也必定要卷土重来。”

2.4 新媒体短视频处理技能

短视频的本质就是将文本语言转换成镜头下动态的语言，借助镜头将想说的话娓娓道来。“工欲善其事，必先利其器”，制作短视频是一个实操性大于理论性的工作，需要从挑选适合的器材开始，还要将各种技巧练习到纯熟的地步，如运镜、转场、拍摄、选取音乐、添加字幕、配音以及剪辑等。本节就带大家一起来学习这些技能。

2.4.1 选择拍摄器材和道具

拍摄短视频的第一步就是选择设备。设备的选择也是一门学问，涉及专业度和预算，团队的规模和预算不同，选择也就不同。

1. 相机的选择

（1）智能手机

初始团队由于前期资金有限，可以使用手机拍摄。例如，华为、iPhone 的高端机型已经具备非常强大的功能，可以满足视频的剪辑、拍摄、发布的要求。

（2）微单相机

对于预算有限又有视频画质改进需求的团队来说，微单相机是不错的选择，如斯莫格 BMPCC、松下 GH5 和 SONY A6300。

（3）单反相机

短视频团队发展到稳定阶段，要面向广大的用户，甚至可能接电商短视频广告时，对画质和后期的要求越来越高，就需要考虑使用更专业的单反相机了。

2. 灯光设备

摄影是光影的艺术。灯光造就了影像画面的立体感，是拍摄中最基本的要素。相对于电影复杂的灯光布置来说，大部分短视频的拍摄要求不高。这里介绍一种可以满足基本拍摄需求的三灯布光法。三灯布光位置如图 2-87 所示。

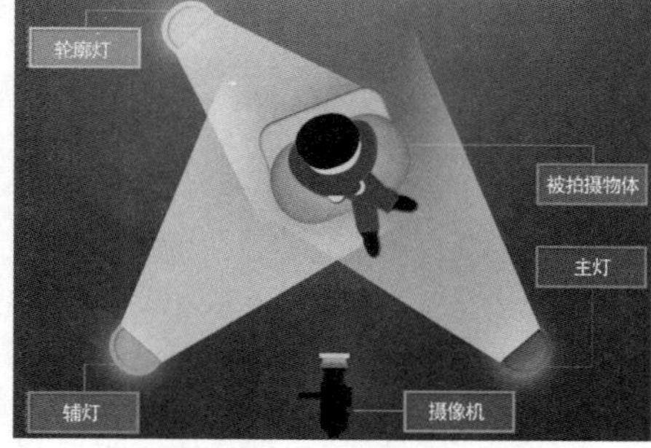

图 2-87　三灯布光位置

（1）主灯

主灯作为主光，通常用柔光灯箱，是一个场景中最基本的光源，能够将主体最亮的部位或轮廓打亮。主灯通常放在主体的侧前方，在主体与摄像机之间 45°～90°的范围。

（2）辅灯

辅灯作为补光，亮度比主光小，通常放在主灯相对的地方，可以对未被主光覆盖的主体暗部进行补光提亮。这里要提到一个重要概念——光比。光比可以理解为光照强度的比例。主灯和辅灯的光比没有严格要求，常见的是 2∶1 或 4∶1。

（3）轮廓灯

轮廓灯的位置大致在主体后侧，和主灯相对的地方。轮廓光也称为发光，主要起修饰作用，用于打亮人体的头发和肩膀等轮廓，增强画面的层次感和纵深感。

图 2-88 所示为灯光对比，（a）图是主光效果，（b）图是“主光+轮廓光”的效果，（c）图是“主光+轮廓光+补光”的效果。

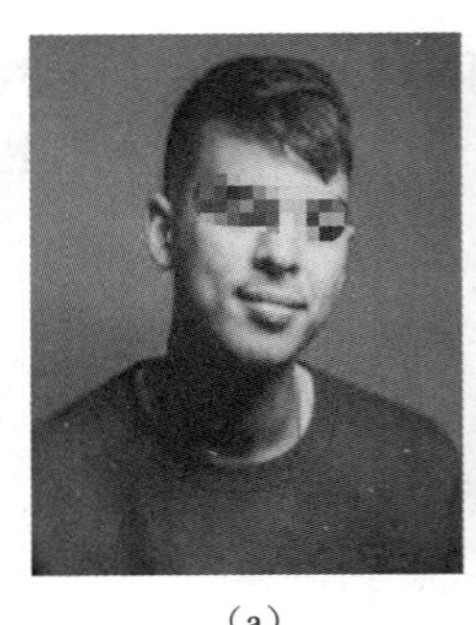
（a）

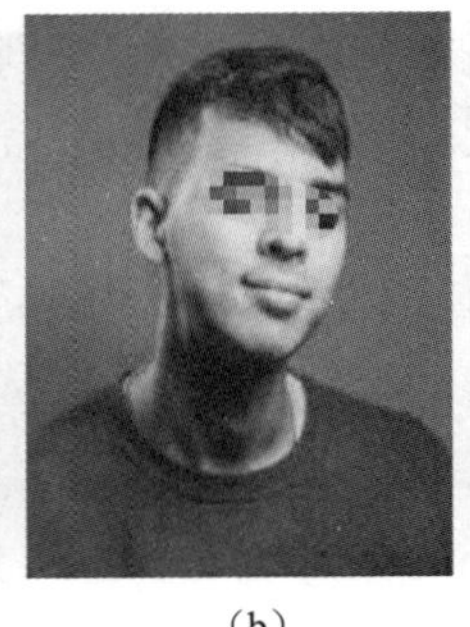
（b）

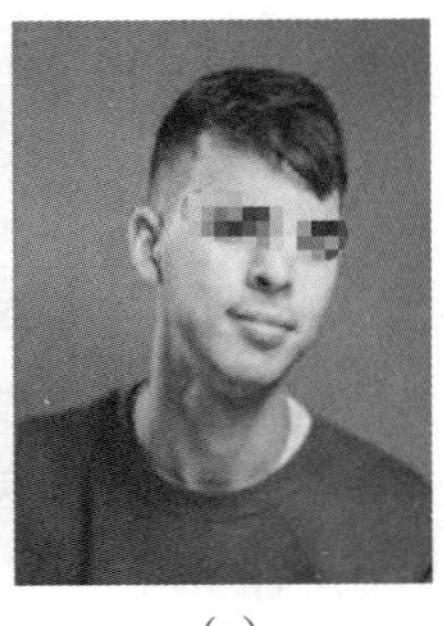
（c）

图 2-88　灯光对比

除了以上三种主要的灯光外，还有一些灯光可根据需求搭配。图 2-89 所示为各种灯光设备。

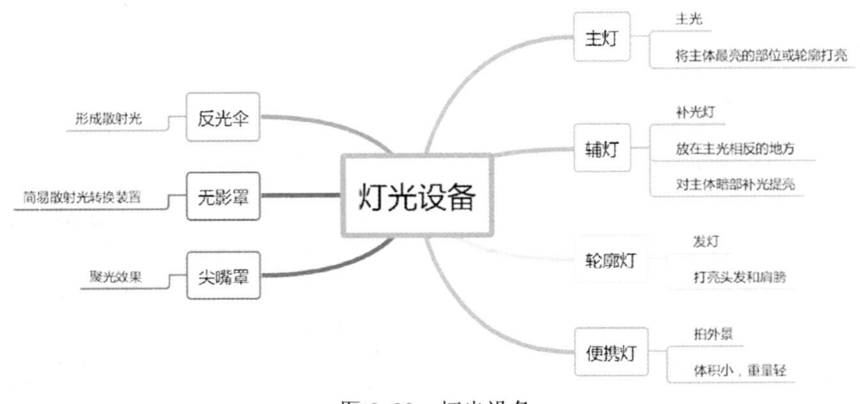

图 2-89　灯光设备

（1）便携灯：用于拍外景的灯光，体积小，重量轻，方便携带。

（2）反光伞：通常放置于主灯或辅灯上，用于形成柔和的散射光。

（3）无影罩：一种简便直接的散射光转换装置。

（4）尖嘴罩：其作用和无影罩相反，装在灯头前，形成聚光的效果。

3. 辅助器材

（1）三脚架

三脚架的最大作用就是保持摄像机的稳定，保证画面的稳定输出。选购三脚架时有下面两个要点。

① 稳定性：稳定性是首选因素，通常来说，三脚架越重，稳定性越好。

② 便捷性：可多角度流畅旋转的三脚架能省去手动调整的时间。带轮子的三脚架是首选，可以平滑运镜，避免移动时镜头晃动。图 2-90 所示为智云稳定器。

（2）静物台

使用静物台更有利于打光。很多时候，静物台可以用桌子、椅子、凳子、茶几、纸箱等替代。图 2-91 所示为静物台的实体拍摄。

图 2-90　智云稳定器

图 2-91　静物台的实体拍摄

（3）摇臂

摇臂极大地丰富了电视节目的镜头语言，增加了镜头画面的动感和多元化，给观众创造身临其境的感觉。由于摇臂摄像机特有的长臂优势，经常能拍到其他摄像机不能捕捉到的镜头。但摇臂价格较高，对于个人及小团队来说，可以选取一些能够平稳运动的设备，如自行车、小推车甚至滑板。

（4）滑轨

在无动态人或物出镜的时候，画面中的产品是静止的。为了实现动态的视频效果，需要借助轨道的移动来呈现。

（5）话筒

拍摄短视频时声音的清晰度很重要，因此配置话筒很重要。图 2-92 所示为 RODE VideoMicro 话筒，它有很多优点，如音质好，有很强的适配性，可以安插在任何一个摄像机上。除此以外，多人录制或者外景录制时，短视频创作者只要准备好吊杆、一款 RODE VideoMicro 就可以。

图 2-92　RODE VideoMicro 话筒

短视频创作者并不需要购买全部短视频设备和辅助器材（见图 2-93），具体视拍摄需要而定。

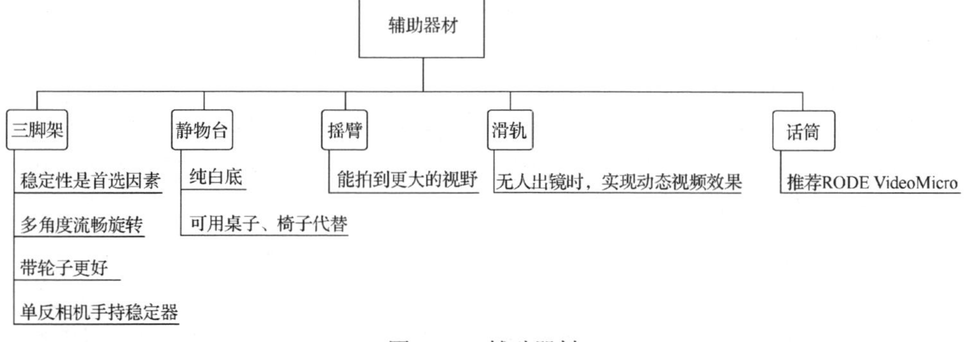

图 2-93　辅助器材

2.4.2 运镜技巧

镜头的很多语言是通过运动镜头的方式来表现的。这种镜头的运动被称为运镜。运镜能将静态的画面带动起来，不仅带来视觉的冲击，还能推动故事的发展。本节主要讲解几种常用的运镜技巧。

1. 推镜头

推镜头是一种较为常见的运镜技巧，是指被拍摄物位置不动，镜头从全景或别的景位由远及近向被拍摄物推进，逐渐形成近景或特写的镜头，主要用于描写细节、突出主体、制造悬念等。例如，短视频《寻找茶马古道 1》就运用推镜头的方式，将云南洱海和西藏布达拉宫更近距离地展现在观众面前，如图 2-94 所示。

图 2-94 推镜头示例

2. 拉镜头

拉镜头和推镜头相反，是指被拍摄物不动，构图由小景别向大景别过渡，摄像机从特写或近景拉起，逐渐变化到全景或远景，观众视觉上产生一种逐渐远离被拍摄物的效果。

3. 跟镜头

跟镜头就是跟拍，画面的主体是运动中的被拍摄物，镜头跟随其运动方式一起移动。跟镜头可以全面详尽地展现被拍摄物的动作、表情、运动方向。

4. 摇镜头

摇镜头是指镜头摇摄全景或跟着被拍摄物的移动进行拍摄，它常用于介绍环境或突出被拍摄物行动的意义和目的。

5. 移镜头

移镜头是指摄像机沿水平面做各个方向的移动拍摄，便于展现各个角度。例如，《寻找茶马古道 8》短视频就运用了移镜头的方式，从不同角度展现了高耸入云的丛林和陡峭险峻的贡山，如图 2-95 所示。

6. 升降镜头

升降镜头包括升镜头和降镜头。升镜头是指摄像机在升降机上做上升运动，形成俯视拍摄，以显示广阔的空间。降镜头是指摄像机在升降机上做下降运动进行拍摄，多用于拍摄大场面，以营造气势。

图 2-95　移镜头示例

7. 悬空镜头

悬空镜头是指摄像机在被拍摄物上空移动拍摄的镜头，这种镜头会营造出史诗般恢宏的气势。《漠河 2》短视频就采用了悬空镜头，营造出雪地的空旷无垠，如图 2-96 所示。

图 2-96　悬空镜头示例

2.4.3　转场技巧

转场就是场景或段落之间的切换。纯熟的转场能增加短视频中画面的连贯性。转场分为两类：无技巧转场和技巧转场。下面分别进行介绍。

1. 无技巧转场

无技巧转场是用镜头自然过渡来连接上下两段内容的，强调视觉的连续性，运用时要注意寻找合理的转换因素和适当的造型因素。无技巧转场的方法很多，本小节将介绍以下几种较为常用的转场。

（1）空镜头转场

空镜头是指一些没有人物的镜头，主要为刻画人物情绪，渲染气氛。图 2-97 所示为影片中的空镜头转场。

（2）声音转场

声音转场是利用声音过渡的方式自然转换到下一画面，用音乐、解说词、对白等和画面配合，实现自然转场，是转场的常用方式。例如，抖音账号“央视新闻”发布过一条关于港珠澳大桥开通的视频，就是用弹指的声音来进行转场的，每出现一段弹指的声音，画面就更换一个。

（3）特写转场

特写转场被称为“视觉的重音”，是万能镜头，不管上一个镜头是什么，下一组镜头都从特写开始，对局部进行突出强调和放大。例如，在短视频《三分钟》中，上一个镜头是妈妈盯着窗外发呆，旁边摆着写给儿子的信，下一个特写镜头转向妈妈写给儿子的信，表现出妈妈对儿子既思念又愧疚的复杂心情，如图 2-98 所示。

图 2-97　影片中的空镜头转场

图 2-98　《三分钟》的特写转场

（4）主观镜头转场

主观镜头转场是把人物视觉方向作为视觉转换的依据，按照前后两个镜头之间的逻辑关系来处理转场，上一个镜头被拍摄主体在观看的画面，下一个镜头接转被拍摄主体观看的对象。例如，2019 年年初被“刷屏”的短剧《啥是佩奇》中，上一个镜头是爷爷李玉保戴着眼镜查字典，下一个镜头就转向了字典，如图 2-99 所示。

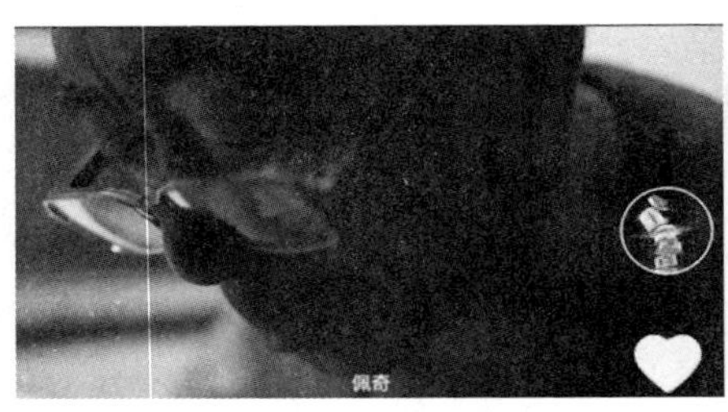

图 2-99　《啥是佩奇》的主观镜头转场

（5）两极镜头转场

两极镜头转场是利用前后镜头在景别、动静变化等方面造成巨大反差，前一个镜头的景别与后一个镜头的景别是两个极端。如前一个是特写，后一个是全景或远景；前一个是全景或远景，后一个是特写。例如，短视频《三分钟》中，上一个镜头是铁路工人修理铁轨的特写镜头，下一个镜头就转向了列车的全景镜头，如图 2-100 所示。

图 2-100 《三分钟》的两极镜头转场

（6）遮挡镜头转场

遮挡镜头转场是指在上一个镜头接近结束时，被拍摄主体挪近以至遮挡摄像机的镜头，下一个被拍摄主体又从摄像机镜头前离开，以实现场景的转换，带给观众视觉上较强的冲击，同时也使画面的节奏紧凑。

2. 技巧转场

技巧转场是用特技的手法进行转场。技巧转场常用于情节之间的转换，给观众带来明确的段落感。下面将介绍几种常用的技巧转场。

（1）淡入淡出转场

淡入淡出转场即上一个镜头的画面由明转暗，直至黑场，下一个镜头的画面由暗转明，逐渐显现直至正常的亮度。

（2）叠化转场

叠化转场指前一个镜头的画面与后一个镜头的画面相叠加，前一个镜头的画面逐渐暗淡隐去，后一个镜头的画面逐渐显现并清晰的过程。例如，在影片中，镜头 1 是喷薄而出的红日画面，镜头 2 是黄沙大漠的壮阔景象画面，转场镜头采用了叠化转场，出现了这两种画面的重叠，如图 2-101 所示。

（3）划像转场

划像转场用来突出时间、地点的跳转，画面的切出与切入之间没有过多的视觉联系。划像分为划出与划入，划出指前一画面从某一方向退出荧屏，划入指下一个画面从某一方向进入荧屏。

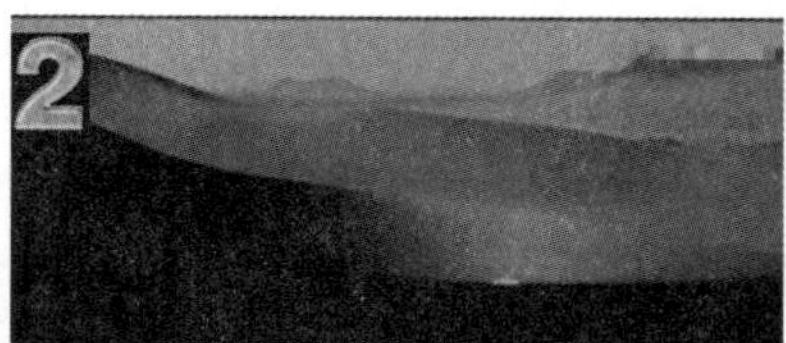

3

图 2-101 影片中的叠化转场

2.4.4 选取音乐

音乐的强烈表达属性让它能够迅速和短视频结合起来。本小节以抖音为例，讲解在发布短视频时应该如何选择比较受欢迎的音乐。

1. 音乐榜榜单

打开抖音 App，点击搜索框，就能看到“DOU 听音乐榜”。“DOU 听音乐榜”是抖音平台人气较高的歌曲。

2. 视频上传时的推荐音乐

短视频创作者在抖音平台拍完短视频后，选择上传音乐，会出现三个可以选择音乐的入口，分别是“发现音乐”“我的收藏”“歌单分类”。“歌单分类”里包含热歌榜、飙升榜等，点击即可看到各类当下比较受欢迎的音乐，如图 2-102 所示。

图 2-102 抖音音乐选择界面

3. 上传自己的原创音乐

（1）进入抖音网页版，找到首页的“抖音音乐人”入口，单击“抖音音乐人”选项进入，找到“上传音乐”。

（2）填写资料，填写歌手名、真实个人身份证信息，上传本人手持身份证相片。

（3）填写音乐信息，单击“上传音乐”按钮，等待抖音平台审核通过。

2.4.5 添加字幕

为发布的短视频添加字幕可以方便观众了解内容，有字幕的短视频上“热门”的概率也会增加。

1. 如何添加字幕

下面以 Videoleap 为例来讲解为短视频添加字幕的方法。

（1）导入视频素材，点击页面下方工具栏中的“文本”，输入字幕内容。

（2）短视频创作者可以在页面下方选择字幕的颜色、特效等，拖动字幕可以调整每一条字幕的显示时长。制作完成后直接保存素材，然后在相册中找到该视频，再上传至短视频平台即可。

2. 字幕制作软件

几乎所有的短视频制作软件都有添加字幕的功能，下面介绍几款字幕制作软件。

（1）字说

如果想制作纯字幕动态效果，可以选择“字说”。“字说”能够呈现文字动画视频的效果，可以智能识别语音并匹配动画，容易上手。该字幕制作软件有以下两个特点：一是“字说”的视频旁白功能可以自动识别本地视频中的语音；二是字体效果比较丰富，短视频创作者可以添加背景图片，为字体设置特殊颜色。图 2-103 所示为“字说”的页面和使用“字说”为短视频添加字幕页面。

（2）快剪辑

快剪辑支持 PC 端、Android 操作系统和 iOS 操作系统，它除了支持添加字幕外，还支持一边录视频一边自动匹配字幕。图 2-104 所示为快剪辑的界面。

图 2-103 “字说”的进入页面和使用“字说”为短视频添加字幕页面

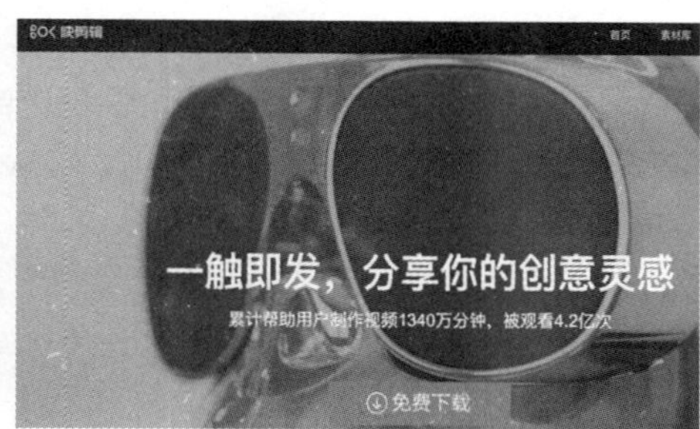

图 2-104 快剪辑的界面

（3）Arctime

Arctime 是一款非常便捷的字幕输入软件，独创字幕块和多轨道概念，短视频创作者在时间线上拖动、调整字幕块即可轻松完成字幕创建工作，该软件可以在 Mac、Windows、Linux 操作系统上运行，还支持大部分主流的视频剪辑软件的字幕格式。

2.4.6 为视频配音

恰到好处的配音能为短视频的效果锦上添花。录制好配音后，将音频文件导入视频编辑软件中，与视频素材、字幕一同编辑，导出即可得到完整的短视频。常见的配音方式有以下三种。

1. 自己配音

自己根据视频的需要配音，需要注意以下问题。

（1）尽量用支架固定话筒。手持话筒的时候，很难避免手的颤动和手握话筒带来的噪声。特别是在说话时，随着人情绪的变化和表达的需要，手持话筒的较大幅度动作会影响配音效果。

（2）注意发音稳定。当说某个词过重或者强调某个词时，会容易录入爆破音和“噗噗”声，建议在话筒上加防风罩来避免。

（3）户外拍摄的时候，尽量选择风力较小的天气，并且给话筒配备防风罩。

2. 请专业团队配音

对很多人来说，配音很有挑战性，如普通话不标准，声音不好听，讲话紧张、忘词、卡顿等，都会造成配音素材达不到标准。如果自己短期内无法克服这些困难，可以请专业配音团队进行配音，其收费根据配音难度及配音时长决定。

3. 使用配音软件

（1）讯飞快读

讯飞快读是一款方便高效、成本较低的配音小程序。在其首页可以看到四种文字输入方式，选择一种方式后输入文字，选取喜欢的朗读员即可。朗读完成后，点击底部的“MP3”按钮，保存好的文件可以被导入视频处理软件进行后期视频合成。

（2）配音阁

配音阁是一款专业配音软件，提供广告配音、宣传片配音，支持多种语言，有很多真人样音可供选择。

2.4.7 编写脚本

对于短视频来说，脚本极其重要，它是短视频制作的“灵魂”。

1. 什么是短视频脚本

短视频脚本可以被理解为短视频的拍摄大纲和要点规划，用来指导整个短视频的拍摄方向和后期剪辑，起着统领全局的作用。短视频在镜头的表达上有很多局限，如时长、观影设备、观众心理期待等，所以短视频脚本需要带给用户更密集的视觉、听觉和情绪的刺激，并且要设计好剧情的节奏，保证在5秒内抓住用户的眼球。

2. 短视频脚本的类型

短视频脚本大致可分为三类：拍摄提纲、分镜头脚本和文学脚本，拍摄者可以根据拍摄内容选择脚本的类型。

（1）拍摄提纲

拍摄提纲是短视频拍摄要点，用来提示各种拍摄内容，适用于不容易预测的场景的拍摄，如采访热门事件的当事人。

拍摄提纲一般包括六个步骤，如图2-105所示。

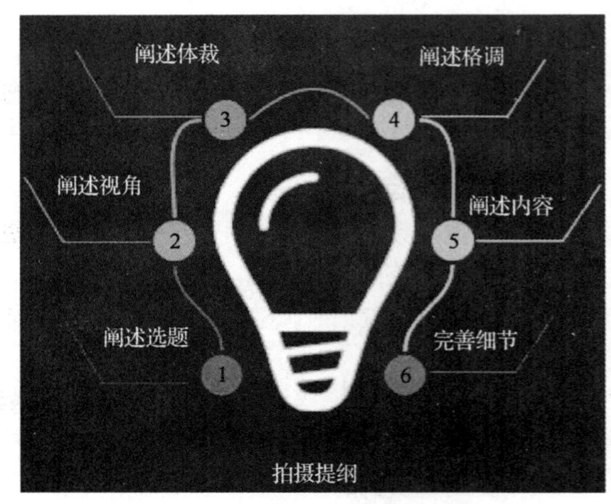

图2-105 短视频拍摄提纲的六个步骤

阐述选题：明确节目的选题、立意和创作方向，确定创作目标。

阐述视角：呈现选题的角度和切入点。

阐述体裁：不同体裁的短视频表现技巧、创作手法不同。

阐述格调：表明短视频风格、画面、节奏，即短视频中画面的构图如何，光线如何使用，短视频节奏是轻快还是沉重。

阐述内容：详细地呈现场景的转换、结构、视角和主题，指导创作人员的后续工作。

完善细节：把剪辑、音乐、解说、配音等内容都补充进去，使整个大纲更加完整。

（2）分镜头脚本

分镜头脚本是前期拍摄的脚本，也是后期制作的依据，也可以作为视频长度和经费预算的参考。每个分镜头脚本对应的视频时长在 3～10 秒，拍摄者根据具体的情节来决定。

分镜头脚本要求十分细致，每一个画面都要在掌控中，包括每一个镜头的长短和细节，编写分镜头脚本虽然耗时耗力，却是许多短视频大号非常重视的。图 2-106 所示为分镜头脚本范例。

镜号	长度	景别	技法	画面	音效
1	3	全景	切入　　淡出	一辆面包车停在小区门前，司机整装待发	
2	3	中景	推　　切出	车内摆放了“暖宝宝”、防霾口罩和食品	
3	4	全景	切入 移 切出	街道上行人步履匆匆，天空一片灰蒙蒙	
4	4	中景	切入 推 切出	环卫工龚大爷穿着不太暖和的橙色工服，弯着腰吃力地扫地，手和脸都冻得通红	
5	5	近景	切入　　切出	记者拿出物品送给龚大爷，紧紧握住他的手：“龚大爷，您辛苦了。”	
6	3	特写	特写　　定格	龚大爷的表情特写，注意眼神的捕捉	《一百万个可能》

图 2-106　分镜头脚本范例

（3）文学脚本

创作文学脚本时要列出所有可控的拍摄思路。

3. 如何写短视频脚本

短视频创作团队中，不是每个团队成员都懂视频的拍摄和制作，所以脚本里面的镜头设计大多是写给拍摄者看的。脚本中主要体现出对话设计、场景演示、布景细节和拍摄思路，要注意以下几个要点。

（1）用户

用户才是短视频创作的出发点和核心。站在用户角度，用户思维至上，才能创作出用户喜欢的短视频。

（2）情绪

短视频不只是文字和光影的堆砌，需要更密集的情绪表达。

（3）细化

短视频就是用镜头来讲述故事，镜头的移动和切换、特效的使用、背景音乐的选择、字幕的嵌入，这些细节都需要一再细化，确保整个画面流畅，抓住用户心理。

（4）短视频脚本简易模板

大部分短视频脚本可以采用简易的形式来呈现。图 2-107 所示为短视频脚本的简易模板。

短视频脚本的简易模板	
项目	内容
时间	
场景1	
天气（环境）	
地点	
情节说明	200字内
角色名称	
动作说明	如果是主观镜头或客观镜头，动作说明前加上角色动作
对话	角色：对话内容
其他说明	
注意事项	

图 2-107　短视频脚本的简易模板

2.4.8　拍摄技巧

短视频拍摄涉及很多操作类技巧，拍摄者需要结合具体的场景才能更好地掌握拍摄技巧。拍摄者可以根据场景需要选择合适的拍摄技巧。

1. 重心左移

画面构图要尊重屏幕构图基础。以抖音为例（见图 2-108），点赞、评论、转发和头像都集中在屏幕的右侧，屏幕的下方也有短视频账号 ID 和标题，这就要求拍摄者在拍摄时尽量把画面重心往屏幕的左上方移动，避免影响画面的完整表达。

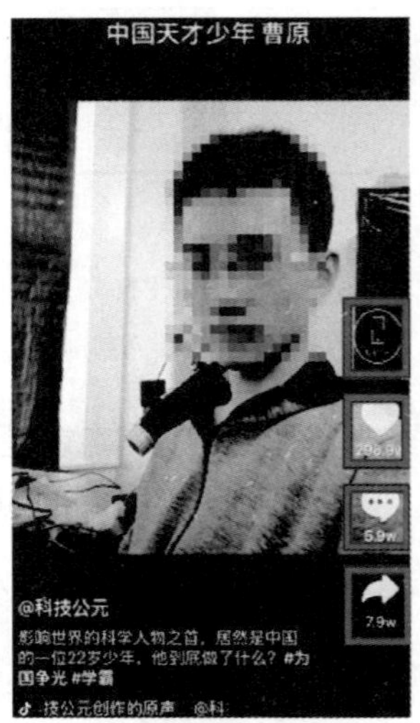

图 2-108　抖音界面

2. 竖屏拍摄

竖屏拍摄的优势在于能够把画面聚焦于人物，也符合用户的观看习惯。

3. 光线布局

摄影是光影的艺术，好的光线布局可以有效提高画面质量。室内拍摄时，拍摄者可以通过灯光的组合来实现最佳的拍摄光线，室外拍摄时，除非特殊拍摄需要，拍摄者尽量选择顺光拍摄，如果光线不够清晰，可以手动打光。

4. 拍摄构图

拍摄构图法包括黄金分割法、中心构图法、对角线构图法和三角形构图法等。以黄金分割法为例，被拍摄主体置于画面的三分线上，采用这种拍摄构图法能够使画面更加灵活，富有空间感，如图 2-109 所示。

5. 网格功能

构图时建议启用网格功能，以便把握整个画面的结构，如图 2-110 所示。

图 2-109 黄金分割法

图 2-110 网格功能

6. 背景和角度

拍摄时可以尝试多种灵活的拍摄角度，如从远处将镜头拉近、从近处拉远、斜着拍摄、逆光拍摄或者倒转镜头拍摄等，让视频画面更加生动、丰富。

7. 画面色彩

拍摄时，为了突出核心人物，要避免杂乱的背景对核心人物造成的干扰。建议选取干净整洁的背景，核心人物的服饰的颜色也尽量与背景协调。

2.4.9 剪辑视频

剪辑就是借助视频剪辑软件进行镜头的连接，使镜头的逻辑顺序和结构更严密，生成具有不同表现力的短视频。

1. 剪辑六要素

剪辑有六个要素，分别为信息、动机、镜头构图、摄像机角度、连贯和声音。

（1）信息。信息就是通过镜头呈现给用户的内容，分为视觉信息和听觉信息。

（2）动机。镜头之间的切换、转场一定是有动机的。例如，画面中的被拍摄主体陷入了回忆，此时的镜头应该切换到回忆的画面。

（3）镜头构图。通过调整被拍摄主体、周边对象和背景的关系，来达到最佳的构图效果。

（4）摄像机角度。拍摄者和剪辑师一定要考虑几个重要的问题：摄像机应该放在什么位置，画面中有几个人物，拍摄的主要对象是谁，如何展现人物的特点。

（5）连贯。好的剪辑能够实现画面平稳连贯的效果，给用户提供行云流水的感官体验。

（6）声音。声音的剪辑有两个重要概念：对接剪辑和拆分剪辑。对接剪辑就是画面和声音的剪辑点一致，拆分剪辑是指画面先于声音被转换，画面切换更自然。

2. 剪辑软件

短视频的剪辑，无论是画面、声音还是字幕、转场，剪辑师利用很多剪辑软件都可以实现。接下来推荐几款常用的剪辑软件。

（1）iMovie

iMovie 是一款由苹果公司出品的剪辑软件，支持 Mac 和 iOS 设备，界面非常简洁，大多数操作通过基本的点击和拖曳就可以实现。iMovie 11 的新增功能包括影片预告、全新音频编辑、一步特效、人物查找器、运动与新闻主题、全球首映等。

（2）VUE

VUE 是一款支持 iOS 和安卓设备的视频拍摄及美化软件，支持分段拍摄和剪辑，可以穿插基本的转场效果，支持快动作和慢动作两种拍摄速度，支持添加音乐和贴画，同时提供良好的滤镜。图 2-111 所示为 VUE 界面。

（3）快剪辑

快剪辑是 360 公司推出的剪辑软件，支持 iOS 和安卓设备，图 2-112 所示为快剪辑界面。它有以下几个亮点。

图 2-111　VUE 界面

图 2-112　快剪辑界面

第一，操作简单，刚打开软件时还会有功能教程。导入视频素材后可以看到，无论是横屏素材还是竖屏素材，配比都很舒服，这款软件综合了拍摄、剪辑、后期特效等多重功能，能满足大部分的剪辑要求。第二，有炫酷的“快字幕”功能，利用该软件录视频时自动生成字幕，准确率高，个别不准确的词组可以自己编辑调整。第三，集合了爱奇艺、优酷、今日头条、企鹅号、众媒平台等多个视频平台，可轻松实现一键分享，推广视频内容。

（4）爱剪辑

爱剪辑是一款较为全能的免费视频剪辑软件，支持 iOS、安卓、PC 端设备，剪辑师不需要理解“时间线”等专业词汇就能实现零基础剪辑。除了丰富的滤镜功能、炫酷转场、MTV 字幕、去水印等功能外，爱剪辑还提供了强大的学习教程。

（5）Videoleap

Videoleap 是一款能够实现专业性与易用性为一体的视频剪辑软件，从素材混合到蒙版、特效、字幕、色调调整、配乐、过场动画等，剪辑师可以发挥想象力去创作。Videoleap 支持 iOS、安卓、PC 端等设备，其编辑界面如图 2-113 所示。

图 2-113　Videoleap 编辑界面

（6）Premiere

Premiere 是一款常用的专业视频编辑软件，功能齐全，它提供了采集、剪辑、调色、美化音频、字幕添加、输出、DVD 刻录的一整套流程，利用它还能对视频素材进行各种特技处理，包括切换、过滤、叠加、运动及变形等处理。Premiere 兼容性强，能够和 Adobe 公司推出的其他软件相互协作，如 After Effects、Photoshop 等。

但是，Premiere 也有局限性，因为专业度高，操作难度比较大，剪辑师需要多学习才能熟练运用。图 2-114 所示为 Premiere 界面。

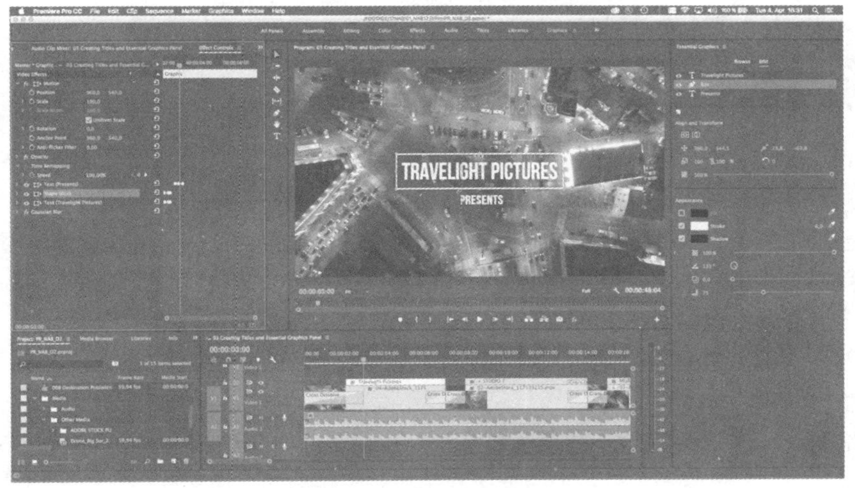

图 2-114　Premiere 界面

思考与练习

1. 请简述常见的图片类型，并介绍制作图片的方法和步骤。
2. 请简述常见的新媒体图文排版技能。
3. 请简述制作 H5 动画页面的方法和步骤。
4. 新媒体文案有哪些写作技巧？
5. 请简述拍摄短视频的常见运镜技巧、转场技巧、拍摄技巧和剪辑技巧。
6. 制作短视频时，如何选取音乐、添加字幕、配音、编写短视频脚本？

第 3 章

微博篇——极具互动性的快速传播平台

【学习目标】

- ➢ 掌握微博的传播特征及微博营销的价值。
- ➢ 掌握微博内容策划。
- ➢ 掌握微博活动设计。
- ➢ 掌握微博互动方法。
- ➢ 掌握微博变现渠道。

随着社会各界人士不断涌入微博的浪潮中，微博的用户量不断增加。不得不说，微博已经触及不同人群的方方面面，也让微博从一个记录生活的工具，迅速发展成为一个新媒体平台。本章主要从微博营销的概念、传播特征、微博内容创作、活动设计等几个方面介绍微博营销。

3.1 了解微博营销

3.1.1 什么是微博营销

微博是社会化媒体中用户较为活跃的社交平台之一，它因内容短小、发送信息方便等特点，改变了信息传播的方式。不仅如此，微博的信息还可产生“病毒式”的传播。这些都使微博具备极高的营销价值。

微博营销指企业以微博作为营销平台，利用更新自己的微博内容，联合其他微博账号跟用户的互动，或者发布用户感兴趣的话题，让用户主动关注并传播企业的产品信息，从而达到树立良好企业形象的目的。

3.1.2 微博的传播特征

微博有着独特的传播模式与特征，具体表现为内容生产门槛低，信息扩散效率高，热点事件升温快，互动裂变形式多。

和社交网站不同，用户在微博上的互动，不需要用户双方互相关注。用户可以在微博上关注他人账号，且不需要对方确认通过。这种关注与被关注的模式，是一种不对称的人际关系，正是这种不对称形成了微博广播式的信息流动。

1. 低门槛，传播主体更大众

传统媒体如电视、报纸期刊等，最大特征是单向传播，用户只能被动地接受信息，但微博平台的出现，极大地降低了用户发布内容的门槛，一段文字、一张图片，都可以被直接发布在微博中。每个用户发布的信息，通过粉丝、话题得到曝光，并随着转发得以扩大传播，形成了信息的去中心化传播。

同时，微博平台也通过各种产品机制的设置，组织各类活动，不断鼓励用户创作，进一步激发用户的表达欲望，让他们从“旁观者”变成“当事人”，形成了“人人即媒体”的传播格局。

2. 实时性，扩散传播更高效

微博具有很强的时效性和现场感。因此，微博在很多热门事件中，成为很多人现场播报的新媒体平台，不了解现场的用户只需要关注发布者的微博就好。因为微博内容发布的实时性，面对突发新闻，社会热点事件，微博始终是信息传播的“主战场”。

众多传统媒体纷纷开通微博账号，在微博上为用户提供内容，实现信息全方位的覆盖。同时，他们也借助微博的多媒体优势，实现文字、图片、视频的立体化传播，以弥补自身单一传播方式的不足。

3. 高聚合，热点话题更关注

基于微博话题的模式，在聚合的话题中，用户可以快速查看到相关内容，进一步激发创作和讨论。同时，参与人数较多的话题会登上“热搜榜”，话题热搜排名的上升，能够提升话题的传播。现在，“有没有上热搜”“热搜第几名”，或成为用户判断事件受关注程度的重要标志，如图 3-1 所示。

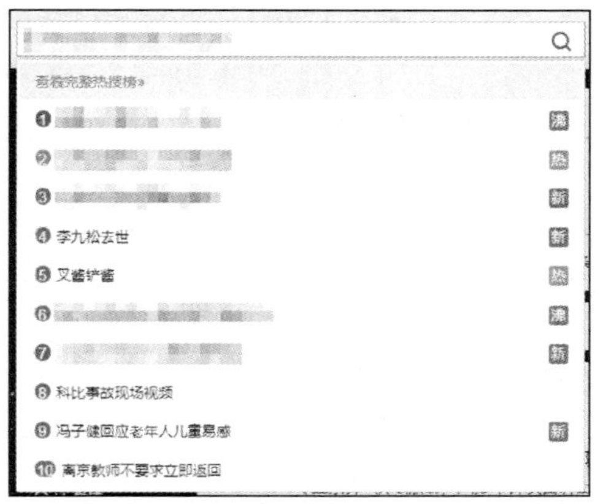

图 3-1 微博热搜话题

在热点话题的产生背后，必须要提到一类人——关键意见领袖（Key Opinion Leader，KOL）。由于用户关注机制，这些具有一定粉丝数的 KOL 将会成为传播中的关键节点。他们可以迅速扩大信息传播范围，形成信息的二级传播。

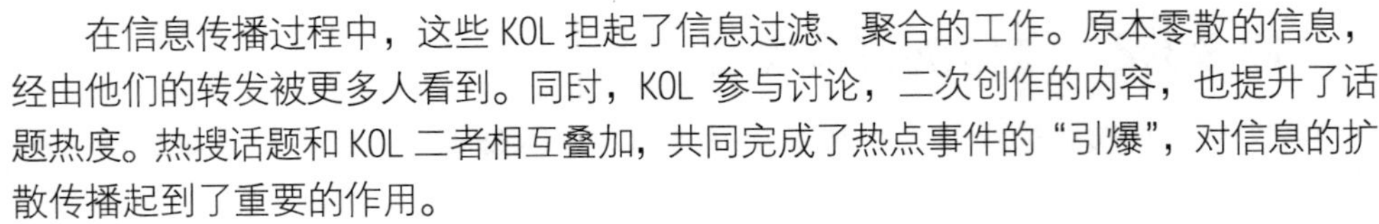

在信息传播过程中，这些 KOL 担起了信息过滤、聚合的工作。原本零散的信息，经由他们的转发被更多人看到。同时，KOL 参与讨论，二次创作的内容，也提升了话题热度。热搜话题和 KOL 二者相互叠加，共同完成了热点事件的“引爆”，对信息的扩散传播起到了重要的作用。

4. 强裂变，内容互动更多元

在微博的传播过程中，用户可以同时接收信息、传播信息、发布信息。例如，只需一个简单的评论并转发的动作，用户就完成了信息传播和二次加工，而信息二次加工的过程中，更是凝聚了用户的群体智慧，微博上有一种特殊的现象，叫“最右”。一条看似普通的微博内容，会因为一条“神评论”，而获得巨大转发量。因为被转发内容通常会显示在最右侧，故此得名“最右”。

与传统媒体一对多的线性传播模式不同，微博的传播呈现出网状形式，可以实现一对一、一对多、多对一、多对多的传播。

汤姆·海斯在《起跳点：商业模式在网络文化中的革新》一书中提出了“病毒式经济学”的概念，认为现代全球化经济已变成无数节点和信息流的高度互联体，世界不再是一大群独立经济体的组合，而是一个巨大的有机体。在这样的大环境下，企业的营销也应该是“病毒式”的。“病毒”营销特指企业利用网络传播的途径进行的营销活动。

微博这种裂变传播的特征，恰好具备“病毒式”扩散的能量，微博用户会对企业有价值的信息产生浓厚兴趣，进而进行转发或者评论，这就让企业的信息实现了网络社交传播。

3.1.3 微博营销的价值

微博营销指企业以微博作为营销平台，通过内容更新、活动策划、粉丝互动等方式，传播企业的宣传信息，从而达到树立良好企业形象的目的。

对于企业和个人来说，微博的营销价值包括以下五方面：品牌推广、用户维护、市场调查、危机公关、闭环电商。

1. 品牌推广

微博具有内容低门槛，传播高效率，互动更多元的特性，可将信息迅速传递到广大用户群体中。任何企业都可以按照宣传需求，随时随地在微博平台发布广告或其他内容。

通过微博运营，企业可以快速聚合用户关注度，提升品牌知名度；与用户形成情感共鸣，提升品牌好感度；扩大品牌传播，曝光新产品和服务。

微博平台本身就具有高聚合和强互动的特点，KOL 可以很大程度上对普通用户产生态度和行为上的影响。所以，他们介入到微博营销中，可以有效提升信息传播速度，并且加大信息传播的范围。

2. 用户维护

微博营销的便利之处，就是在通过内容、活动触达用户的同时，还可以一对一地进行用户维护，提升用户的满意度，进行用户管理。

现在，越来越多的企业，在用户购买、产品包装、物流、体验等各个环节中引导用户“晒单”，鼓励他们在使用或体验完企业的产品或服务后，通过微博拍照分享。企业在用户发布此类内容后，通过微博与他们进行一对一互动，可以极大地提高用户满意度。

同时，企业可以通过微博挖掘用户的问题，为他们解决遇到的问题，提供持续性的服务，维护用户关系；通过优质内容与用户深度互动，逐渐将其转化为品牌忠实用户。如果企业能及时发现产品的一些问题，便可通过微博提前告诉用户，快速消除影响，避免负面信息大量传播而陷入被动。

在以用户为核心的商业模式中，用户关系管理强调时刻与用户保持和谐关系，不断地将企业的产品与服务信息及时传递给用户，同时全面、及时地收集用户的反馈信息。

3. 市场调查

市场调查是企业开展营销不可缺少的环节，通常企业可以通过问卷调查、人工调研、数据购买等方式调查用户的需求。但这些调查方式耗费的财力和人力都较大，不同的行业，效果好坏也参差不齐。然而，微博的出现，为企业提供了一个低成本、高效率的创新工具。

基于微博用户的巨大数量，以及微博平台几十个垂直领域划分，每个用户都有其对应的兴趣领域标签，企业可以做到针对性地触达特定偏好的用户并进行调研，这为企业制订个性化服务提供了极大的便利。同时，企业还可以对目标用户发布的微博内容进行针对性的分析，更深入地挖掘需求，更精准地制订营销策略。图 3-2 所示为企业用微博挖掘用户需求。

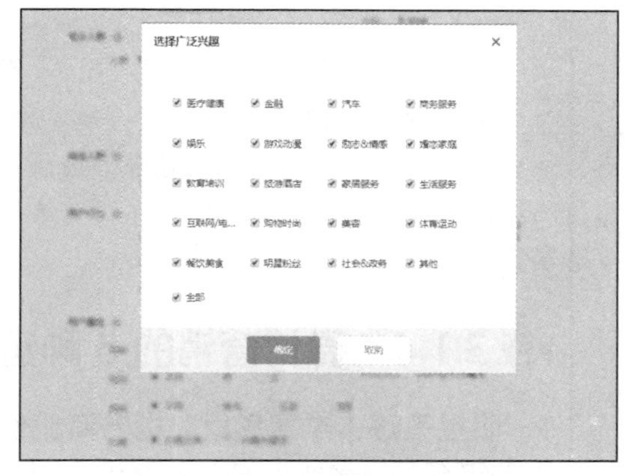

图 3-2　企业用微博挖掘用户需求

4. 危机公关

在微博平台上，涉及知名企业产品质量、企业信用问题等公众事件，会迅速登上微博的热搜排行榜。企业如果不进行应对处理，事件持续发酵对企业会非常不利。

企业可以通过微博，快速了解并应对突发情况。通过检测关键词，企业可以迅速了解对事件高度关注的用户群体，从话题中可以全面了解用户对此事件的评价和意见。由此，企业能够迅速在微博上锁定危机公关的目标人群，了解危机发生的原因和经过，并据此迅速做出更有针对性的措施。

快速、有效的微博危机公关，不仅能有效地将危机降到尽可能低的程度，甚至能将危机转化为重塑企业形象的一次机遇。利用微博快速对事件做出声明和正确的回应，有利于企业形象的建设，如海底捞火锅微博公关（见图 3-3）。

5. 闭环电商

个人或企业通过微博运营，获取了一批粉丝后，可以直接导流销售获取收益。例如，企业在微博平台发布产品推文时，植入产品的购买链接，粉丝看到微博内容后，可直接通过链接进行购买，如图 3-4 所示。

图 3-3　海底捞火锅微博公关

图 3-4　微博的产品购买链接

企业通过微博与目标用户进行一对一沟通，促使目标用户购买或追加购买产品，这也是很多企业推广的基本策略。此外，有的企业还配合微博粉丝通、微博橱窗进行精准投放，为产品带来更多的曝光率，从而让更多的目标用户看到产品并产生购买行为。

3.1.4　微博营销的 6 种运营方式

1. 明星策略：丰富形象，提升商业价值

从 2007 年的博客到 2009 年的微博，微博逐步取代了博客的地位。演艺人士也纷纷将微博作为自我营销的重要阵地。其强曝光、强宣传的特点，让企业愿意为邀请知名艺人通过微博代言而支付高额费用。

2. “网红”模式：受用户关注，具备独特个人魅力

微博等互联网新媒体平台的兴起，极大地降低了构建个人品牌的技术难度和传播门槛。伴随着这一现象，许多人可以凭借技能才艺在互联网上“走红”，通过优质的内容，吸引到大量用户关注，形成了独特的“网红文化”。

其中，2018 年“双十一”当日，某“网红”开场 20 分钟，销售额突破一亿元，跻身全网彩妆类目“TOP25”。这个让人震惊的现象，使得微博对电商的促进作用再也不容忽视，而“网红经济”也进入大众视野。

3. 企业管理者：为行业发声，有魅力和说服力

作为企业的管理者，许多企业家、公司高管也开通了微博账号，构建个人的发声渠道。他们的个人形象对于企业品牌在用户心中的形象有着很重要的作用。同时企业管理者也责无旁贷地担当起了企业代言人的职责。

一些企业家在微博的运营上，一方面责无旁贷地为企业品牌、产品进行宣传；另一方面，他们也会发布一些个人相关的内容，包括日常生活、社会热点、公益活动等。

4. 媒体运营：积极拥抱，从传统媒体到新媒体

用户在微博移动端发布新闻有更大的便利性，可以随时随地获取和发布信息，信息的形式也趋于多样，如文字、图片、视频、直播等。很多传统媒体开始把微博也作为自己的主要平台运营。

除了新闻媒体积极拥抱微博，依托微博传播的实时性，更快速地发布新闻消息之外，其他报刊也积极地从传统媒体转向新媒体，通过微博发布内容，与用户进行在线互动。

5. 专家策略：内容付费和打赏收入

微博平台上汇聚了各个领域的专家。作为拥有过硬技能的人，专家们的变现能力相比普通人有很大的优势。

微博的功能也在不断进化，“打赏”、付费问答、广告收入等功能的开发层出不穷。微博“打赏”，如图 3-5 所示。

2014 年 7 月，新浪微博推出付费阅读，短短一个月时间，某微博“大 V”入账近 10 万元。很显然，用户愿意为自己关注的内容付费，而这些内容，通常和投资、情感、健康和娱乐等有关，如图 3-6 所示。

图 3-5　微博“打赏”

图 3-6　微博问答

6. 电商模式：社会化电子商务

微博和阿里巴巴联手后，社会化电子商务有了更多的可能性。虽然微信对电商会形成一定冲击，不过很多商家通常是多头开花。微博由于互动性和传播性好，仍然是很多企业进行新品推广的首选平台。

微博博主也可以通过电商渠道变现，博主通过转发抽奖配合干货内容的输出，这种方法虽然非常常见，但是参与者仍然很多。大数据支持下的微博推荐，会根据用户的搜索习惯进行筛选，精准度也越来越高。

3.2 微博内容制作

微博具有强大的传播力，如何提高微博账号的活跃度使微博互动量最大化呢？微博的活跃度与粉丝增长的速度以及与粉丝的黏性、微博的内容有非常紧密的联系。

3.2.1 微博内容策划

1. 建立微博问题素材库

运营者要想做好微博营销，平常要注意观察身边的各种事件、网上的热点事件，阅读和收集各种资料和图片，方便在需要的时候查找。毕竟只凭关键词搜索，有可能在网上无法找到自己以前看过的内容。

微博内容素材库可通过以下三步来建立。

第一步：选择优秀的信息源

阅读优秀作品时要随手保存，统一存放。建议先阅读再保存，可以先存放在一个统一的临时笔记本中，阅读完再分类。

第二步：对收藏夹进行整理

整理收藏夹时，可以进行合理归类，并为收藏的作品加上标签，便于搜索。

第三步：进行应用并不断更新

进行应用时，可以按照分类找到相应的资料，也可以直接使用搜索，对于有些已经没有保存价值的资料，建议及时清理掉。

2. 建立微博时间地图

除了常见的话题地图外，运营者可以按时间地图策划内容（节日、节气、假日），因为节假日是较好的话题。节假日包括法定节假日、国际纪念日、民俗节假日、行业营销季、本地文化节等。运营者每年都可以提前整理时间地图，这对运营微博，提前准备发布内容会非常有帮助。

网上有各类节假日明细清单，运营者只要耐心整理，就可以提前规划出微博节假日话题表。微博时间地图举例，如图 3-7 所示。

3. 合理设计微博发布时间

除了话题内容和时间策划，微博发布时间也会影响微博的阅读打开率。所谓最佳发布时间，是指你期望的人最先看到微博的时间。

（1）对于想和高质量粉丝互动的人，最佳发布时间也许是凌晨一点以后。

（2）对于不同地方的朋友，假如运营者希望是国外用户看到，要考虑时差的影响。

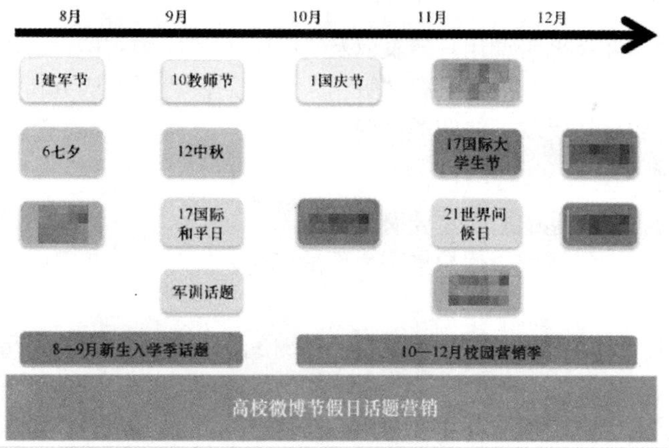

图 3-7 微博时间地图

（3）对于有地铁的城市，也许很多用户喜欢在地铁高峰期时“刷微博”。

（4）对于不同的人群，如大学生，他们大多习惯晚上“刷微博”。

（5）对于和节假日相关的微博内容，运营者选择在节假日即将开始的时候发布也许效果更好。

（6）对于突发性新闻事件，运营者第一时间抢发，连续跟进更好。

（7）对于现场的活动，运营者实时同步播报更好。

（8）假如微博内容不是特别有趣，运营者什么时间发都行，但不要 5 分钟发一条，避免造成“刷屏”。

微博最佳发布时间其实需要运营者对微博发布效果进行动态观察，不断依据效果进行反馈调整。

4. 注意转发和原创比例

运营者进行内容策划时，要考虑自己微博原创和转发的比例。一般而言，微博都是原创，运营者的运营难度大，也不利于建设微博矩阵。但转发太多，缺乏原创也会让用户不想关注。所以适度的原创是必需的。

转发微博时要特别注意，微博平台上有一些来源不明、耸人听闻的消息，这些消息比一般消息更吸引人眼球，运营者转发后虽然可能得到更多用户的关注和转发，但是传播谣言的后果很严重。

转发时，对以下消息要谨慎。

（1）越是惊人消息，越需要证据。

（2）越是貌似真相的消息，越要确认发布者身份。

（3）营销“大 V”发布的消息，建议转发前搜索下消息源。

（4）貌似专业，其实无科学依据的新闻。

（5）煽动各种对立情绪的消息。

3.2.2 撰写优质微博

怎么样的微博才能够带动用户转发以及“涨粉”，其实内容的设计非常重要。运营者首先要了解微博平台哪些内容是有“吸粉”特质的，然后再从中选择适合自己输出的形式。下面介绍比较受欢迎的四类微博。

1. 干货类

干货类的内容受欢迎的原因主要有两点。

一是实用性。它能够解决用户某一方面的问题，让用户有获得感，从而觉得账号有价值。

二是便利性。大多数用户希望节约自己的时间，干货的内容能让用户有及时的获得感。

目前微博平台上的干货内容主要分为三类。

（1）专业内容普及

专业内容普及拥有一定的专业门槛，只有拥有专业背景的人才能写。例如，医学病理、心理咨询这一类的知识由有专业的背景人去写，才更具有权威性。

（2）实践经验分享

实践经验分享要求分享人拥有一定的实践经验，这样分享人才能写得既实用又可以让用户产生共鸣，一定程度上可以不受专业门槛限制。例如，摄影教程、美食教程、穿搭技巧、美妆教程等一些日常生活类的内容。

（3）合集分享

合集分享要求分享人拥有一定的用户基础，以合集内容干货为主，覆盖范围较广，如一些办公软件快捷键合集、英语四六级必备短句、职场人必看书籍等。

那么，如何能创作出干货类的内容，来增加干货内容的可读性和传播性呢？

（1）九图干货

九图干货在微博平台是转化和提升互动较好的形式之一。因为统一的图片风格给用户带来了视觉的冲击，同时，九图相对视频来说更省流量，更直观，更容易传播，如图 3-8 所示。

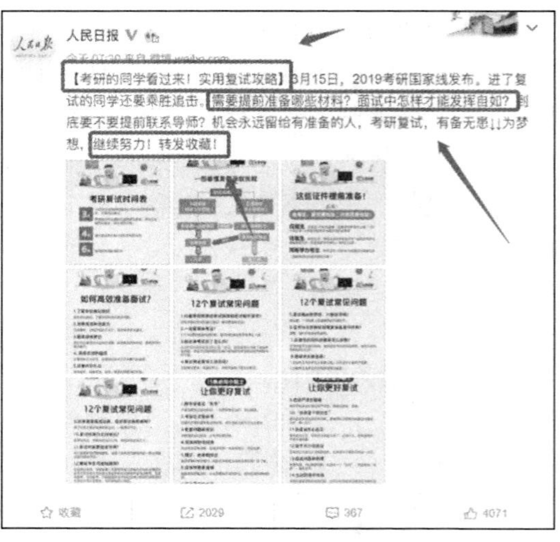

图 3-8 九图干货

好的九图干货一般包含以下两个特点。

- 视觉统一。也就是版式风格尽量达到统一，先完成用户视觉上的注意力吸引。
- 信息清晰。图片的主题和具体信息文案，要注意重点突出。

（2）长文干货

发布长文干货对运营者的专业度，内容的优质程度要求较高。好的长文是非常“吸粉”的，但是长文的打开率和文章的标题以及用户的积累都有关系。

好的长文要具备以下特点。

- 一个好标题。一个好标题可以吸引用户点开文章，提升长文的打开率。
- 一个好文章封面。一张好的文章封面也是影响用户是否打开长文的因素。
- 微博文案要编辑。在发布微博文章的时候，系统会直接带主题发出，这不利于内容表达的丰富性。运营者应该用“主题+文案”的形式，大概地描述文章的重点内容，这样做更容易让用户了解到关键信息。

（3）视频干货

随着 5G 时代的到来，短视频越来越受欢迎，无疑是微博平台非常好的干货形式之一。它的优点在于可以更加清晰地表达细节，尤其是教程类的干货，如图 3-9 所示。

运营者发布视频时要注意以下两点。

- 视频时长：微博故事的时长要小于 1 分钟，微博视频/Vlog 的时长一般为 3～5 分钟，运营者要注意视频的完播率。
- 视频封面：一个好的视频封面，可以提升视频的打开率。

（4）问答干货

问答干货更有针对性，有利于运营者吸引精准的用户人群，如图 3-10 所示。

图 3-9　视频干货

图 3-10　问答干货

运营者发布问答时要注意以下两点。

- 参与门槛不要过高。参与门槛如果过高，容易影响问答的热度。
- 话题带有一定的讨论性，可以配合热门话题去设置一些问答。

2. 热点类

很多人每天都在进行微博热点的跟踪，对运营者来说，跟踪热点是一个非常重要

的提升阅读量曝光的途径。它有以下几个优点。

一是培养“网感”，活跃思维。通过微博热点内容的跟踪，运营者可以培养自己在微博生态的“网感”，对热点的敏感度。

二是提升阅读，自然“涨粉”。运营者可以在热点这个大的公域流量中，用好的方式和内容获取精准流量。

三是提升账号质量，提升权重。在微博平台，运营者要获得一些称号，如“知名”“金V”“签约自媒体”等，可以通过追热点快速达到目标。

如何更好地借势热点呢？运营者需要从及时性、精确性、高热度三个方面入手。

（1）及时性：发现热点并及时跟上

微博热搜的热度顺序：沸>热>新，如图 3-11 所示。

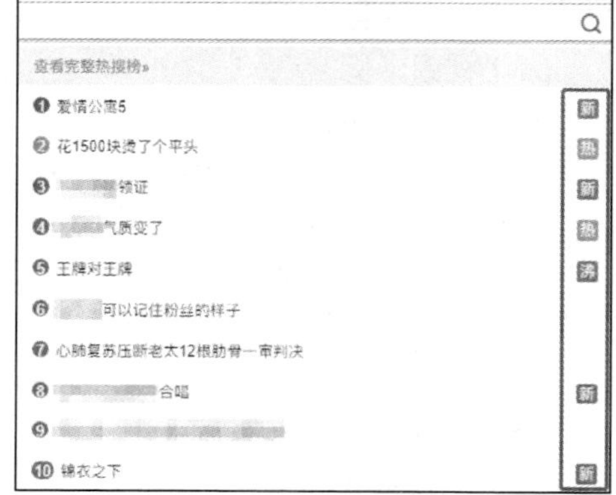

图 3-11　热点话题

（2）精确性：发布的内容符合账号定位

运营者在“蹭热点”之前一定要考虑当前的热点是否和自己的账号定位能够很好地结合。如果“乱蹭”一些和自己账号定位无关的热点话题，将不利于可持续地获得粉丝。

（3）高热度：输出的内容要引起粉丝的关注

运营者在“蹭热点”的过程中，要设计引起粉丝的关注、转发、互动、点赞动作的内容。好的“蹭热点”内容，会带给粉丝参与和互动的空间。具体操作可参照以下两点。

- 图文并茂。运营者发布的内容有配图的时候，容易吸引到粉丝的注意，一张好图可以发挥很大的作用。
- 文案简短。运营者不论是发布自己的观点，还是发起讨论，微博的文案不建议写得太长，最好不要超过 140 字，否则粉丝就需要点开全文。

3. 美图类

美的图片总容易让人们产生对美好事物的喜爱，对美好生活的向往。

（1）秀才华

这类多针对不太愿意真人出镜，但是非常有才华、有才艺的博主，如练字、画画、手工制作类的博主。

（2）秀实物

这类多针对实地拍摄或者实物的展示，引起粉丝的注意。例如，我们经常看到的家居设计图、美食餐具图和一些饰品的图片，都在用美图来吸引你。

这几个分类其实会有交叉的地方。不管是否真人出境，也不管是风景还是实物，只要运营者发布的图片精美，坚持输出，总能吸引到喜欢这一类风格的粉丝。

4. 推荐类

最后一类是好物推荐类，也是目前微博平台“带货力”非常强的一种形式。目前微博平台上比较常见的有 3 种推荐方式。

第一种是测评推荐。目前非常流行的推荐方式之一就是真人测评。博主通过真人的实测，来向粉丝推荐。这种方式提升了内容的可信度，同时会让粉丝觉得，有人帮自己选好，不用太费脑。久而久之，粉丝就喜欢跟着测评博主买东西。

第二种是教程推荐。教程推荐一方面为粉丝提供了教学，另一方面也让粉丝产生一种和博主买了同款的工具或者产品之后，就能够做出和博主一样的效果的感觉，所以粉丝更愿意去买单。

第三种是晒图推荐。晒图推荐与美图类的内容非常接近，只是在内容的选择上会更具有“带货”的性质。

推荐类的内容在一定程度帮助粉丝节省时间。同时，因为向往博主的生活，粉丝也越来越愿意买单，越来越多的粉丝需要体验官帮自己筛选好物。

3.2.3 微博活动设计

1. 微博活动策划的常规方法和手段

方法一：有奖转发。有奖转发是目前采用较多的活动形式，只要粉丝们“转发+评论”或“转发+提醒好友”就有机会中奖，这也是较为简单的方式。

方法二：有奖征集。有奖征集就是运营者通过征集某一问题的解决方法吸引粉丝参与。常见的有奖征集主题有广告语、段子、祝福语、创意点子等。

方法三：有奖竞猜。有奖竞猜是运营者揭晓谜底或答案，最后抽奖。这里面包括猜图、猜文字、猜结果、猜价格等方式。

方法四：有奖调查。有奖调查目前应用得不多，主要用于收集粉丝的反馈意见，一般不直接以宣传或销售为目的。粉丝回答问题并转发或回复微博后就可以参与抽奖。

2. 微博营销活动操控的四个关键点

（1）规则应该清晰、简单。要想使活动取得最大的效果，一定不要为难参加微博活动的粉丝，去让他们读长长的一段介绍文字。活动规则简单，才能吸引更多的粉丝参与，最大限度地提高品牌曝光率。因此，活动规则介绍文字控制在 100 字以内，并配以活动介绍插图。插图一定要设计得美观、清晰并且图片尺寸合适。

（2）把握并激发粉丝参与欲望。只有满足了粉丝的某项需求，激发了他们内心深处的欲望，粉丝才会踊跃地参加组织的活动。激发欲望最好的方式就是微博活动的奖励机制，这里面包括一次性奖励和阶段性奖励。所以微博活动奖品的选择很讲究，一是要有新意，二是要有吸引力，三是奖品的成本不能太高。

（3）控制并拓展传播渠道。微博活动初期是最关键的，如果没有足够的粉丝参与，很难形成“病毒式”营销效应。运营者可以通过内部和外部渠道两种方式解决，内部渠道就是初期的时候，运营者要求自己公司的所有员工参加活动，并且邀请自己的亲朋好友参加。初期积累了一定的参加人数，才会形成马太效应。外部渠道就是运营者要主动去联系那些有影响力的微博账号，可以灵活掌握合作和激励的形式。

（4）沉淀粉丝和后续传播。运营者在文案策划的起始阶段要考虑如何沉淀优质粉丝传播的问题，同时鼓励粉丝去和自己的好友互动。另外，通过关联话题引入新的激发点，带动粉丝自身的人际圈来增加品牌的曝光率，促进后续的多次传播。

3.3 微博运营推广

3.3.1 增加微博账号粉丝量

1. 快速获得第一批粉丝

一个新注册的微博账号除了前斯账号的定位和内容规划运营以外，第一步是快速获得第一批粉丝。因为有了粉丝，运营者通过该账号发布的微博内容才会被人看到，才会产生互动传播，给微博账号带来更多的粉丝。

运营者开通新微博账号后，通过与身边的亲戚、朋友、同学进行微博“互粉”，相互加关注，增加微博互动，是微博运营前期一种不错的“增粉”方式。

运营者除了向身边的亲朋好友“互粉”以外，还可以通过好友推荐的形式来“增粉”。好友推荐的好处有两点：一是有推荐人的信任背书，二是通过推荐语可以看出被推荐人的特点，换句话说，推荐语是写给其他人关注被推荐人的理由。

当然，快速获取粉丝的前提是微博账号持续输出一些有价值的内容，这些内容往往决定着第一批粉丝是否会长期关注该微博账号。

2. 通过关注同类人群“增粉”

在微博平台上，喜欢同一领域，有着同喜好的人群往往会相互关注。例如，一个微博用户喜欢足球，关注了很多足球类的微博账号并喜欢与之互动，同时也会通过微博发布足球类的内容。此时，被关注的人很可能会反过来关注。一个比较形象的例子就是一个足球队的球迷之间会相互加关注，不仅如此，他们还会组织球迷聚会。

普通人更多地关注同城好友，或者关注对同一个话题感兴趣的人，或是关注有着同样偶像的人，人们往往围绕自己喜欢的“圈子”。

因此，微博的一个功能是用户可以对关注的人设置分组，分组后可以只查看某组人群的微博。对于特别重要的人，用户也可以设置“特别关注”。

3. 通过已有平台导流粉丝

微博平台上有很多“大V”，他们刚开始运营微博就吸引了大量粉丝。这些粉丝基本上都是该“大V”在其他社交平台上的粉丝，如微信、豆瓣、博客、贴吧、人人网等。以微信为例，运营者可通过在微信推文中植入微博的账户信息、自定义菜单、自动回复等方式进行引流。

4. 通过外部导流“增粉”

“增粉”方式往往不止一种，通过外部平台进行大曝光的导流是一个快速“增粉”的方式。

（1）视频直播

2015年以来，各大直播平台流行起来。视频直播最大的特点是主播可以与用户现场实时互动。不少平台的网络主播通过直播给自己的微博账号进行“增粉”，主播可在自己简介中输入自己的微博账号引导粉丝关注，还可通过在直播中通过活动的形式引导粉丝关注自己的微博账号。

（2）问答平台

2016年，一款问答服务的产品——付费语音问答“分答”火了。同时，不少人借助“分答”自然而然地植入微博账号为微博账号“带粉”。在此之前，知乎、百度知道等问答平台，回答者往往会在简介或答案中植入微博账号，实现引流“增粉”。

（3）媒体网站

随着互联网各行各业细分媒体网站的崛起，越来越多的自媒体人通过撰稿发布的形式在各种媒体上发布文章，同时利用文章内容及账户简介为微博账号“增粉”。以科技类媒体为例，自媒体人可通过在果壳网、虎嗅网等媒体网站上发布文章为自己的微博账号“增粉”。

（4）视频平台

伴随着社交平台一起发展起来的还有视频类平台，运营者通过视频平台也可以为自己的微博账号“增粉”。

（5）博客、出版物、口碑、搜索等其他“增粉”方式

除了以上几种外部导流“增粉”的方式以外，还有很多种形式，如个人博客文章、出版物、粉丝口碑等方式。

5. 通过活动“增粉”

通过微博活动“增粉”的方式屡见不鲜，但如何提高活动的参与度给微博账号带来更多的粉丝就不容易了。人们往往愿意参与低门槛、有趣、有奖品的微博活动。微博活动的类型有很多，如转发抽奖类的活动发起话题讨论的活动、发起动手制作的活动等。

6. 通过合作“增粉”

微博活动固然可以带来很多粉丝，但微博活动并不是任何一个微博账号发起都可以产生非常好的效果。当一个微博账号的粉丝数量较少时，即使发起活动也没多少人参与，也带不来多少粉丝。这时，运营者可以选择和微博粉丝数量较多的“大V”合作，借助“大V”发起活动并为自己“增粉”。这种方式给合作双方都能带来好处。

7. 通过原创内容“增粉”

通过微博平台输出原创内容，又可称为“干货”。这种方式属于“内容营销”，运营者需要写出有质量的微博内容。

8. 通过线下活动“增粉”

线下活动是一种非常好的“增粉”方式，如线下分享会、线下活动、公司内训、高校培训等。运营者在这些活动中如果认真准备，给参加活动的成员留下深刻的印象，那么一场交流或者演讲结束，会有许多粉丝主动关注你微博账号，而且这些粉丝的互动度较高，还会给你带来更多粉丝。

除了通过以上几种方法获得粉丝外，运营者还可以通过以下方式快速获得粉丝。例如，微博账号申请成为 VIP“增粉”、个人社交账户标注“增粉”、相互推荐“增粉”、名人转发“增粉”等。

3.3.2 提升微博活跃度

微博的活跃度与粉丝的黏性、微博的内容有非常紧密的联系。

1. 通过高效互动增加粉丝黏性

提升粉丝黏性的方法，一是写有吸引力的内容，二是多和粉丝互动。

互动的方式有四种，分别是评论、转发、私信和提醒。

（1）评论：粉丝在微博评论区进行回复，博主会收到提醒。

（2）转发：别人的微博内容在自己的微博账号中出现。如果博主设置了接收全部提醒，将会看到粉丝的转发。

（3）私信：某粉丝发送给博主的私密信息，其他人看不到此类信息。

（4）提醒：在微博中，“@+微博昵称”的形式被称为提醒，例如，使用“@微博小秘书”，对方就会收到你的消息提醒。

高效互动提升粉丝黏性的方法主要有以下五种。

（1）及时回复：假如收到粉丝的提醒或者评论，如果内容是运营者感兴趣的，运营者要在第一时间回复，及时回复往往让粉丝感到贴心，仿佛你在线和他实时互动，这种感觉会让粉丝对你增添好感。

有时候一些粉丝会提到运营者的微博账号但是不会用提醒，运营者可以定期搜索“自己名字或相关信息”，找出相关微博，主动和这些人互动。

（2）及时转发：如果粉丝的评论非常精彩，运营者应该主动转发，粉丝看到自己微博被转发会非常高兴。假如运营者是“大 V”，运营者的转发会给粉丝带来几十次乃至上百次提醒，这对粉丝而言是一种难忘的体验。

（3）私信交流：有些粉丝在线提醒官方微博或“大 V”的问题，运营者并不方便公开回复，可以私信沟通。需要注意的是，运营者不要轻易晒出私信，否则粉丝会很尴尬或者被攻击。

（4）主动关注：运营者遇到一些志趣相投的粉丝，主动关注是最佳的选择，可以认识不同的人。

（5）粉丝之间互动：除了运营者自己与粉丝之间的互动，运营者还可通过设置一些粉丝与粉丝之间的互动，提升粉丝群体之间的活跃度。

运营者给粉丝或他人评论也要讲究策略，主要包括以下几点。

（1）在粉丝不算多的情况下，要对粉丝的评论予以重视，对于好的评论，运营者要真诚回复。

（2）不要在评论里和粉丝吵架，粉丝有可能转发你的评论，对你的形象造成影响，和粉丝交流要礼貌、克制。

（3）遇到不礼貌的评论，可以不理会，甚至拉黑，但不要争吵。

（4）看到精彩的评论可以转发，让粉丝感受到你的重视。

（5）经常到忠实粉丝的微博下评论，增进和粉丝之间的互动。

在微博账号发展初期，运营者可以把评论、转发、私信对所有粉丝开放，但渐渐微博账号影响力变大了，提醒太多，就会成为一种负担，这个时候就可以考虑进行“隐私设置”。

在新浪微博的“个人账号”界面里的“隐私设置”功能中，评论、转发、私信或者提醒，都有 3 种设置可供选择。

2. 通过话题提升微博的转发量

这里谈到的“话题”有两种含义。

第一种是热点信息，既然是热点就有话题性、传播性，一般能够引发讨论和转发的微博都是话题。

第二种是微博平台的话题功能，运营者可以把话题关键词用“#”围住，引发更多粉丝注意。

（1）如何通过热点话题提升转发量

例如，2013 年父亲节，某微博用户选择了“我爱爸爸”主题，并发布了带有#父亲节#和#我爱爸爸#话题的微博。

这条微博在上午 10 时半发布，最初传播很慢，三个小时过后才被转发了 80 次。由于微博“大 V”都去参与#父亲节#的话题了，而#我爱爸爸#这个话题发帖量虽然也不小，但是“大 V”与名人参与很少，80 次转发量在其中已经算是较高的了，冲到了该话题的第三名。在随后的三个小时里这条微博被转发的次数一举破了 400 次。

（2）如何通过微博话题提升转发量

有的微博话题阅读量不但很高，话题中还隐藏着品牌名称，不会与其他话题“撞车”，能够保证此话题下都是与自己品牌活动相关的帖子。

（3）通过微博内容提高转发量

例如，发送有料、有用的微博内容，讲解干货，引发粉丝下载等。

3. 防止微博账号“掉粉”

微博账号的粉丝数有增加，也会有减少，那如何防止微博账号“掉粉”呢？

微博账号粉丝减少往往是包括以下几种原因。

（1）刷屏

当你频发微博，并且微博的内容没什么价值，粉丝往往会选择取消关注。早期新浪微博的“微访谈”功能是只要有提问就会自动同步到微博，那么关注你的人可能在一个小时内，连续看到关于你十几条微博，即使你是名人，且回答很诚恳，粉丝也只认定你在“刷屏”，照样会选择取消关注。

（2）没有稳定的内容

很多微博运营者缺乏足够的原创能力，或者微博内容逐渐靠转发维持，时间长了，粉丝觉得关注这个账号没有什么价值，便会取消关注。

（3）长期发布让粉丝反感的广告

粉丝多了，影响力大了，微博账号就有了广告商业价值，但是如果微博账号长期发布广告，很多粉丝便会取消关注。

（4）和粉丝的立场抵触

粉丝喜欢你，往往是认为你能够代表他的立场，一旦发现你的立场和他的预设不符，他会觉得你和他的心理预期不相符合，于是可能反对你的观点甚至展开攻击。

3.3.3 巧妙获得“大 V”转发

过去说“与君一席谈，胜读十年书”，如今在微博平台上是“发布十月好微博，不如‘大 V’转一条”。的确，能得到名人的转发，你的微博被用户看到的概率会大大增加。100 个“草根”转发微博的影响力不如一个真正有价值的名人。如何能够提升得到“大 V”转发的概率，表 3-1 所示为“大 V”互动的关键维度。

表 3-1 “大 V”互动的关键维度

<table>
<tr><td rowspan="10">找对人</td><td rowspan="4">平台
基础
信息</td><td>博主昵称</td><td>是否本人</td></tr>
<tr><td rowspan="3">基本信息</td><td>粉丝量级</td></tr>
<tr><td>个人背景</td></tr>
<tr><td>联系方式</td></tr>
<tr><td rowspan="6">账号
运营
习性</td><td rowspan="2">更新频率</td><td>活跃度</td></tr>
<tr><td>活跃时间</td></tr>
<tr><td rowspan="4">互动形式</td><td>点赞</td></tr>
<tr><td>转发</td></tr>
<tr><td>评论</td></tr>
<tr><td>直发</td></tr>
<tr><td rowspan="6">找对时间</td><td rowspan="6">博主
需求
情况</td><td rowspan="2">日常需求</td><td>产品反馈</td></tr>
<tr><td>“铁粉”互动</td></tr>
<tr><td rowspan="4">活动需求</td><td>新书售卖</td></tr>
<tr><td>课程大促</td></tr>
<tr><td>线下活动</td></tr>
<tr><td>…</td></tr>
<tr><td rowspan="2">找对形式</td><td colspan="3">什么形式更利于传播？</td></tr>
<tr><td colspan="3">内容是否符合其账号格调？</td></tr>
</table>

1. 找对人：定位人群，增加“大 V”转发量

第一，调研博主的平台基础信息。如果想要得到“大 V”的转发，运营者首先要了解这个“大 V”。通过微博的基础信息展示，运营者可以通过上面的一些关键词搜索，去更进一步地了解这个“大 V”。现在搜索的渠道也非常多，包括公众号、微信文章、百度百科、朋友圈、今日头条等。图 3-12 所示为某“大 V”的平台基础信息。

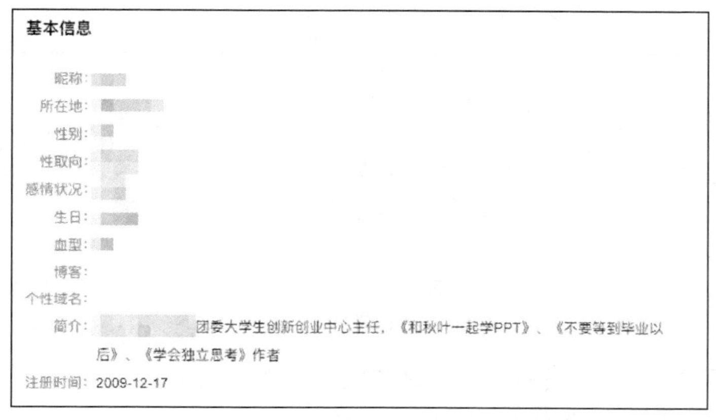

图 3-12　某“大 V”的平台基础信息

第二，观察“大 V”账号的互动习惯。了解“大 V”的基本情况之后，运营者要看他是否有与人互动的习惯。通过更新频率获取到对方的活跃度以及活跃的时间段，在活跃时间段内，运营者更加容易找到他。同时他是否经常与其他微博用户互动，更多使用点赞、转发，还是直发的形式。“大 V”会给什么样的微博内容点赞，什么样的微博内容转发，什么样的微博内容直发，都是需要运营者去观察和分析的，如图3-13所示。

图 3-13　某“大 V”账号的互动习惯

2. 找对时间：确定时间，提高“大 V”转发率

和“大 V”沟通的关键在于“你能提供的且是对方需要的价值”，所以了解“大 V”的需求和在什么时间需求更加紧迫是运营者要做的重要事情。需求分为两种：日常需求和活动需求。

对于日常需求，运营者可以思考对方近期是不是有产品宣传的需要？例如，做课程的人，有学员的反馈需要；出书的作者，有读者的反馈需要；做训练营的人，需要学员一起打卡等，这些都属于日常需求。另外，“大 V”是不是有“铁粉”需要？运营者通过长期的互动来让“大 V”记住你的 ID 也是一个比较常见的方式。

活动需求其实是在日常需求的基础上，加入一些关键时间点。在活动的关键宣传期，运营者的反馈更容易被回复，到了后期的长尾宣传时，难度就会提升。例如，拍电影的人，有观众的影评反馈需要，特别是在电影的宣传期间；出版图书的人，会有新书售卖，冲榜的需求。

所以运营者的微博想要巧妙地得到“大 V”的转发，运营者不仅要知道“大 V”有什么样的需求，更要了解“大 V”什么时间节点的需求更加紧迫。

3. 找对形式：明确形式，优化“大 V”转发效果

（1）选择更有利于传播的发布形式。

运营者使用什么形式输出微博内容，会在“大 V”转发后带来一个比较好的传播效果，其实是“大 V”选择转发微博非常关键的一个重要因素。目前，在微博平台上，九图的传播效果在大部分情况下会好于视频、长文、长图的传播效果。如果微博被转发后，没有实现大范围的传播，其实是不利于后期运营者和“大 V”关系建立的。

（2）选择对的形式，还要考虑账号的格调。

每位“大 V”专注和擅长的领域不同，运营者在“@大 V”的时候，还需要考虑产出内容和“大 V”账号的格调匹配程度，如图 3-14 所示。

图 3-14　匹配账号格调

常见的提醒“大 V”转发的 4 个小技巧如下。

（1）在“大 V”定期做微访谈栏目时，抛出几个有质量的问题。例如，在微博上“@秋叶”投稿一份好的 PPT 作品，如图 3-15 所示。

（2）给畅销书作者或出版社写书评。例如，读完畅销书后，写出读后心得，如图 3-16 所示。

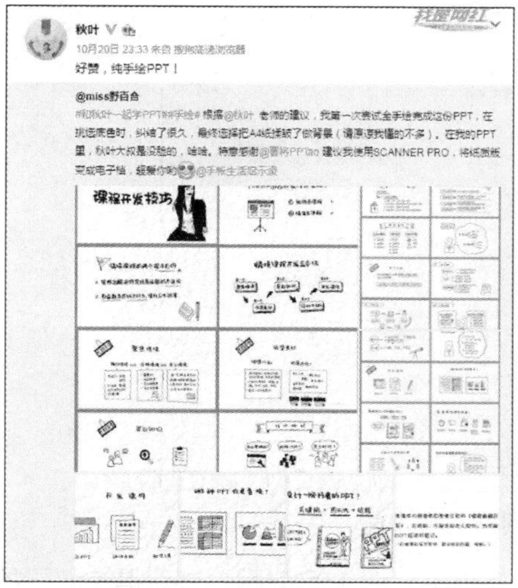

图 3-15 “@秋叶”投稿一份好的 PPT 作品

图 3-16 读后心得

（3）给“大 V”的话题微博写有质量的评论。例如，“大 V”分享了一篇长文章，给“大 V”的微博写一个有质量的评论，一般会引发“大 V”的转发。

（4）给“大 V”发私信。对于关注过你的“大 V”，运营者可以通过私信方式提供他感兴趣的微博，邀请他转发。写私信时需注意礼貌，不要勉强“大 V”转发，可以先问问他的意见，再提供要转发的内容，也可以直接向“大 V”展示微博全文。

3.4 微博商业变现

微博变现主要分为微博内容变现、电商变现、广告变现、影响力变现和微博多频道网络服务（Multi-Channel-Network，MCN）五个方面。

在近几年中，大家经常听到知识付费这个词，知识付费其实就是内容变现。你的课程，你的文章，你的文字，都是你知识储备的输出，而用户愿意为之付费，就是在完成知识付费变现。

3.4.1 微博内容变现

微博付费阅读

微博平台上，很多博主提供了相当专业的内容，这些内容本身具有高价值的特点。因此，微博平台也提供了相应的功能，让这些高价值的内容得到回报，如付费问答和内容打赏。

（1）付费问答

付费问答让博主和粉丝之间的互动方式更丰富，内容更有针对性，粉丝可以向博

主提出自己感兴趣的问题，博主来挑选自己愿意回答的问题。为了让提问更精准，博主可以在微博后台设置付费问答的单个问题费用和擅长的领域，如图 3-17 所示。

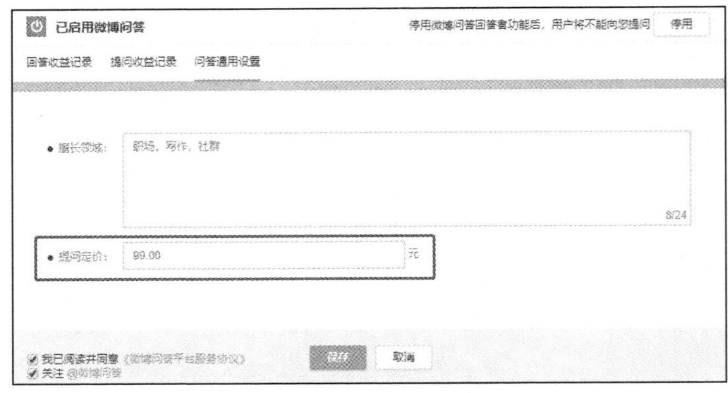

图 3-17　微博付费问答费用设置

粉丝提问并支付成功后，博主就会收到问答提醒。博主回答后即可获得该问题的收益，同时该粉丝会收到博主已回答的通知。如果博主 7 天之内未回答，费用将会退回到提问粉丝的账户中。另外，博主回答问题后，其他粉丝如果同样对问题感兴趣，只需支付 1 元即可围观博主的回答。

（2）内容打赏

单条微博正文页右上角有一个“…”图标按钮，点击后，在下拉列表中点击“开启打赏/关闭打赏”按钮，如图 3-18 所示。

打赏按钮位于微博首页及微博正文页点赞处，在移动端长按“赞”字按钮即会出现“赏”字按钮。

这个功能也为粉丝提供了一个内容打赏的路径，和微信公众号的文章打赏一样，微博头条文章除了付费阅读功能也有打赏功能，如图 3-19 所示。

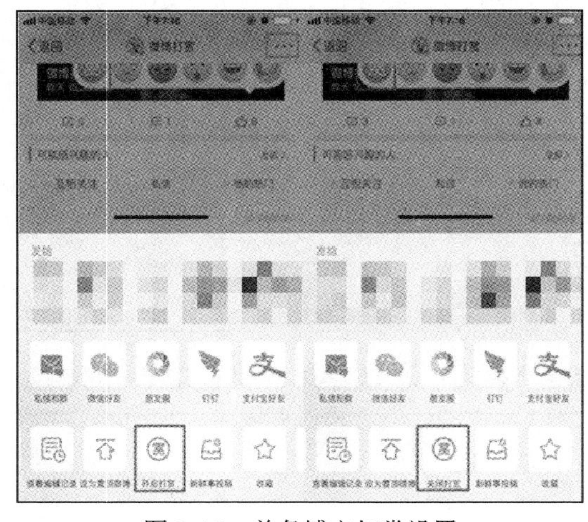

图 3-18　单条博文打赏设置

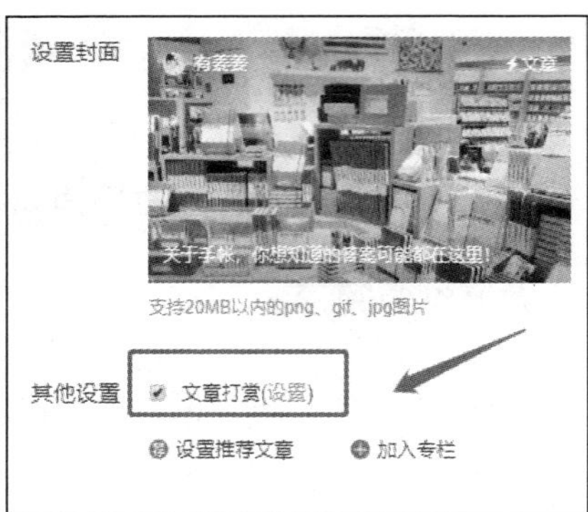

图 3-19　文章打赏

博主在输出一篇优质的文章时候，也可以引导粉丝进行微博文章的打赏。这两个微博功能都能够实现微博内容知识付费，但同时对博主发布内容的优质程度都会有更高的要求。

3.4.2 微博电商变现

微博 2018 年第三季度的财报显示，微博平台月活跃用户达 4.46 亿，同比增长 7000 万，日活跃用户也高达 1.95 亿。自 2016 年微博进军“电商红人”领域开始，到 2018 年 11 月底，微博橱窗用户增至 455 万，阅读量超 100 亿，成交总额超 100 万的电商用户超过 2800 人，总成交额达到 254 亿。内容带货已经成为微博博主非常重要的变现方式。

1. 微博内容导购平台

微博电商带货最重要的工具就是微博内容导购平台，而微博内容导购平台和淘宝联盟类似，博主通过微博内容输出，带淘宝的商品链接，从而赚取成交商品的佣金，如图 3-20 所示。

图 3-20 微博内容导购平台

2. 微博好物发现官

博主通过微博内容导购平台可以推荐自营淘宝店铺的好物，但是拥有自营店铺的达人并不是多数。大多数的博主会通过推荐其他店铺的好物来赚取佣金，这类博主在微博平台也有一个称号，为“微博好物发现官”，在微博平台也有专属认证，如图 3-21 所示。

我们在微博平台经常会看到这类的账号，这类账号通过发布优惠券来吸引粉丝购买，赚取佣金。

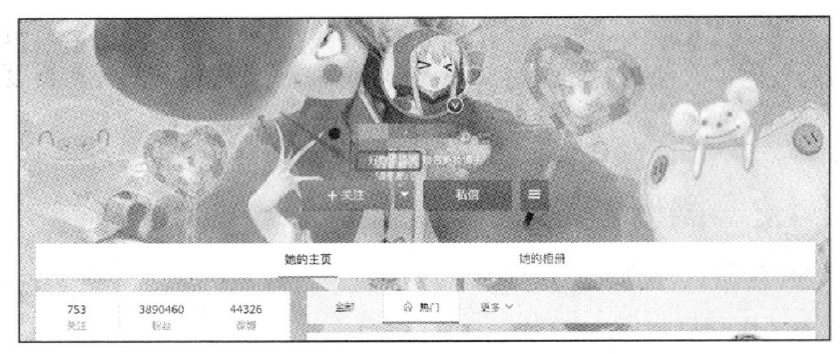

图 3-21　微博好物发现官

3. 微博带货公式

微博带货有一定的公式可循，如图 3-22 所示。

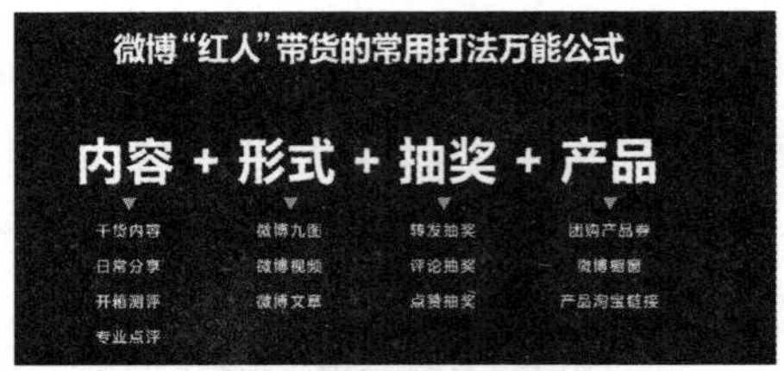

图 3-22　微博带货公式

关于公式的组合，接下来介绍几个案例。

案例一：干货内容+转发抽奖+产品优惠券

以某美食“达人”为例，其发布的微博内容大都和美食相关，团购的模式非常成熟。在发布团购消息前都会先发布有价值的干货内容，然后通过转发抽奖的形式进行内容扩散，提升曝光的概率，再用优惠券提升转化，整体上是一个常见且高效的完整链条，如图 3-23 所示。

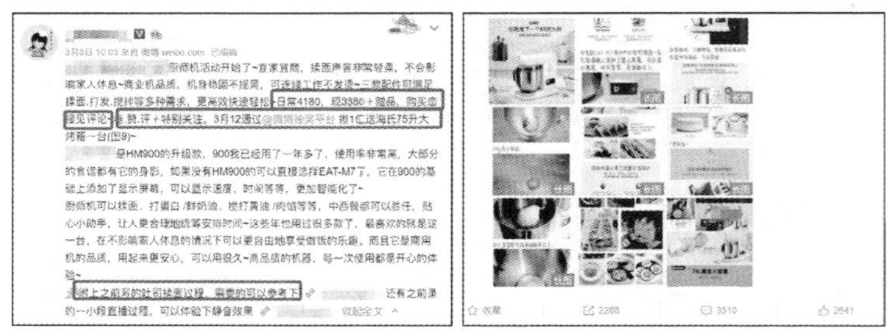

图 3-23　干货内容+转发抽奖+产品优惠券

案例二：干货内容先行预热+后续团购信息

案例二是在案例一的基础上，增加了预热的部分。预热有利于信息的提前告知，从而提升用户期待，一般预热会提前 3～5 天，预热时间太长也会容易流失用户。在预热的时间段，博主还可以提前储备与产品相关的干货内容合集，增强用户的信任和购买欲望，如图 3-24 所示。

案例三：测评+微博橱窗

测评类的内容也非常受用户喜爱的，因为测评类的内容更容易提升用户的信任度。博主通过微博内容导购平台发布测评类内容，会直接在微博内容下挂上橱窗，有利于产品的转化，这也是用户喜爱测评博主的原因，如图 3-25 所示。

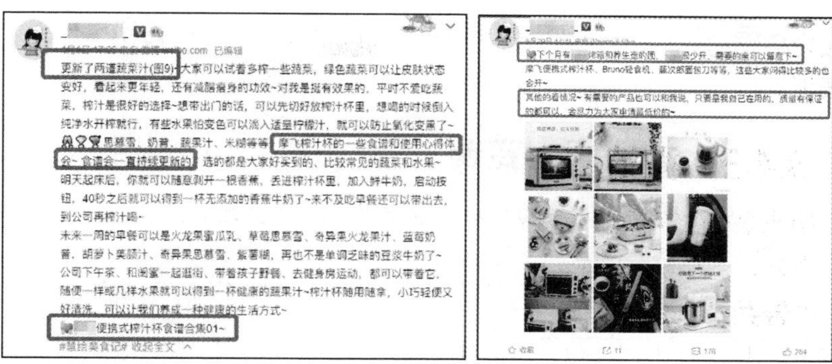

图 3-24　干货内容先行预热+后续团购信息

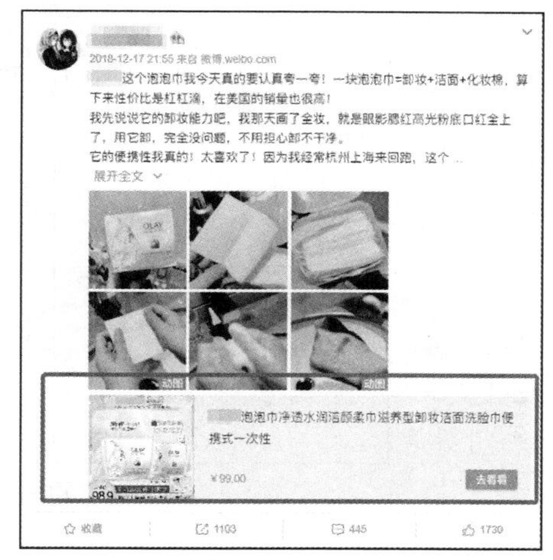

图 3-25　测评+微博橱窗

案例四：产品露出+微博橱窗+转发抽奖

通过对公式不断地完善和组合，博主可以找到适合自己风格的带货方式，如图 3-26 所示。

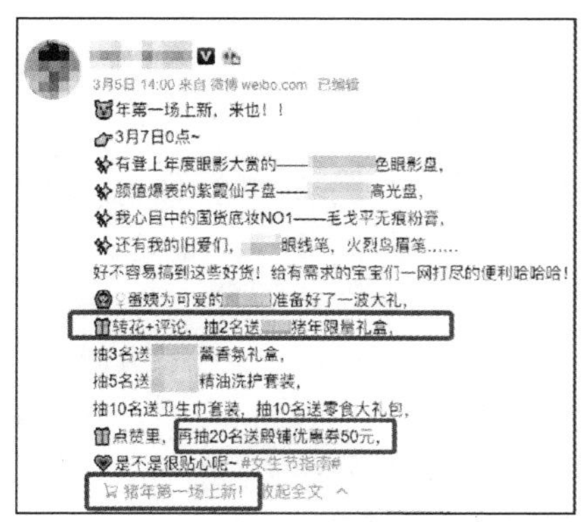

图 3-26　产品露出+微博橱窗+转发抽奖

通过内容带货公式，我们可以任意组合，完成自己的带货内容设计，从而实现微博电商变现。

3.4.3 微博广告变现

在介绍完电商变现后，本小节介绍大家熟知的广告变现，这也是微博博主变现的一个重要方式。

1. 广告共享计划

和传统意义的广告变现不同，这里要先介绍微博平台的一个扶持政策——微博广告共享计划。和微信公众号文章中带的贴片广告一样，用户只要点击广告博主就会有补贴收入，其实这属于内容变现，也属于微博给博主的广告补贴，如图 3-27 所示。

图 3-27　广告共享计划

"微博创作者广告共享计划"是针对内容创作者的一种新的变现手段，是内容创作者在社交赋能变现（广告、电商、内容付费）之外的补充性的收入来源，使内容创作者有机会通过持续贡献优质内容，提升账号影响力及商业变现能力。

粉丝数超过 1 万且月阅读量大于 100 万的个人用户，或者是微博 MCN（见图 3-28）合作机构均可申请加入"微博创作者广告共享计划"。只要入驻成功，就可以通过持续发布优质内容，和微博平台共享广告收益。

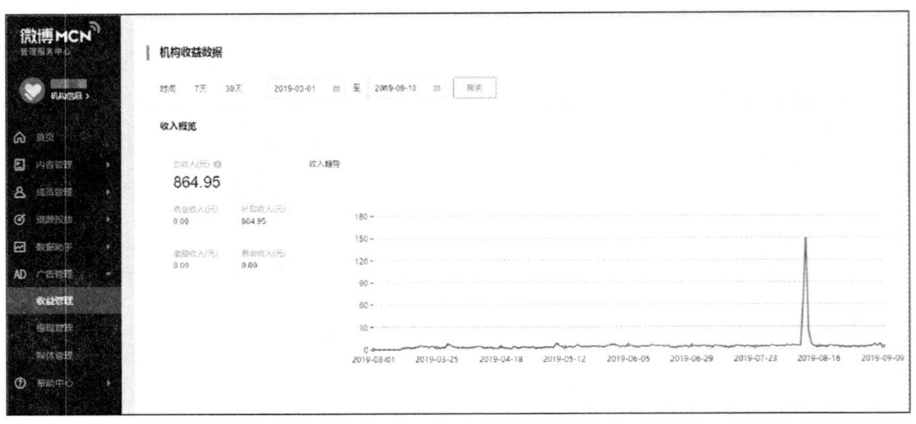

图 3-28　微博 MCN

2. 微任务：新浪官方微博推广平台

为了防止发布微博内容出现被屏蔽的风险，微博官方会推荐博主在接广告的时候，使用官方的微博推广平台——微任务，博主报价后，广告主可以根据需要投放，如图 3-29 所示。

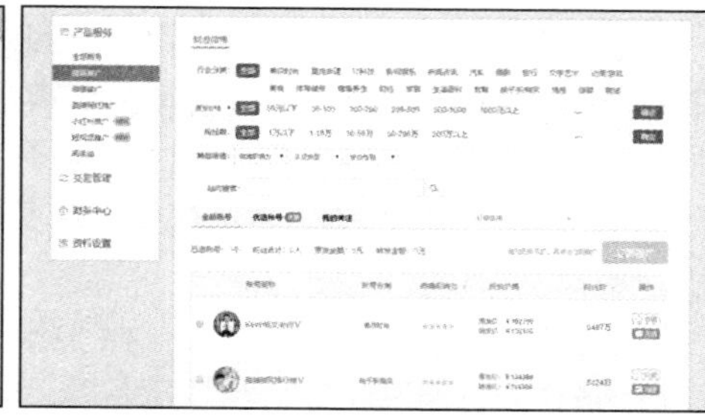

图 3-29 微任务

同时，广告主也可以通过微任务了解博主的带货效果。

广告变现，一般是一次性付费，广告主支付的是博主本人的品牌代言费，可以附带有佣金，但更多是一次性支付广告费。广告主更倾向利用具有高粉丝黏性的知识产权（Intellectual Property，IP）进行广告推广。博主通过微任务平台接到的广告，微博内容直接通过平台发出，可以在做广告推广的同时受到保护，如图 3-30 所示。

图 3-30 通过微任务平台进行广告推广

3. 微博变现的 3 个关键点

我们在清楚目前广告变现的主流形式之后，还需要思考自己的账号如何才能实现广告变现。或者说如何才能吸引广告主来投放广告？接下来介绍微博变现的 3 个关键点。

（1）我做的账号，归属哪一个领域？领域本身的带货属性强不强？

要思考自己的账号是否在一个垂直的领域里，同时这个领域本身的变现能力如何？

例如，在电商领域，美妆时尚、美食、母婴育儿、萌宠这些领域的粉丝黏性相对较高，这些领域博主本身较其他领域博主的变现能力更强。

（2）我做的 IP，人设特征是否明显？粉丝黏性是否强？

通过这个问题，我们可以自审 IP 的人设是否建立好了，是否能够清晰地看到账号格调。如果是做 IP 账号，人设清晰和鲜明是非常重要的。

确认账号定位之后，还要不断地细分，账号的定位越垂直会越利于转化。例如，一个美食账号发布的内容还可以分为做家常菜、养生餐、减脂餐等垂直内容分类。垂直可能会一定程度上造成内容的小众，但是粉丝黏性会很高。

（3）我做的内容，定位是否垂直？格调是否鲜明？广告主是否能够快速识别我的价值？

我们可以自审账号的内容是否有所偏移，定位是否清晰。一个清晰的定位，更加有利于广告主找到我们。同时内容的范围是可以逐步扩展的。

一个生活类的博主，适合投放的广告范围就相对更大一些。广告范围可以涉及家居用品、美食美妆等。通过前期生活类的干货内容输出作为铺垫，从而实现产品的变现。

做好自身账号的规划，才更有利于账号的持续变现。不论是微博还是其他平台，变现都是建立在你高黏性粉丝和知名度，也就是你拥有的影响力的前提下。

3.4.4 微博影响力变现

在前面内容中，我们介绍了微博内容变现、电商变现和广告变现，其实这都属于影响力变现的具体形式之一。只有拥有个人影响力，你的变现路径才会更加开阔和持续。

1. IP 代言变现

微博所具有的曝光的属性，其实非常有利于博主影响力的打造，博主会有很多品牌合作的机会。例如，华为对新上市的手机，联合微博优质真人博主做的一次推广，其实就是影响力变现的一个案例，如图 3-31 所示。

图 3-31　IP 代言变现

2. IP 产品变现

博主的个人影响力到达一定程度后，即使是其在外部平台开发的影响力产品，如图书、课程、训练营等，仍然有可能通过微博平台传播，带来间接的变现。

（1）通过微博导流云课堂的网课和训练营售卖

某账号通过微博平台带来的网课收入破万，课程售卖了“400+”份，约有一半来自微博平台，这就是 IP 产品变现的一个案例，如图 3-32 所示。

（2）通过微博的影响力辐射训练营和线下课

秋叶老师也通过微博平台进行日常的内容输出，向粉丝推荐了自己开发的其他相关产品，进行了间接的导流，实现了影响力变现，如图 3-33 所示。

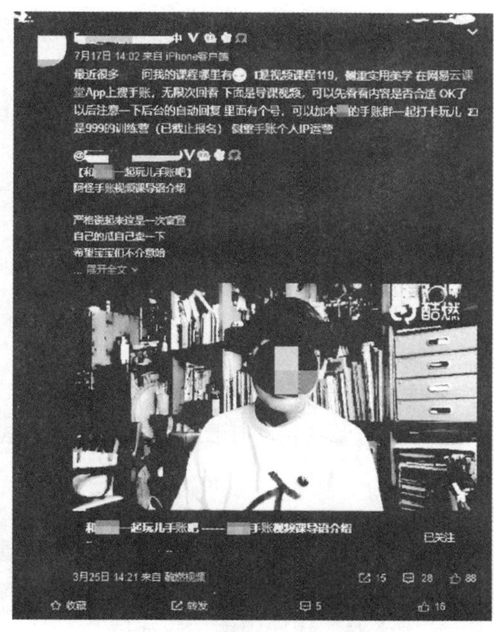

图 3-32　通过微博导流云课堂的网课和训练营售卖

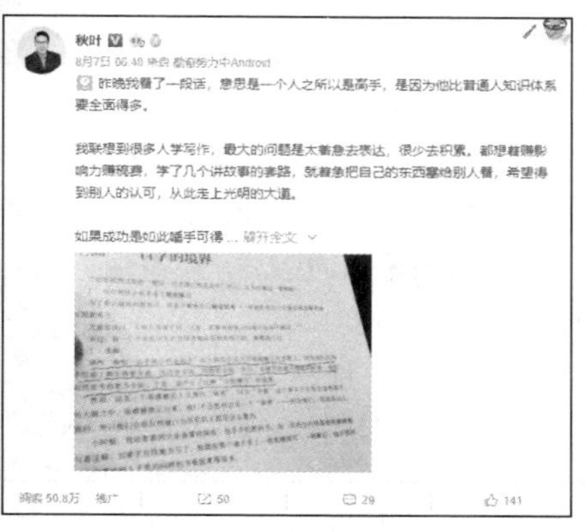

图 3-33　通过微博的影响力辐射训练营和线下课程

个人品牌打造不是一日之功，要做好打持久战的准备。另外，还有一些其他的变现方式。例如，做周边文创，写稿投稿变现，多平台分发变现等方式。变现没有大家想的那么困难，你的每一次变现都是市场对你的认可，所以在敢于为自己定价的同时，也要通过时间沉淀和积累。

3.4.5　微博 MCN 机构

1. 什么是微博 MCN

简单来说，微博 MCN 是微博平台联合某一个公司或者机构共同推出的扶持计划，用于扶持一部分优质的微博博主，进行政策倾斜，资源扶持，鼓励旗下博主创作更多优质内容，并帮助 MCN 成员在微博平台提高知名度和影响力。

2. 入驻微博 MCN 会获得哪些资源扶持

加入微博 MCN 可以获得专属服务（官方身份、专员对接、成员管理）、各项专享功能特权、优质资源包，同时还可以优先参与更多商业变现计划。目前博主入驻微博 MCN 之后，可以在后台获取的主要扶持资源有以下三类。

粉丝头条：即机构所属的对应领域会匹配一定数量的粉丝头条资源，用于给机构的博主进行投放，帮助其进行推广和宣传微博内容。

官微转发：即机构所属的对应领域会匹配一定数量的微博官方账号，用于帮助机构博主扩大曝光微博内容。

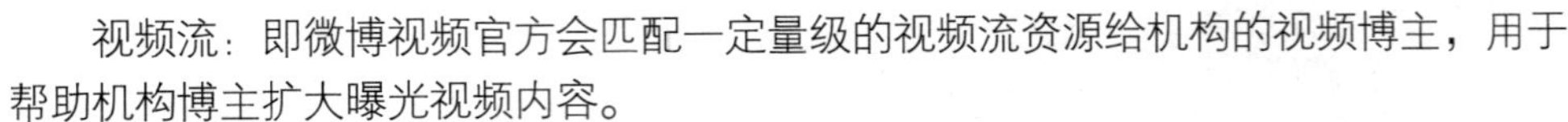

视频流：即微博视频官方会匹配一定量级的视频流资源给机构的视频博主，用于帮助机构博主扩大曝光视频内容。

此外，微博 MCN 机构组织旗下博主实现账号变现，相对来说更加系统和持续。MCN 机构与微博平台之间可以产生更多的合作机会，为博主争取更多的资源扶持和曝光。

3. 主机构申请成为微博 MCN

（1）申请入口

通过 PC 端登录微博账号，找到申请入口，并填写申请信息和上传对应资料。

（2）申请条件

① 申请者须为实体公司或机构，且主账号需为微博认证账号。

② 机构旗下账号获得某一领域或某一内容方向资源扶持。

③ 资质审核通过后，还需根据相应条件去申请资源扶持，申请成功才能成为正式的微博 MCN 机构。

（3）如何才能获取扶持

资质审核通过后，此时 MCN 机构处于无扶持的状态，无法使用资源管理、数据管理、广告管理、成员权益管理、内容管理 5 大模块，旗下账号满足某一领域或某一内容方向的接入标准后，即可前往“我的资源–资源来源”模块申请相应扶持。

① 垂直领域扶持说明：MCN 机构在单一领域月均阅读量大于 10 万的旗下成员达到 5 个及以上，即可申请，且旗下现有及后续加入的该领域成员均可享有本领域扶持。

② 电商方向扶持说明：MCN 机构电商方向扶持的相关内容需要与微博电商线下洽谈签约。

③ 视频方向扶持说明：MCN 机构拥有至少 2 个发布原创视频的微博账号且视频数均大于 4 条，其中至少有一条视频播放量大于 10 万，即可申请扶持，且旗下现有及后续加入的成员满足原创视频数大于 4 条的成员均可享有视频扶持。

（4）如何申请资源扶持

当 MCN 机构旗下成员满足某个资源扶持标准时，在“资源管理”页面出现一个申请卡片，MCN 机构可自主申请该项资源扶持，申请后，等待审核即可。审核通过后，该 MCN 机构的对应成员即可享受该扶持方的扶持。

（5）审核流程

原则上，MCN 机构提交申请信息后，微博平台工作人员将在 3～5 个工作日内审核。初审通过后，MCN 机构可登录后台邀请旗下成员，微博平台会对旗下成员资质进行审核，通过审核后即可成为正式的微博 MCN 机构。初审通过后，MCN 机构主账号会收到微博 MCN 的通知私信。

（6）机构如何邀请成员

初审通过后，MCN 机构主账号会接到一条来自微博 MCN 的私信。MCN 机构通过私信指示进入微博 MCN 管理服务平台，邀请旗下所有成员。

邀请私信将通过微博 MCN 发至成员私信箱，成员在 48 小时内点击私信内链接确认，链接 48 小时后将会失效。

（7）机构如何更换主账号/公司主体

MCN 机构如要更换主账号/公司主体，可直接联系垂直领域的业务运营人员（可通过管理后台左侧“专员服务”模块查看联系方式），也可以通过私信的方式联系微博 MCN 获取相应领域官方微博账号。

（8）如何注销 MCN 机构账号

MCN 机构如要注销账号，可联系垂直领域运营人员（可在管理后台左侧“专员服务”模块查看），也可以通过私信的方式联系微博 MCN 获取相应领域官方微博账号。

（9）如何联系垂直领域业务运营人员

① 通过资源扶持申请后，后台左侧菜单栏会出现“专员服务”模块，MCN 机构可在此查看运营专员联系方式。

② 如果尚未获得资源扶持，MCN 机构可通过私信的方式联系微博 MCN，查看垂直领域官博联系方式。

4. 个人博主申请加入 MCN 机构

目前微博平台暂不支持博主申请加入 MCN 机构，个人博主可与 MCN 机构私下沟通对接，邀请私信将通过微博 MCN 发至个人博主私信箱，个人博主在 48 小时内点击私信内链接确认即可。

（1）为什么我点击邀请链接显示无效?

MCN 机构发起邀请所含链接具有时效性，成员在 48 小时内点击私信内链接确认，链接超过 48 小时将会失效，逾时个人博主将无法加入机构，可联系 MCN 机构重新发出邀请。

（2）如何退出 MCN 机构?

退出可联系所在 MCN 机构从后台移除，若和 MCN 机构产生纠纷可联系垂直领域运营人员协助解决。

（3）如何联系垂直领域业务运营人员?

个人博主可通过私信方式联系微博 MCN，获取垂直领域官博联系方式。

思考与练习

1. 请简述微博的传播特征及微博的营销价值。
2. 请简述微博内容制作技巧。
3. 请简述微博活动设计。
4. 请简述微博互动的方法。
5. 请简述微博变现的渠道。

第 4 章

微信篇——具有好友属性的社交平台

【学习目标】

- 掌握微信的营销价值。
- 掌握微信个人号运营。
- 掌握微信公众号运营。

微信已经渗透到人们生活和工作中的点点滴滴，这也让微信从一个沟通工具升级成一个“生态圈”。人们利用微信朋友圈来推广产品，获得收益；利用微信订阅号来传播理念，推广品牌；利用微信平台来提供服务吸引用户等。本章从微信营销价值、微信个人号运营和微信公众号运营三个方面介绍微信营销。

4.1 微信与微信营销

4.1.1 微信，一款渗入人们生活和工作的社交产品

从 2014 年年底微信用户量突破 5 亿以来，微信用户量稳步增长，至今微信已经拥有近 10 亿用户。

微信非常重视用户体验，也刻意培养用户的使用习惯。微信对于每个版本的发布都充分考虑用户对功能的熟悉度，每次更新只进行少许改进，这种不断优化改进的策略与曾经 QQ 邮箱升级策略相似。这两个产品每次升级提醒用户的方式也一脉相承。

微信已经不仅仅是一款应用软件，它开始渗入人们生活和工作的方方面面。

4.1.2 微信个人号的三大营销价值

微信个人号的营销价值主要体现在以下 3 个方面。

1. 输出个人品牌

美国管理学者汤姆•彼得斯（Tom Peters）提出，21 世纪的工作生存法则就是建立个人品牌。不只是企业、产品需要建立品牌，个人也需要在职场、生活中建立个人品牌。个人品牌的树立是一个长期的过程，人们希望自己塑造的个人形象可以被周围大众广泛接受并长期认同。而以微信为代表的社交软件的出现，让个人可以成为传播载体。人们能够在微信平台上展示自己鲜明的个性和情感特征，在符合大众的消费心理或审美需求的情况下，使自身成为可转化为商业价值的一种“注意力资源”。

2. 刺激产品销售

不论是基于熟人经济的微商，还是基于个人品牌效应的微店，“人”都成了新的商业入口。通过个人微信的朋友圈发布产品信息，用微信聊天为买家提供咨询服务，用微信支付功能完成付款……从而实现了“社交电商”。

3. 维护客户关系

微信是人与人之间便捷沟通的“桥梁”。如果由于业务关系添加了很多用户的微信，通过个人会话模式聊天或朋友圈互动，你就有了与用户加深情感连接、让用户进一步了解你的机会。

总而言之，社交网络的营销最需要解决的问题就是信任。有了信任，才会有商业转化，用户信任你才会选择购买。用户既是购买你的产品，又是给予你信任。

4.1.3 微信公众号的六大营销价值

企业只有深刻理解微信公众号背后的价值，才能结合用户的需求，确定通过微信公众号提供什么样的服务。微信公众号的营销价值主要体现在以下 6 个方面。

1. 信息入口

在 PC 时代，企业需要通过官网提供信息查询入口；在移动互联网时代，企业依然需要这样的官方入口。基于移动互联网的特点，用户不需要通过搜索引擎搜索关键词或输入网址来访问企业的官方网站入口，只需搜索微信公众号就可以获得企业介绍、产品服务、联系方式等信息，也可以在移动端单击微信公众号中的菜单直接跳转到官网。

2. 客户服务

客户关系管理（Customer Relationship Management，CRM）的核心是企业通过客户分析来实现市场营销、销售管理和客户服务，从而吸引新客户、保留老客户以及将已有客户转化为忠实客户，增加市场份额。微信作为天然的沟通工具，极大地方便了客户与企业沟通。将微信公众号与企业原有的 CRM 系统结合可实现多人人工接入，提高客户的满意度。通过设定好的关键词，微信公众号就可以实现自动回复，这可以大大节约人工客服的人力成本。

3. 电子商务

未来的零售是全渠道的，企业需要尽可能让用户随时随地方便地购买到产品，而

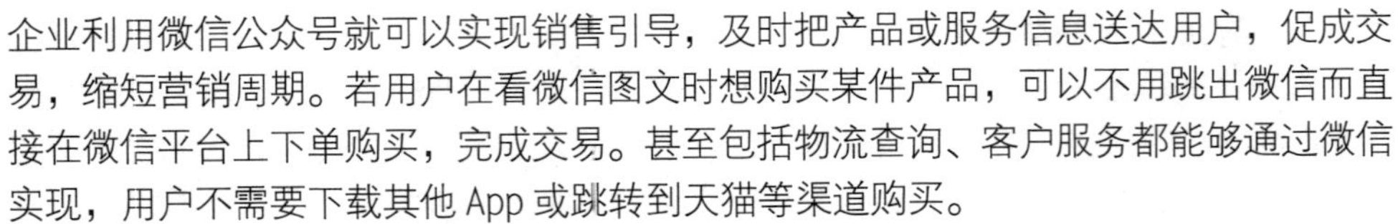

企业利用微信公众号就可以实现销售引导，及时把产品或服务信息送达用户，促成交易，缩短营销周期。若用户在看微信图文时想购买某件产品，可以不用跳出微信而直接在微信平台上下单购买，完成交易。甚至包括物流查询、客户服务都能够通过微信实现，用户不需要下载其他 App 或跳转到天猫等渠道购买。

4. 调研

调研是企业制定经营策略中非常重要的环节。大型企业的调研工作甚至由专门的部门来负责，或者通过付费找第三方公司发放问卷或者进行电话调研。采用这些方式不仅成本高而且所得数据不精准，而企业通过微信可以直接接触精准用户群体，因而可以省去大笔经费。

5. 品牌宣传

微信公众平台可以承载文字、图片、音频、视频等多种形式，能及时有效地把企业最新的促销活动告知用户，具有互动性较好、信息传递快捷和信息投放精准的特点，让用户不仅可以接收品牌信息，还可以更方便地参与品牌互动活动，从而深化品牌传播，降低企业营销成本。

6. 线上线下营销结合

线上到线下（Online to Offline，O2O）是必然趋势，而微信为两者的结合提供了更便利的通道。例如，企业通过微信朋友圈发布产品，用户通过微信订购，线下取货并使用。

4.2 如何运营微信个人号

4.2.1 微信个人号的装修技巧

微信个人号如同自己的微名片，别人通过观察你的微信昵称、头像、签名以及封面图判断你可能是一个怎样的人，进而决定是否和你接触，所以做好微信个人号的装修是很有必要的。微信个人号装修包括昵称、头像、微信号、个性签名、地区、朋友圈的设置共六个细节。

1. 互联网中的个人商标——昵称

从营销角度来说，好昵称能够在很大程度上减少沟通成本。一般来说，好昵称的创作有以下几个技巧。

（1）品牌一致，重复刺激

建议使用已经被大众熟知的昵称，因为这个时候你经营多年的昵称如同一个商标。对于准备打造个人品牌的用户，建议将微信昵称设置为自己的本名。如果你的本名已经被很多人记住了，那么直接用本名做昵称也是一个好策略。

（2）字数要短，搜索便捷

微信昵称尽量要简单、亲切、好记。要想让用户更快地记住，在起名的时候就需要考虑用户的记忆习惯，就像被人熟知的英文字母表、有规律可循的等差等比数列、平仄韵律的古诗词等，用户越熟悉的东西就越容易记住，而用词奇怪、字数过多的微信昵称是很难被人记住的。

（3）拼写简单，便于输入

好昵称应该方便用户快速输入和搜索，除非特殊情况，否则不要出现难写、难拼、难读、难认的文字。如果你希望昵称被更多人记住，那么繁体字、表情、符号、奇异的外国文字最好不要出现在昵称里。

（4）提供标签，对号入座

采取“个人昵称+工作标签”的起名策略，让人一下子就能对号入座，从而减少沟通成本。如果已经有知名度较高的个人品牌了，取自己一贯的名称或本名就可以，此时你的名字就是“金字招牌”。如果自己没有个人品牌，建议你加上经过提炼后最重要的后缀信息，如采用“实名+公司/项目名称”“实名+擅长领域”“实名+能为大家提供的价值”的结构。

（5）长期不变，永久记忆

设置好微信昵称之后，就不要频繁更换。因为用户一旦熟悉了某个昵称，更换后用户需要再花时间和精力去记忆，反而增加了记忆负担，导致用户找不到或忘记账号。

（6）忘掉技巧，拿出真诚

目前，在昵称最开头加“A”的做法比较普遍，但效果已经很一般，并且这种行为在一定程度上暗示着将“营销”“微商”“卖货”等标签提前告知用户，会使用户产生提防心理。

2. 社交网络中的第一印象——头像

头像象征品味、印象、信任度，也是用户对你的第一印象，所以一定要用心设置，尽可能减少社交成本。设置头像有以下几个技巧。

（1）辨识度高，清晰自然

如果想利用微信头像更好地展示自己，需要做到以下 5 个方面。

- 头像必须清晰，不清晰的头像就像蒙了一层薄纱，无形中增添了一层隔阂。
- 图片背景要尽量干净，元素过多会导致头像主体失焦。
- 头像识别度要高，背景色和头像要有明显的色彩对比。
- 主体和背景的比例要合适，主体占比不能太小。
- 图片要适当裁剪，不要压缩、变形，否则用户看着会非常不舒服。

（2）真实可靠，安全信任

如果微信个人号是用于运营的话，建议使用真人头像，因为真实头像照片能够给用户带来安全感。头像照片可以适当进行美颜处理，但是要把握尺度分寸，不要太过。真实、美好、能表达你自身气质的头像才会给用户带来好印象，让他们信任你，更愿意和你交谈。

（3）贴近职业，风格匹配

一般情况下，头像风格的选择要尽可能贴近自己的职业。特别是如果要对接客户

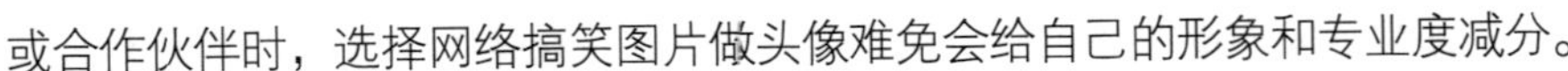

或合作伙伴时，选择网络搞笑图片做头像难免会给自己的形象和专业度减分。

（4）突出特点，有话题性

如果将头像故意设置得具有个人特色，则有助于用户从头像聊起、打开话匣子，又不会因为相互之间不了解导致不必要的误解。

3. 微信生态中的身份 ID——微信号

（1）优秀微信号的特点：好记、好识别、好输入

微信号是微信唯一的 ID，所以微信号如果不好记、不好拼，就会带来一些麻烦，如难记忆的字母组、不明意义的数字长串、有短杠或下划线的微信号。

（2）微信号的设置建议：拼音、关联、系列化

例如，采用名称全拼音，微信号尽量与自己的微信昵称或相关名称保持一致；绑定手机号，将手机号关联自己的微信，让别人通过手机号就能找到你；采用系列化命名，如果你有多个微信号，可以进行系列化设置，方便矩阵化运营，如“全拼+01”“全拼+02”等。

4. 我为自己代言——个性签名

个性签名在新添加好友的时候被看到的机会较多，直接影响新增好友的通过率。

个性签名最多可以设置 30 个字，风格可以严肃也可以幽默，关键是能够展示自己的个性与特点。创作个性签名特别是要忌空、忌硬。

5. 远在天边还是近在眼前——地区

在很多人的介绍里，所在地区都写的是国外地名……除非是特殊需求或与产品相关，不然把自己的地区设置得那么远，会让用户感觉不踏实，不会让用户产生实实在在就在身边的感觉。

6. 每个人都有自己的“秀场” ——朋友圈

人们在朋友圈中发布的状态就是关于自己的各种信息碎片，这些碎片会随着一张张图片、一段段文字、一条条转发散布在朋友圈里，用户把这些碎片拼合起来，哪怕没有见到本人，也能差不多看出个大概。

（1）新的一天从发朋友圈开始

朋友圈这类交流平台改变了人们的生活方式，人们可以随时随地在朋友圈发布美食照片、发布风景照片，但朋友圈暴露了很多人的秘密。想要进一步了解一个人，可以看看他平时都在朋友圈发什么、发多少、何时发。

一个人在朋友圈活跃的时间段一般是这个人比较清闲的时间段，所以从一个人经常发朋友圈的时间，可以看出其作息特点。

（2）转发背后更是一种转达

转发与评论、点赞、收藏等行为是有本质不同的，后三种主要代表用户想深入互动、想简单赞美“刷存在感”、想深入学习这样的需求。

转发行为的背后更多是用户向外界表达转发的内容并阐述自己的观点、立场和态度。从一个人喜欢转发的内容里可以看出这个人的价值观、世界观倾向。

（3）评论点赞也是一种礼仪

喜欢评论别人的动态、为别人点赞的人，一般来说对生活有热情，很容易被满足，也很乐观。他们在人际交往中有更多发言权，而且善于和别人交流。

相反，极少与别人互动，即使别人评论了自己在朋友圈发布的内容，也较少回复的人，大多比较内向。

4.2.2 添加更多微信好友

1. 导入通讯录好友，批量添加

微信好友最直接的一个来源就是原有的好友圈，这些原有的好友联系方式一般都会沉淀在通讯录中。微信支持用户导入通讯录好友，只需点击“添加朋友”—“手机联系人”，就可以添加手机通讯录中开通微信的朋友了。不过，能够通过手机号码搜到微信的前提是用户在“隐私”中设置“添加我的方式”，开启“可通过手机号搜索到我”，所以如果你想让别人通过手机号码搜索到你，必须开启这个设置。

2. 扫二维码加好友，简单高效

加好友还可以通过二维码扫描。一般我们习惯通过“我”—“我的二维码”调出自己微信的二维码，也可以直接在“添加朋友”页面单击二维码的小图标直接调出自己微信的二维码。另外，完全可以在名片上附上自己的微信二维码。

3. 微信“发现”，发现新的朋友

微信的“发现”页面有“附近的人”等随机添加陌生人为好友的功能。点击“附近的人”就可以显示附近正在使用微信的人，点击页面右上角的“...”还可以对这些人进行筛选。

4. 多社交平台引流，汇聚一堂

可以在其他社交平台，如微博、QQ、知乎、美拍、电子邮件等留下自己的微信号，只要你乐于互动，喜欢分享，有趣有料，会有很多人想进一步认识你，进而通过搜索你的微信号将你加为好友。

5. 信任代理推荐，分享影响力

如果你能够借助有一定名气、威望的人推荐，或者借助朋友的口碑推广，通过信任代理的方式，就可以快速吸引很多用户的关注。不过要特别注意，自己本身一定要有一定的专业技能，如果自身没有内涵和价值，即使加了很多好友，也会留不住，带来不了转化，还会损害名人或朋友的推荐信誉。

6. 通过社群加好友，精准快速

社群是一个非常好的加好友的入口。怎么寻找有价值的社群呢？下面介绍三种方法。

（1）搜索

直接使用搜索相关关键词查找相关的群，在百度网站搜索“××微信群”“××

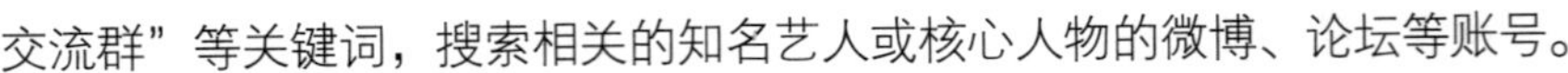

交流群”等关键词，搜索相关的知名艺人或核心人物的微博、论坛等账号。

（2）线下活动

通过线下活动可以加入很多相关社群或认识更多产品的用户，通过他们的引荐，可以认识更多相关的人。

想要多参加线下活动，一方面可以多关注相关的信息平台，如小米社区就有专门的板块，分区域发布相关线下活动的地点、联系方式等，还有很多微博账号也会发布相关信息；另一方面，也可以自行发起某主题的线下活动，如在豆瓣上发布同城活动。

（3）自建社群

自建社群是指通过自己建立微信群，将相关专业的朋友聚在一起，吸引其他用户主动加入，这个方法与自身的专业度、影响力息息相关。

7. 软文推广，借载体四处扩散

可以通过写文章，或者引用好文章，如通过分享自己的故事、生活或分享知识等，在文章中巧妙地加入自己的微信号或微信二维码，然后发布到自己的微信公众号、博客、各大与产品相关的论坛和贴吧等。这也是见效较快、加好友较精准、好友黏度较高的一种方法。

8. 线下引流，重视每一个用户

如果有机会，多参加一些同学聚会、同行聚会、线下论坛、行业交流等线下活动，参加的时候多和其他人交流，建立关系，拿到他们的微信。通过这种方式添加的好友黏度也较高。

如果本身就有实体店铺，就不要浪费线下的资源与优势，一定要想方设法让来店里的用户留下联系方式，哪怕是通过送小礼物或办会员卡的方式，让用户关注你的微信个人号。

9. 公众号引流，反哺微信个人号

如果已经运营了微信公众号，积累了一定的用户，可以考虑将微信公众号上的用户引流到微信个人号并加为好友。微信公众号每天推送的次数有限，而且加上订阅号折叠等原因，打开率一直在下降，因此不妨考虑通过微信个人号与用户产生连接与信息覆盖，效果会更佳。

目前大部分微信公众号会主动在用户关注自动回复、文章末尾等环节留下小编或者相关运营者的微信个人号，如果微信公众号本身质量不错，引流的效果也会很好。

10. 有奖活动，简单但有效

利用奖品激发别人做推荐的方式见效较快。一些有创意的活动可以起到“四两拨千斤”的效果，由于参与者需要朋友去朋友圈帮忙点赞，因此参与者必须发动自己身边的朋友去添加活动发起人的微信个人号，如图 4-1 所示。

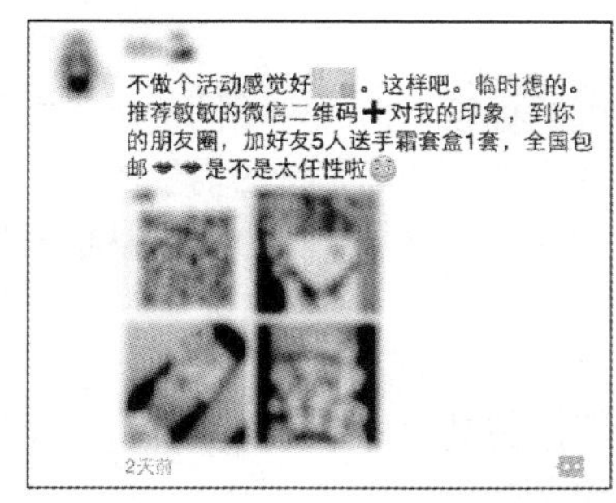

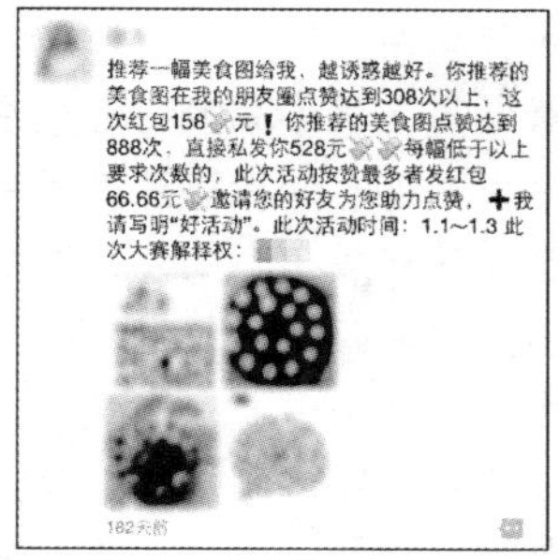

图 4-1　微信有奖活动

4.2.3　用微信建立信任

加好友只是营销的开始，要实现交易转化，靠的不是好友数量多就发“硬广告”，而是要做一个值得别人信任的人。

1. 好友申请，认真撰写申请语

撰写申请语主要有找到桥梁、表明身份和说清目的三个思路。

（1）找到桥梁

通过朋友推荐添加好友时，一般被添加人都会顺利通过验证，这是因为有充当中间桥梁的牵线人担保。当一个人与另一个人有相同的朋友、相同的背景、相同的社群时，彼此就会拉近距离，也容易产生信任。

（2）表明身份

如果双方之间没有共同的交集，可以在表明自己身份的同时，用自己的企业或品牌为自己增加印象分，且企业或品牌越出名越容易通过验证。

（3）说清目的

陌生人申请添加别人为好友一般都带有一定的目的，因此在申请验证的时候要用简练的语言说清楚目的，这样有助于通过验证。

2. 信息备注，就是做人脉管理

点开好友的主页，点击“设置备注和标签”，打开“备注信息”，可以添加或修改好友的备注名、标签、电话号码、描述，也可以个性化地备注上好友的姓名、地域、行业、个人特征等信息。对于有“脸盲症”的人来说，将好友的相片或者你们的合影设置为当前聊天的背景，这样在聊天时通过相片的反复出现，可加强记忆。

3. 精心分组，沟通高效又精准

一般来说，分组的方法主要有备注分组法、标签分组法、重点星标法和 VIP 置顶法。

（1）备注分组法

给同一个组别的人添加同一个备注前缀，自然就形成了一个组。这样备注后不但地域、公司、学校等重要信息在昵称上可以一目了然，还可以起到给同一群体好友分组的作用。每个人都可以为自己设计一套独有的命名体系来为好友分类。

（2）标签分组法

通过设置标签，将不同的好友放在不同的标签下，点开不同的标签即可看到不同的分类。一个人添加多个标签有助于在某些需求下快速筛选出需要的人，也有助于在发朋友圈时定向精准发布。另外，在标签中点击“添加成员”和“从群里导入”也是很高效的分组方法。

（3）重点星标法

对于一些需要高频率联系的好友，你可以将其“标为星标朋友”，“星标朋友”会出现在通讯录的最前面，这样只要点开通讯录就可以快速找到。

（4）VIP 置顶法

对于特别重要的人或客户，可以设置“置顶聊天”，具体方法如图 4-2 所示。

图 4-2　VIP 置顶法

4. 把握自我介绍的黄金三分钟

好友通过后要及时和对方做自我介绍。那么，如何介绍自己呢?

（1）简明扼要，不卑不亢

如果与对方之前已有交集，那么直接打招呼即可；如果对方是陌生人，就需要有一个得体的自我介绍。一般自我介绍切忌过长，用 100 字左右的文字阐明重点就好，如图 4-3 所示。

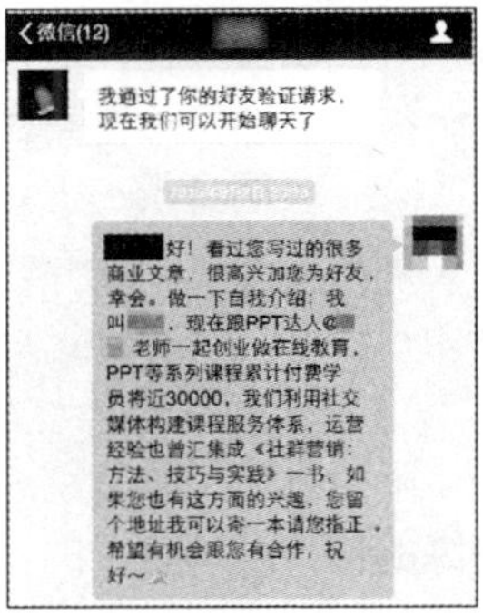

图 4-3　简明扼要的自我介绍

（2）通过朋友圈了解对方

为了使自己的自我介绍更出彩，可以快速翻阅对方的朋友圈，看看对方的兴趣、爱好、特征，如对方总是发布自家猫的图片，肯定是个猫的爱好者；如对方每天发布微信跑步排名的图片，肯定是个运动达人；如对方经常发布四处游玩的景色的图片，肯定是个旅游爱好者……还可以查看对方朋友圈的评论和点赞，看是否能找到共同好友。以共同的交集为出发点来作为开场，有助于双方更快地进入熟悉状态，这个技巧对于线下客户见面尤为实用。

（3）准备几条常用的话术

准备几条常用的自我介绍的话术并保存在手机的备忘录中，需要使用的时候直接引用过来，然后局部进行针对性的修改，这样既省事，速度也较快。

5. 得体互动，优雅正确有格调

很多人的微信加了大量好友，好友数量有几百上千人，但是平时没有什么互动交流，甚至能够想起来互动的时候就是发广告的时候。如何正确优雅地进行互动呢？

（1）不要群发

一般情况下尽可能少用或不用群发功能，因为每用一次都是对自己信誉和好感的“透支”。我们可以先写好一个文案，然后进行局部小修改，最后带着对方的称谓一一单独发送，效果会远远好于群发。

（2）杜绝骚扰

群发消息的行为，顶多算是缺乏诚意，用户不理会就好，但是类似于群发各种虚假广告、清理微信消息、纯粹“硬广告”等行为，已经对用户形成骚扰，这样的行为势必会引起用户反感，导致被用户删除或举报。

（3）红包先行

在表达谢意、节日问候、生日祝福、咨询问题的时候，不妨随手发一个金额为几元钱的小红包，这样可以给别人留下深刻的印象，如图 4-4 所示。

图 4-4　红包先行

（4）评论点赞

任何人只要在朋友圈发布了内容，接下来比较直接的一个行为就是等待别人的点赞和评论，期待别人对自己的自拍照、观点做出评价，很少有人会更新朋友圈内容之后就把手机扔在一边不理会。因此，及时的评论和点赞是很好的互动方式。

（5）慎求转发、点赞、投票

别人喜欢你的内容，自然就会转发；不喜欢，迫使对方转发就成了关系绑架。有的人平时连互动都没有过，就发过来投票、点赞这样的要求，这是很不礼貌的行为。即使关系很好，也不要过度要求别人转发，否则关系就会失去平衡，自己会处于被动地位。

（6）多平台覆盖

互动的平台有很多，可以由一个点慢慢覆盖延伸到其他的平台。只有在任何活动的平台都能看到关于你的信息，用户才会觉得你是熟人，所以要做好情感营销，要用合理恰当的方式做到信息交叉覆盖，利用多平台产生联动效应。

6. 加入社群，在群体中做连接

心理学上有很多与群体相关的现象，如“羊群效应”，它说明了人一般都有一种从众心理，从众心理很容易导致盲从。例如，“队伍排这么长，是不是商家在搞促销？我不买是不是就吃亏了？”

所以用社群作为纽带的好处就是人们可以进行一对多的互动，群体的氛围会相互影响，进而促进购买转化。

7. 专业形象，才是最好的方法

不论你懂得多少营销技巧，在人脉圈，专业才是最好的方法。当一个人成为个人品牌的时候，其产品在无形中就会加分，对个人专业性的信任会延伸到对产品的信任。从某种意义上讲，微信营销中卖的不只是产品，更是本人的信誉。

要时刻谨记，自己是一个专业信息的分享者，而不是某个产品的推广者，一个人能解决别人多少个问题，就会收获别人回馈的多少个赞誉。

8. 微信礼仪，让你更受人喜爱

微信账号其实跟邮箱、手机号一样，同属于个人隐私。当你被垃圾邮件、骚扰电话、陌生人打扰得不胜其烦的时候，就会体会到微信礼仪的重要性。了解微信基本社交礼仪不仅是为了让你变得更讨人喜欢、更容易获得帮助，而且是为了节省沟通成本、提高时间效率。微信基本社交礼仪主要体现在以下方面。

（1）未经对方允许不要将其微信名片推送给他人。

（2）尽量不要用语音开启聊天。

（3）有事说事，别问“在吗”。

（4）提问前要组织好语言。

（5）内容较多时需进行简单排版。

（6）发送文件前要询问对方是否方便。

（7）记得表达谢意。

4.2.4 在朋友圈发布内容

在人际交往中，人们通过朋友圈恰当地向别人展示自己的形象，所以朋友圈形象管理是一个非常重要的窗口。在朋友圈发布内容的过程中，一定要放弃推销思维，不能一加好友就向其发广告，沟通第一句就是要求其转发，一入群就是发布广告，这些都是没有礼貌、让人反感的做法。

1. 注意“软度”——广告不能太生硬

利用微信朋友圈进行营销，建议在朋友圈发布的内容 1/3 与业务有关，不建议只做产品广告，还要穿插一些其他类型的内容，如写干货、做免费分享、定期清理朋友圈、保留大家想看的内容等。

有一种朋友圈内容的分配方式供参考：1/3 内容与社会、行业有关，如行业大新闻；1/3 内容与个人有关，如生活趣事、容易引起共鸣的事等；最后的 1/3 内容才是广告。

2. 注意频率——人人都反感“刷屏”

即使你的朋友圈广告很有效，也要注意自己发广告的频率。如果你经常在朋友圈发广告“刷屏”，很可能被朋友“拉黑”，得不偿失。

3. 注意长度——注意阅读的场景

朋友圈是小屏阅读，大家一般都缺乏读长文的耐心。你需要用较少的文字把内容写得轻松有趣，引发大家和你互动，了解更多信息。不要把朋友圈当成展示的平台，引导好友评论、私聊、点开文章等互动才能创造真正的沟通机会。

4. 注意速度——碎片消费“拼冲动”

在选择过多的情况下，人们会因为对比选项耗费的精力过多而直接放弃做决策。朋友圈中的交易行为经常是碎片生活中一瞬间发生的行为，用户在有冲动消费的时候能最快做出购买决策。为了促进用户做出购买决策的速度，有以下两个关键点。

（1）精简产品品类、减少选择，杜绝“决策瘫痪”，这也是很多互联网公司做“单品爆款”的原因。

（2）客单价最好不要过高。产品的客单价最好不超过 200 元，超过 200 元的产品，一般销量都不太好。因为 200 元是一个门槛，也可以称为“试错的成本”。客单价越高，试错成本就越高，用户购买的时候，考虑的因素就会越多。

5. 注意梯度——购买习惯需递进

潜在用户的付费意识、习惯是需要培养的，建议先小范围尝试再梯度变化，慢慢渗入。当用户开始愿意为一个低价位产品买单时，就有机会购买更多的产品。

6. 注意准度——对症下药有疗效

假如你的好友比较多，采取一定的策略，可以大大提高受众人群的精准度，也避免了长期“刷屏”。

（1）按分组发布

在朋友圈发布广告时，可以选择公开或分组。分组可以选择指定的用户观看，方便更好地对意向用户进行产品宣传和推广，推荐合适的内容给合适的人。分组时可以运用用户分层运营思维管理微信好友。

陌生人：破冰，先互动成为熟人，也即潜在用户。

潜在用户：维护好熟络的关系，持续发布优质内容，向一般用户转化。

一般用户：至少成交过一单，则需要更进一步稳固关系，如利用福利、奖励等，一方面促成更多的交易，另一方面让其愿意为自己宣传。

核心客户：主动发朋友圈替自己宣传，主动为其提供所需要的服务。

（2）按时间发布

一般来说，在朋友圈发布广告可以抓住以下四个黄金时间：7:00—9:00，这是新一天的开始，也是人们在上班路上的时间，信息需求量大；11:30—13:30，这是人们

吃饭、午休时间，玩手机的概率大；18:00—19:00，这是人们在下班路上的时间；22:00以后，很多人会躺在床上玩手机，此时也是发布广告的好时机。当然，更佳的手段是针对产品所对应的目标用户的活跃时间段进行广告发布。

（3）使用提醒功能

注意使用“@”提醒功能，以提醒你的强目标用户。不过注意不要每条提醒，而是有重要信息才提醒你的强目标用户。

7. 注意风度——感知也许要大于事实

每个人在工作和生活中都有心态不好的时刻，但如果把这些负面情绪宣泄到朋友圈，别人看到就会留下不好的感受，一旦别人对你有了不好的印象，你再去做推广，就容易遭到别人潜意识里的拒绝。因此，在朋友圈发布这类内容时可以依次单击“谁可以看”—“私密”（仅自己可见）或“部分可见”（选中的朋友可见）。如果是已经发布的消息，可以通过依次单击“我”—“相册”—“…”将图片朋友圈设为私密。在互联网上，朋友圈里的你也许就是大家眼中的你，在互联网的世界里，感知也许会大于事实。

8. 注意黏度——有黏度才有关注

如果你有一些认可你的用户朋友，那么在朋友圈里要想办法设计一些互动，主动在发布内容时提醒他们到你朋友圈互动，当然互动的内容一定要有趣，可以给他们意外的惊喜或者实在的福利，加深彼此之间的认可度，从而创造更多的产品成交机会。另外特别注意互动时要及时回复，慎用统一回复，这样会显得没有诚意。如图 4-5 所示。

图 4-5　有黏度的互动

9. 注意尺度——凡事有度才有得

凡事都有度，都得有分寸。朋友圈内容一旦过了某个分寸，可能就会适得其反。特别是自夸没有底线、跟风转发谣言、内容过于敏感等。其中，通过发布低俗趣味、敏感话题来博取人们眼球的做法是不可取的。注意以下三种内容坚决不发。

（1）内容低俗的，不能发。

（2）阴暗不堪的，不能发。

（3）炫耀卖弄的，不能发。

10. 注意角度——条条角度向推广

真正的高手会非常巧妙地将生活化的信息与自己的产品无缝连接起来。生活中真实的、有趣的内容都会成为微信内容运营里的亮点。

一般朋友圈推广做得好的人，都会利用一根主线把所有不同角度的内容串起来，在朋友圈中发布的内容或许多而杂，角度丰富，但是只要主线不乱，就能达到预期目的。

11. 注意热度——找到载体促推广

每天都会有热点新闻、热传段子、视频或者一些巧妙的营销活动。作为运营者，不要总把这些当作热闹看，要善于多联系自己，多问自己“如果我的产品与这个热点结合，可以怎么做？”“如果这个形式换作我的产品，可以怎么做？”……尝试让自己的产品和热点之间产生交错、碰撞，就有可能产生很多的想法和创意，让流传的每一个段子、每一个热点都可以为自己所用。将热点作为传播的载体，就会使你的内容“插上翅膀”，引爆朋友圈。

12. 注意深度——深挖专业是正道

哪怕前面的 11 个技巧都做不好，但能够把专业性做到极致，依然可以获得丰厚的回报。

例如，做专业的服务，如制作 PPT、培训这类服务，首先要把自己树立成这方面的专家，偶尔还要在朋友圈分享相关的深度文章，解答一些问题，行业专业性的深度才是最有力的名片。

所以对于运营者来说，自己就是品牌。很多人没有什么特别的技巧也可以做得很好，只因为他们在某一方面的专业性很强。

4.2.5 在朋友圈做活动

如果你的微信朋友圈有足够多的好友，也可以利用朋友圈策划活动，让大家参与并主动转发到自己的朋友圈，基于社交能量去传播。

如果想在微信朋友圈上策划一场微活动，并且让活动取得一定成效，需要进行系统策划。

1. 活动形式

（1）转发

通过奖品福利促使微信好友转发，基于传播结果获得一定的回报。

（2）集赞

集赞活动包括集赞获取礼物、集赞定向发红包、集赞抵现金或送代金券等三种。

（3）试用

购买 A 产品可免费试用 B 产品，用户只需要填写一份试用报告，反馈试用效果即可退还邮费。或者只需支付邮费试用，用户只需要试用后填写试用报告，即可免费领取一定金额的代金券，用于下次购买产品使用。

（4）筛选

说明一定要求，请满足要求的人点赞，由此筛选出自己需要的人群，进行进一步的安排。

（5）引流

通过朋友圈的小活动获取的奖品需要到线下店铺或其他平台领取，如图 4-6 所示。

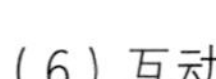

（6）互动

举办朋友圈活动的目的是为了激发用户的活跃度，常见的互动有以下几种形式。

① 顺序互动

根据点赞的顺序进行互动，由于点赞的人完全不知道自己会是第几个点赞，所以会有期待感。

② 一赞一×

点赞数量等同于另一个行为的数量，这既是一种互动，又是自己兴趣爱好的一种展现，如图 4-7 所示。

图 4-6　朋友圈小活动引流

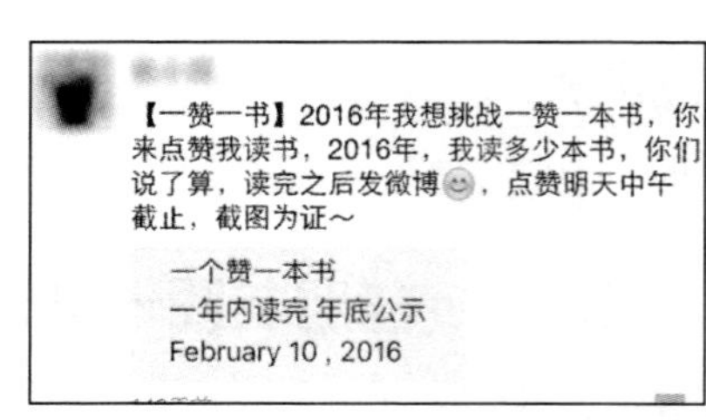

图 4-7　一赞一×

③ 点名接龙

例如，冰桶挑战、微笑挑战、A4 腰挑战、锁骨挑战等，都曾经刷爆过朋友圈。

④ 互动游戏

运营者如果有一定的技术，可以将互动游戏做成有趣的 H5 形式。例如，秋叶团队设计的《相识多年，你对我了解多少》的互动小游戏，用户可以在其中设置题目，然后转到朋友圈里测试好友对自己的熟悉程度，甚至在题目中还可以巧妙植入广告。

2. 活动预热

在开展朋友圈活动前，最好能提前在朋友圈预热，如可以提前 1～3 天在朋友圈预告，先采用神秘的方式告知，在活动前一天再进一步透露，预告时告知活动内容、活动时间、参与方式，最好还要公布奖品，因为这是吸引用户参与的重点。

在活动正式开始前的一小时尤其要重点预热，以达到一个好的宣传效果。

预热时要积极和用户进行互动，让他们对活动产生兴趣，互动时还要保持一定的神秘感，给用户留下一些期待的空间。

当然，活动预告除了在朋友圈推广之外，还可以在微信群、QQ 群、微博、QQ 空间等渠道推广，以达到更好的效果。

3. 活动公布

经过预热和宣传，朋友圈已形成了一定热度。要想提高用户的参与热度，在活动公布的时候，要具备以下几点。

（1）主题要鲜明

活动必须有一个主题，如“评论就有奖”“三八节美丽专场”等，让用户一看就知道是什么活动，以及有什么好处。

（2）内容要简洁

在朋友圈发布活动，字数不要太多，内容要言简意赅，文字建议控制在150字以内，这样内容可以完整显示，若超过150字，就会只显示一行字，这样用户就很难一下子阅读完整，阅读体验不太好。

（3）流程要简单

在朋友圈开展活动，不能太复杂，要尽量简单，参与和评选都要简单，因为用户“刷朋友圈”本身就是用来打发时间的，很少有人愿意花太多精力去参与复杂的活动。

（4）时机要斟酌

发布朋友圈活动选择目标人群大量在线且有时间“刷屏”的时间段，效果会更好。例如，在21:00以后发布活动，在线人数多，“刷屏”时间充足，而且如果活动受欢迎也会产生二次扩散传播。

4. 活动监测

活动开始后，要随时关注用户的参与情况和反馈意见，如活动是否有什么问题、流程是否顺畅、用户参与度是否很高等，要根据实际情况进行调整和应对。

所以在活动开展前，最好要制定几套应对方案，出现意外情况时可以及时调整和应对。

5. 活动总结

（1）效果评估

不论是为了促销，还是互动，活动开始之后都一定要时刻注意目标的实现效果，如果不满意，要思考是不是可以及时补救；如果效果超出预期，要思考是不是要趁着活动热度再来一轮。

（2）复盘总结

活动结束后要对整个过程进行复盘总结，把好的经验、教训及时写下来，单纯做活动只能叫经历，只有经过总结、改进之后才能变成经验，经历多不代表经验多，一个人不是活动做得越多经验就越多，也许他只是不断机械重复地做一件事而已。

4.3 如何运营微信公众号

4.3.1 内容运营

微信公众号的内容运营主要是指通过图片、文字、音频、视频等形式，采用创作、

采集、编辑等手段生产内容来满足用户的需求，达到吸引并留住用户、为产品或品牌带来商业转化的目的。

1. 内容产出模式

微信公众号的内容产出主要有以下三种模式。

（1）原创

原创即独立完成的创作，而非改编、翻译、注释、整理他人已有创作而产生的作品。

能够持续输出原创内容的微信公众号是很不容易的，需要运营者在不同的选题下创作出新的内容。正因为如此，微信公众平台很早就推出了原创保护机制。如今，各内容平台流量之争的思路也已经落点到对优质原创作者的争夺。

（2）转载

能够写出高质量原创内容的运营者是少数，于是很多微信公众号运营者就会选择转载一些与自己定位相关的内容，这种模式也是可取的，但是要学会用正确的流程来转载。

如果该微信公众号中已经注明了明确的转载格式，按照要求即可转载。

如果没有找到转载声明，可以在微信公众号的后台或者评论区留言转载需求，等待回复。

如果想要转载的内容没有注明作者，可以通过百度、搜狗等平台搜索关键词查找作者的微博、知乎、微信等联系方式争取得到授权，这是对原创作者的尊重，更是一个新媒体运营者的操守，也是为避免版权纠纷而提前消除隐患的行为。

获得转载授权后，自己的微信公众号会在通知中心收到消息提醒。

（3）约稿

约稿和转载的区别在于：转载是把内容创作者已经创作完成的文章或其他形式的作品直接进行发布传播，而约稿是内容创作者根据运营团队提出的创作要求完成原创文章或其他形式的作品。

如果运营团队自身不具备某个类别的内容创作能力，可以主动邀请擅长创作该内容的创作者进行约稿，可以类比于杂志社找特约专栏作者进行约稿。

约稿和转载不同，约稿是和作者达成长期合作关系。为了促成合作，要说明合作可以为对方提供的价值，如对作者的曝光、稿酬的提升等。达成合作后，可以签署正式的合作协议，以此约束双方履行合作事项。

2. 内容创作技巧

（1）选题发散技巧

要想获得源源不断的内容选题灵感，有以下七个常用的方法。

① 用户需求分析法

用户需求分析法是指通过客服、销售等这些经常与用户一线接触的岗位人员收集用户高频的困惑、诉求、咨询，如表 4-1 所示。

表 4-1　收集用户需求

有哪些相关困惑？	有哪些相关诉求？	有哪些相关咨询？

表 4-1 所示为内容的前端需求，选题的灵感应以这些需求为出发点，从表 4-2 中提示的选题形式去创作内容。

表 4-2　不同选题形式举例

选题形式	举例
行业新闻	行业内的热点消息
深度解读	能抓住用户眼球的干货
名家视点	邀请名家就某些事情发表观点
达人专栏	就某一主题进行专栏连载
活动消息	给订阅者活动福利或优惠
在线调查	了解用户对某些话题的看法
在线访谈	在线和用户进行深度互动
产品推介	向用户介绍产品
企业文化	丰富有趣的企业内部文化可以吸引更多人才加入
生活技巧	有趣实用的技巧背后是要刺激用户对产品的兴趣

② 搜索查询法

搜索查询法是指在知乎、百度知道、百度经验等平台上搜索相关的关键词，查看关注度、热度较高的相关问题获取选题灵感，如图 4-8 所示。

图 4-8　在知乎平台上查询

③ 曼陀罗思考法

曼陀罗思考法是一种图形化的思考和记录方法，其被系统化利用之后，成为了很好的计划、思考工具，运营者利用它可应对学习与工作中的各项疑惑，开发创意，使灵感不断自然涌出。

例如，要做一个“美食”的微信公众平台，在曼陀罗九宫格中把“美食”作为关键词放在中间，向外扩展 8 个联想到的词，如图 4-9 所示。

填写时不要受任何限制，可以发动集体的力量，甚至还可以把九宫格周围八个格子的想法继续向外扩散，这样一来，通过这 8 个关键词可以联想到更多的关键词，从这些关键词可以延伸出很多有趣的选题。

不同主题还可以进行碰撞，如这个美食定位的账号要做与西安相关的选题，就以“美食”和“西安”为中心分别画一个曼陀罗九宫格，如图 4-9 所示。

然后随意从“美食”的九宫格中挑选一个词，再随意从“西安”的九宫格中挑选一个词，将两个词碰撞结合出一个新的选题。

舌尖上的中国	食谱	妈妈做的菜
营养	**美食**	火锅
减肥	小吃	甜点

秦始皇	历史	兵马俑
[illegible]街	**西安**	西安交大
阿房宫	秦腔	丝绸之路

图 4-9　曼陀罗思考法

利用“小吃”+“丝绸之路”就可以创作出《沿着丝绸之路的小吃大全》的选题。

利用“食谱”+“秦始皇”就可以创作出《秦始皇的用膳食谱》的选题。

④ 横向、纵向、深向延伸借鉴法

如果你看到一篇阅读量很高的文章，想从中借鉴思路，获取灵感，可以从横向、深向、纵向三个维度进行延伸扩展。

横向：即同类型的、类似的选题。

深向：即对同选题的继续深挖，以便创作出更多的深度和高度。

纵向：即与其他选题的碰撞，以便找到另外的跨界角度。

例如，有一篇《目录页万能设计公式，任何 PPT 都适用！》成为爆款文章，如果以这篇文章为借鉴对象，可以向以下选题延伸。

横向延伸——《封面页万能设计公式》《转场页万能设计公式》《结束页万能设计公式》等。

深向延伸——《学术风目录页如何制作》等。

纵向延伸——《跟网站学目录页设计的公式》《从地铁海报学目录设计的万能公式》等。

⑤ 话题搭载法

广义的话题就是新闻、热点信息，具有未知性和爆发性。运营者要利用突发话题借势营销，需要具备迅速反应、迅速执行的能力。

由于热点新闻具有超高的话题关注度，是天然的传播载体，所以一旦发生了引起公众关注的事件，就会引发各大小品牌的营销狂欢，也成就了不少经典案例。新闻经常是突发的，而追热点做营销拼的就是速度和时间段，这也给运营者带来了时刻都得工作的烦恼。

“蹭热点”一般来说要从产品的功效、历史、竞争对手、代言人、合作伙伴等寻找角度与热点新闻契合，这就要求运营者熟悉查找热点的渠道。常用的渠道有百度搜索风云榜、新浪微博热门话题榜、搜狗微信搜索以及凤凰网、网易新闻、今日头条、一点资讯等新闻类门户网站。“蹭热点”时不能牵强附会，更不能低俗投机。

⑥ 时间地图选题法

一个合格的运营者需要制作属于自己的节假日话题地图。节假日包括法定节假日、国际纪念日、民俗节假日、本地文化节等，在相应的日期后写好常规的结合手法、选题规划，不但可以备不时之需，还可作为新人上岗的第一手资料。

⑦ 团队作战法

粉丝量级比较大的新媒体品牌的内容原创都不是一个人完成的，而是团队作战，如秋叶 PPT 在微信公众号的推文就是由团队共同创作完成的。

在一个体系下进行团队协作，运营者会经常总结写作技巧，结合各自擅长的特点，将写作任务进行合理分工，从而提升成员的写作能力，达到持续创作输出的目的。

在团队创作过程中，遇到阅读量高、传播量广的文章，要及时存档，建立选题范例库。一方面，方便内容运营者及时查阅和互相学习；另一方面，由于运营者存在一定的流动性，一个刚到岗位的新人想要快速熟悉自家企业的内容运营，就需要在短时间内看到每一种选题的范例和注意事项。存档的这些文章都可以作为一手资料。

（2）内容创作类型

确定了选题，接下来就要确定具体的推送类型。目前常见的类型有以下七种。

① 教程型

这类文章的作用是教会用户某一种技能或解决某一个问题，主打实用价值。好的教程型文章会得到用户自发的转发和收藏，并吸引他长期关注该账号。例如，职场类公众号“秋叶 PPT”每周都会发布关于 PPT、Word、Excel 等办公软件技能操作的教程型文章。

② 故事型

故事型文章一般以叙述见长。小说类、传记类、报道类、历史类等题材都经常使用讲故事的方式吸引用户，一般用诙谐幽默的讲解方式更能引起用户的点赞与转发。故事型文章的常见题材为历史人物和事件，或者当下社会知名人物的成长经历、组织机构的发展壮大、文化流行的起源和发展过程等。

③ 观点型

观点型就是通过文章向用户传递自己的观点、评价、态度，一般具有鲜明的立场和个人风格，涵盖面比较广泛，从对新闻事件的解读，到对热门电影的评论，再到对商业经济的看法等，这也是大多数自媒体主要的内容创作类型。一般这类文章结合热点引起的话题效应会被广泛传播，有一定粉丝基数的自媒体人发布观点型的文章会更容易引起用户讨论和转发。所以，观点型也是追热点最常见的一种内容类型。

④ 整合型

与观点型文章传递个人立场和价值观不同，整合型文章没有明显的主观判断，更多的是搜集并整理某一类与主题相关的内容。这种类型的文章常用于推荐类型，如推荐假期书单、电影清单，以及家居百货、服饰鞋包、化妆护肤等物品，此外，还有一些诗歌名句、名言警句等内容的搜集整理。

⑤ 广告型

广告型文章的目的很明显，即广而告之，促进用户产生购买、报名、转发等行为，以此达到盈利或者传播的目的。目前比较常见的广告型文章有两种，一种被称为“硬广”，另一种被称为“软广”。其中，“硬广”一般是纯粹介绍产品或者优惠信息的，而“软广”要结合某一种类型的载体，如教程或故事，然后巧妙地将广告植入文章中。

⑥ UGC 型

用户生成内容（User Generated Content，UGC）的本质是激发用户真实地表达情绪并与他人进行交互。UGC 型文章主要是引导用户输出内容，需要内容运营者制造话题，抛出有共鸣、能引发讨论的问题，引导用户在评论区进行留言讨论，而用户查看此类型的文章也主要是看其文章后的留言而不是内容本身。有的账号经过精心运营，甚至可以打造出"评论比内容更精彩"的效果。

⑦ 资讯型

资讯型文章一般是向用户传达某个信息，这类文章在企业、机构、学校、部门类的账号比较常见。这些账号主体发布的资讯型内容一般是关于活动介绍、事件通知及政策传达的。

前面七种分类已经大致总结出目前存在的七种内容创作类型，当然也有一小部分内容无法归纳进这七种类型中，如一个吸引眼球的标题，点击进去仅仅是一张图片或一两句话，这纯粹是为了娱乐。

值得注意的是，在对一个创作内容进行类型划分时，不是只有固定的一种类型，它有可能同时涵盖两种类型，如有的教程型内容在讲解案例或介绍产品时植入了和品牌相关的信息，这既是教程型，同时又是广告型。

（3）素材制作技巧

确定内容的选题和类型后，接下来开始收集、整理素材，为后面的排版做准备。素材的收集和整理有以下常用技巧。

① 建立自己的素材库

在编辑微信图文的时候，有些运营者可能习惯了临时写内容、找配图、找背景音乐和视频，但是这样找素材每次都会浪费很多时间，所以最好认真建立自己的素材库，这样做主要有以下好处。

- 查找素材快。重复使用的素材归整到素材库中，运营者使用时直接调取即可，方便快捷。
- 寻找灵感快。在无素材可用时，浏览素材库可以有方向性地获得灵感。
- 形成风格快。有意识地积累类似风格的素材用在微信公众号中，可以快速建立微信公众号的风格，提高微信公众号的辨识度。

通常，运营者积累的素材分为以下三种。

- 常用素材，这类素材通常是无须再进行设计或改编的材料，重复使用频率高，包括常用图片（头图、导航图、二维码、表情、动图等）和文字（开头、结尾语等）。
- 二次加工素材，指从其他网站或文章中积累的需要加工后才可以使用的素材。例如，图片需要经过裁剪或添加文字等处理后才能使用，或者比较受欢迎的表情包、动图需要重新拼接，音乐、视频需要剪辑等。这些需要经过处理的素材可以按照文字、图片、音频、视频等分类整理。
- 灵感素材，这一类素材一般具有启发性和可模仿性。例如，好的文章标题、好的引导语设置、好的排版样式等可以供模仿改写，好的句子、故事、热点文章可以启发运营者引用或创作文章。

一些高频使用的素材库还可以建在微信后台，特别是常用的图片，可以在微信后台的图片素材库里建立常用图片分组，这样在使用时无须每次上传便可以直接从素材库导入。

② 常见的素材收集网站

这里需提醒的是，如果图片、文字等素材涉及版权问题，要注意其使用说明。常用的高清图片收集网站有 LibreStock、花瓣网、站酷、全景网。常见 GIF 动图搜集网站有 GIPHY、堆糖网、狐图网、Golden Wolf 等。

内容收集常用的网站有搜狗微信搜索、新榜等。这两个网站会提供微信热搜文章，也会有热点推荐，在根据热点写文章时可以搜索借鉴。同时，还可以去微博、简书、豆瓣等网站搜索文字类素材，可以去今日头条、网易新闻等网站搜索新闻热点。

③ 常见的素材制作工具

微信官方对原创内容的保护力度越来越大。微信公众号运营者对素材的使用也应该尊重版权。要合理地使用图片素材，有些图片完全免费，有些图片使用时需要标注来源，有些图片是允许个人和非商业使用的，运营者只需要遵循相关的协议即可。

为了规避风险，寻找素材不如创造素材，如拍摄素材是创造素材的一个好方法，运营者自己拍摄的图片无须担心版权问题。现在的图片后期处理工具很强大，用手机就可完成精美的图片拍摄和处理。常用的创作素材的工具有 PPT、画图、美图秀秀、创客贴等。

（4）内容策划清单

如果用一个公式来表达：推送内容=选题×类型×形式×素材×方式。

综合以上讲解，可以得到这样一张内容策划清单，运营者可以在正式创作内容前勾选或填写（见表 4-3），确定大致的创作方向，做到心中有数，减少返工风险。

表 4-3　内容策划清单

<table>
<tr><td rowspan="14">选题</td><td rowspan="3">需求分析</td><td colspan="3">用户有哪些困惑?</td><td></td></tr>
<tr><td colspan="3">用户有哪些诉求?</td><td></td></tr>
<tr><td colspan="3">用户有哪些咨询?</td><td></td></tr>
<tr><td rowspan="5">搜索查询</td><td colspan="3">知乎</td><td></td></tr>
<tr><td colspan="3">百度知道</td><td></td></tr>
<tr><td colspan="3">百度经验</td><td></td></tr>
<tr><td colspan="3">百度指数</td><td></td></tr>
<tr><td colspan="3">……</td><td></td></tr>
<tr><td rowspan="3">曼陀罗思考法</td><td></td><td></td><td></td><td></td></tr>
<tr><td></td><td></td><td></td><td></td></tr>
<tr><td></td><td></td><td></td><td></td></tr>
<tr><td rowspan="3">爆文借鉴</td><td colspan="3">横向延伸</td><td></td></tr>
<tr><td colspan="3">纵向延伸</td><td></td></tr>
<tr><td colspan="3">深向延伸</td><td></td></tr>
</table>

续表

<table>
<tr><td rowspan="6">选题</td><td rowspan="6">话题搭载</td><td rowspan="5">常规</td><td>节假日/纪念日</td><td></td></tr>
<tr><td>热门电影</td><td></td></tr>
<tr><td>重大赛事</td><td></td></tr>
<tr><td>产品发布会</td><td></td></tr>
<tr><td>……</td><td></td></tr>
<tr><td>突发</td><td>突发新闻热点</td><td></td></tr>
<tr><td rowspan="8">类型</td><td colspan="3">教程型</td><td></td></tr>
<tr><td colspan="3">故事型</td><td></td></tr>
<tr><td colspan="3">观点型</td><td></td></tr>
<tr><td colspan="3">整合型</td><td></td></tr>
<tr><td colspan="3">广告型</td><td></td></tr>
<tr><td colspan="3">UGC 型</td><td></td></tr>
<tr><td colspan="3">资讯型</td><td></td></tr>
<tr><td colspan="3">其他型</td><td></td></tr>
<tr><td rowspan="5">形式</td><td colspan="3">音频</td><td></td></tr>
<tr><td colspan="3">文字</td><td></td></tr>
<tr><td colspan="3">图片</td><td></td></tr>
<tr><td colspan="3">视频</td><td></td></tr>
<tr><td colspan="3">图文</td><td></td></tr>
<tr><td rowspan="8">素材</td><td rowspan="3">图片类</td><td colspan="2">截图</td><td></td></tr>
<tr><td colspan="2">相片</td><td></td></tr>
<tr><td colspan="2">GIF</td><td></td></tr>
<tr><td rowspan="2">多媒体类</td><td colspan="2">音频</td><td></td></tr>
<tr><td colspan="2">视频</td><td></td></tr>
<tr><td rowspan="3">文件类</td><td colspan="2">文档</td><td></td></tr>
<tr><td colspan="2">软件</td><td></td></tr>
<tr><td colspan="2">……</td><td></td></tr>
<tr><td rowspan="3">方式</td><td colspan="3">原创</td><td></td></tr>
<tr><td colspan="3">转载</td><td></td></tr>
<tr><td colspan="3">约稿</td><td></td></tr>
</table>

（5）建立检查机制

内容创作并不是写完内容就结束了，还要检查，尤其是检查内容中是否有错别字。运营者可以组建“检查团”，团队成员一起检查内容上有没有错误、疏漏的地方，也可以组建一个集思广益的“智囊团”，在确定选题、选标题的时候发挥群体智慧，进行头脑风暴。

3. 内容传播技巧

微信内容传播技巧主要有以下几个方面。

（1）通过优化标题提高打开率

① 抛出问题

抛出问题不是简单地将陈述句变成疑问句，而是发现用户隐藏的真正需求，在问句中暗示文章内容可以为用户解决什么问题。所以在高点击率的标题中，“什么”“如何”“为什么”等都是高频词，如《职场新人必读：为什么老员工不会来教我？》。

② 结合热点

结合热点就是利用名人效应、热点新闻引起用户兴趣。

③ 对号入座

用户能够从与标题相关的词语中将自己对号入座，如《PPT 高手必备的 10 个神器，你知道几个？》

④ 善用数字

除了从用户心理出发外，在标题的修饰上，还可以用数字来增加标题的吸引力，如《90%营销人写文案前犯的第一个错误》就比《大多数营销人写文案前都会犯的错误》更加直接、明确、吸引人。常见的“必备的十大网站”“必读的 100 本书”“必会的 20 个技巧”这一类标题，总能吸大量用户。

⑤ 利用符号

符号并不是指我们通常所说的标点符号，而是具有鲜明指向性的人名、事物名等，如《互联网企业都盯上了人工智能》换成《苹果、谷歌、阿里巴巴……都盯上了人工智能》之后，表达变得更清晰、明确。

⑥ 巧设悬念

如果文章要点在标题里已经全部讲清楚了，用户点击查看文章的欲望也会大大降低，所以可以留点悬念，如看到标题《国际足联世界杯冠军德国：认真是一种可怕的力量》，用户基本能够对内容猜个大概，但如果改成《德国人！只因简单的两个字，便拥有可怕的力量》，就可以引起用户强烈的好奇。所以一篇文章的标题要设置“好奇心的缺口”营造悬念，引起用户强烈的好奇。

无论采用哪种方式来优化标题，都要谨记不要变成“标题党”，不要让标题与内容严重不符。

（2）通过换位思考提升转发率

微信公众号内容并不是有趣、实用、温情这些简单的标签可以概括的，关键是内容能不能体现转发者的境界和品位。也就是说，能不能提高转发者本人的格调或态度，这才是用户转发的主要动力。因为用户在社交媒体上总是把自己构建为自己希望成为的人，每一次转发都是为了接近自己所期望的那个形象。

所以，转发与评论、点赞、收藏是有本质不同的，其核心是可以帮助用户进行“形象补充”，用户用所转发的内容向外界展示自己的兴趣爱好、价值观、世界观，或者借助所转发的内容表达自己的观点、立场和态度。

很多在朋友圈中形成“刷屏”的文章，往往就是说出了用户一直以来想要说的内容。所以运营者在写文章的时候，要尝试站在用户的角度想一想：如果我是用户，我

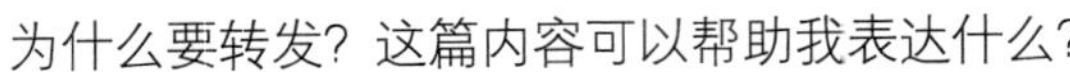

为什么要转发？这篇内容可以帮助我表达什么？

（3）通过无缝嵌入链接提高阅读量

“嵌入链接”指的是在文章中合适的地方利用“超链接”功能插入往期优质文章链接，吸引用户通过点击超链接提升其他文章的阅读量，这样可以让文章与文章之间建立链接，产生联动效应，从而提升阅读量，如图 4-10 所示。

（4）通过朋友圈矩阵提升阅读量

一旦一篇文章被拥有大量好友的微信个人号转发了，每一个微信个人号就相当于一个有成百上千个真实粉丝的微博账号。如果微信好友有交集，这篇文章还能在微信好友的朋友圈中形成“刷屏”现象。一旦一篇文章开始反复地出现在你的朋友圈，哪怕一开始你并不准备看它，但是看到朋友圈里面反复出现这篇文章，标题也非常吸引人时，你就会忍不住点开，如果点开以后发现文章质量还不错，就会继续转发。其实很多爆款文章都是通过有众多微信好友的微信个人号转发到朋友圈，从而不断传播的。这些拥有大量好友的微信个人号从哪里来呢？

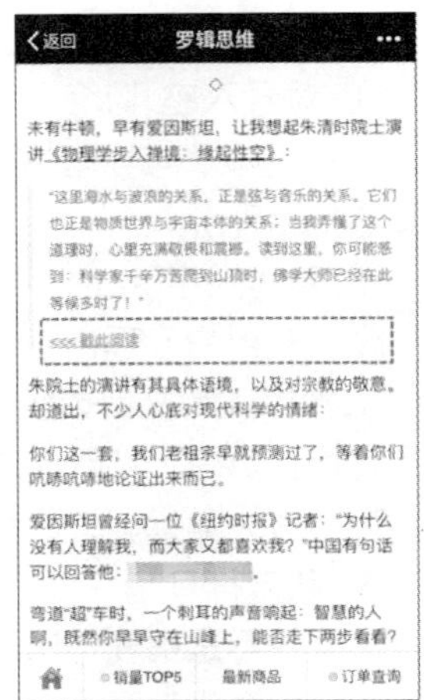

图 4-10　在文章中嵌入超链接

① 和外部资源交换

外部资源指的是其他微信公众号运营者、小范围内有知名度并且微信好友达到几千人的微信个人号拥有者。当对方需要转载特定文章来传播内容的时候，主动帮他转发到朋友圈，达到相互传播的目的。对于这样的微信个人号，运营者要有意识地去结交，甚至建立微信群组，将身边微信好友数达到一定指标，如 500 人、2000 人等的加入进来，进群的人员再将身边微信好友数达到一定指标的朋友拉进来，这就形成了朋友圈矩阵。

② 有意识地为微信个人号“涨粉”

依靠外部资源交换的弊端是：大家所处的专业领域不同，有些人覆盖的人群很可能并非是微信公众号的目标人群，这就会造成无效传播。同时，这些微信个人号没有足够的利益驱动，让大家统一操作进行转发的难度较大。

如果在运营微信公众号的同时，有意识地给内部人员的微信个人号“增粉”，这样建立的内部转发朋友圈矩阵，用户覆盖更精准。

如果是一场 500 人的分享，那么通过一次活动就可以让一个运营者的微信个人账号好友数增加 500 人，开展十次这样的活动，微信好友就可以达到 5 000 了。

除此以外，还可以通过在微信公众号的关注语中、文章中留下运营者的微信个人号实现快速“增粉”。

所以，在运营微信公众号的时候，不仅要关注服务用户，也要注重内部运营者的培养。要扶持内部运营者，帮助他们打造微信个人号，形成稳定的朋友圈矩阵。

（5）通过社群运营提升阅读量

除了可以通过朋友圈转发提升阅读量外，还可以通过将文章链接转发到微信群、

QQ 群的方式，让群内的用户点击阅读、进行转发来提升阅读量。为了让群内转发更加有效，可以通过发红包的形式提高当前群的活跃度，让用户关注转发的文章。

4.3.2 用户运营

微信公众号运营的价值取决于用户数量和用户价值。用户运营的工作主要分为拉新、促活、留存和转化。

拉新就是我们常说的“增粉”，也就是提升用户量；后三者则是为了提升用户价值。促活是让留下来的用户活跃起来，留存是把新增的用户持续留下来，转化则是让用户付费，实现营收。

1. 获取微信公众号的目标用户

（1）了解用户聚集区域

一般来说，可以通过以下几个平台或方法寻找微信公众号的目标用户。

① 已建新媒体平台。如企业官方网站、官方微博，这些区域会聚集很多精准的用户。

② 用户属性相同的大体量公众号。也就是说，需要寻找目标用户重合度高且用户数量多的微信公众号进行合作。

③ 其他新媒体平台。真正熟悉新媒体运营的人都知道，要扩大影响力，在明确用户画像之后，多渠道覆盖进而获取大量用户是必经之路。

④ 地域聚合属性。如果用户群体具有地域聚合属性，一定不能忽略线下推广，例如，校园的学生群体都具备地域聚合属性，所以秋叶团队积极开展线下讲座，提升在学生群体中的影响力，这些来参加讲座的学生更容易被转化成新的用户。

目前新媒体平台的主要布局如图 4-11 所示。

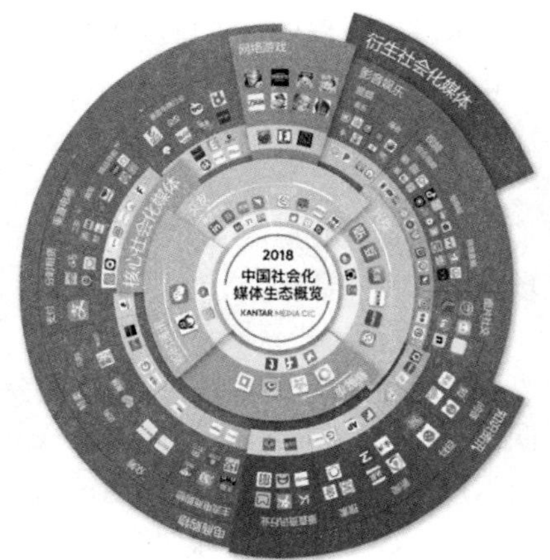

图 4-11 新媒体平台布局

（2）获取新用户的三大方向

知道了目标用户的聚集区域，接下来就要采取一系列运营手段进行“涨粉”了。获取新用户采取的运营手段主要有以下 3 个。

① 流量

直接通过导流获取用户。例如，购买微信广点通，在其他微信公众号中投放广告或者合作、投稿、互推。运营者最重要的工作就是知道自己需要什么样的用户，能吸引用户的载体是什么，这样才能优化导流的各环节，提高转化率。

② 挖掘

微信生态中有大量可以聚集某一特征人群的方法。例如，通过线上主题微课将潜在用户挖掘出来聚集在一起，进而再导入到微信公众号。例如，微信公众号“运营研究社”在获取前 1000 名用户时，就曾经在其他微信公众号“乔布简历”的社群做了相关经验分享，一场分享下来，吸引了 300 个用户。另外，每一个人都有社交范围，运营者要善于挖掘老用户背后的用户群，在运营过程中通过策略让老用户通过一些裂变营销方式不断引进新用户。

③ 利益

直接通过利益引导用户关注或引导老用户带动新用户关注。例如，关注领取礼包或邀请好友关注可以获得课程免费名额、产品打折优惠等。

（3）增加用户数量的八大实操技巧

① 通过已建平台引流

之所以早期的很多微信公众号能够很快拥有大量订阅用户，是因为它们基本上都是通过之前建立起来的新媒体平台进行推广，如官方网站、官方微博、知乎等。

② 通过内部引导用户关注

所谓“内部”，指的是图文内部环节设置，最常见的是在图文的开头和结尾提醒用户关注。另外，关键词回复、好评用户反馈、设置关注后留言等都是通过内部引导用户关注的有效方法。

③ 通过原创吸引用户

微信公众号在声明原创后，如果文章授权给其他微信公众号推送，可以在底部显示文章来源，用户点击可直接查看原创者的微信公众号，很多喜欢该文章风格的用户会沿着这个路径去关注原创者。

④ 通过场景增加用户数量

侧重服务的微信公众号，要结合业务场景为用户提供应用服务，用服务需求场景增加用户数量；侧重内容的微信公众号，要结合内容定位，培养用户习惯，用阅读习惯场景增加用户数量。

⑤ 通过老用户获取新用户

通过老用户获取新用户的方法主要有拼团和裂变两种方法。很多微信公众号在举办课程或卖产品的时候，都会设置一个“拼团价”，如三人拼团可以享受折扣，目的是让老用户在购买时可以带上新用户。裂变的一种方式是群裂变，用户通过扫码进入“预备群”，进入“预备群”后，事先设置好的机器人会发一段文字，告知用户如果想要获取资源，需要先将一段文字和带二维码的海报分享到朋友圈或几百人的微信群，并且规定至少保留多少时间。朋友圈或微信群的人看到海报，进而扫码关注微信公众号，重复上述流程，形成裂变传播。

⑥ 通过活动增加用户数量

运营者找到聚焦区域并明确满足用户需求方式的情况下进行利益引导，如用简历模板吸引求职大学生的关注，用母婴用品吸引“宝妈”的关注。

⑦ 通过合作增加用户数量

“互推加粉”是微信平台禁止的行为，但禁止的是以利益交换为前提、有恶意营销性质的微信公众号的互推行为。如果运营者在文章相关内容中诚意推荐或者在微信公众号矩阵之间趣味联动，则并不违规。

⑧ 通过外部导流

通过内部增加用户数量比较缓慢，大多数微信公众号增加用户数量的渠道是通过外部导流。常见的外部导流渠道主要有腾讯社交广告、门户类平台、论坛类平台、问答类平台、文库、网盘类平台、视频类平台、电子书平台、线上微课、直播、线下活动广告等。

2. 提高用户活跃度

微信公众号的用户数量增加之后，运营者必须采取运营手段提升用户的活跃度和黏性，也就是“促活”。常见的“促活”手段有以下几种。

① 签到和打卡

签到和打卡是许多微信公众号都会采用的运营手段。每日签到、打卡，可以有效地促进用户活跃度，提高微信公众号中文章的打开率。

② 用户生成内容

用户生成内容既可以减轻微信公众号运营者的原创压力，又可以提高用户的参与度，满足用户的表达欲望。

③ 回复评论

好的回复可以增加运营者与用户的联系，提高用户的参与热情。当用户看到有趣的回复时，会觉得这个微信公众号很有意思，从而增加对微信公众号的好感。有些微信公众号会在留言区为用户答疑解惑，让用户感到被尊重和重视，从而提升用户黏性。

④ 建立用户社交

让用户与用户之间互动起来，能够满足用户的社交需求，本质上就是一种社群社交。

⑤ 奖励“促活”

一些微信公众号为了鼓励用户留言、生产内容，会给用户一定的奖励。例如，某微信公众号经常在图文结尾处附上福利，鼓励用户留言，在其中挑选出较为用心的用户送出礼物，如图 4-12 所示。

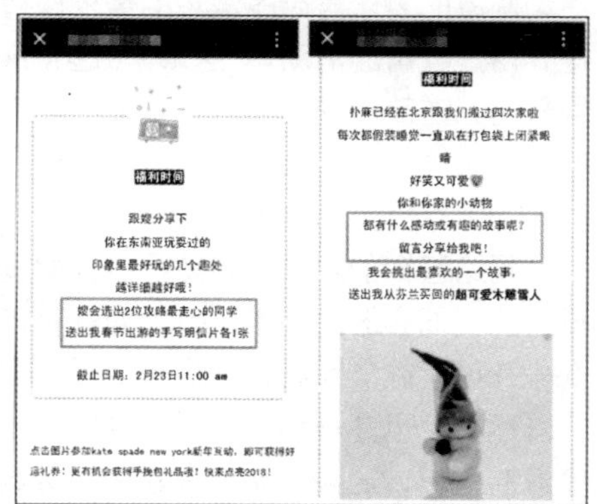

图 4-12 奖励“促活”

⑥ 个人号“促活”

让用户添加运营者的私人微信，可以拉近用户与运营者之间的距离。只要运营者用心运营微信公众号，在微信公众号分享一些让用户觉得有用、有趣的内容，与用户互动，就能够增强用户对运营者的好感和信任感，提升用户对微信公众号的黏性。

⑦ 星标“促活”

一个用户关注的微信公众号可能有几十个、上百个。与普通公众号相比，星标公众号因为处于订阅号会话列表的顶端，用户打开其文章的概率会更高。此外，微信公众号被标星标后，在订阅号消息列表中进行展示时，头条文章会以大图显示，与非星标公众号的小图相比更具视觉冲击力，也能提高用户打开文章的概率。

3. 持续留住用户

大部分用户很难对一个微信公众号保持长期关注。要让用户对你的微信公众号保持长久的注意力，运营者除了创作好的内容外，还要考虑服务、活动、社群等因素。

（1）服务：用户需要哪些功能

有些用户关注一个微信公众号，并不是因为对它的内容有多大的兴趣，而是看中它提供的服务可以满足自己的需求。运营者做好用户画像，就可以了解用户具体有哪些需求，从而通过提供服务来满足他们的需求，也吸引更多类似的用户来关注。

例如，微信公众号“招商银行信用卡”的应用场景是根据招商银行信用卡用户在使用信用卡过程中的业务需求设计的；微信公众号“招商银行”的应用场景是根据招商银行一卡通用户在使用招商银行储蓄卡过程中的业务需求设计的，它们的应用场景是不一样的。

所以微信公众号的应用场景是根据原本用户或线下用户的需求来设计的。不同的微信公众号，其面对的用户不同，用户需求不同，应用场景一般也不同。

（2）活动：给用户设计什么活动

为了提升用户数量或用户活跃度，微信公众号需要举办一些活动。有些微信公众号举办活动之后，虽然用户数量增加得快，但是用户流失也很快。因此，在举办活动的时候，运营者要考虑用户的留存问题，并通过一些运营手段减少用户流失。

在做活动的时候，运营者要对微信公众号定位和用户属性有清晰的认识，要保证活动刺激的需求与产品满足的需求保持一致。例如，一个读书类型的微信公众号要做提升用户数量的活动，“送书”“送 Kindle”肯定是留存率较高的。如果这个微信公众号采用“送简历模板”“送 iPhone”的活动，虽然也有吸引力，但是吸引到的用户不精准，后续不可避免地就会造成相对更多的用户流失。

（3）社群：承载用户的终极容器

网络营销的本质是要做容器，能直接产生经济行为的叫强容器，能间接产生经济行为的叫弱容器。例如，有的 App 直接就是用来卖东西的，就是强容器，很多微信公众号开设了微信商城，就是希望对接弱容器流量到强容器中进行销售。像现在流行的社群运营，也是一种强容器。微博、微信可以把潜在用户都装起来，不过不管吸引多少潜在用户，这些本质上只是一个导购路径，用户很难沉淀，因为运营人员创作的内容再好，在用户眼里依旧是广告，是营销，这就是弱容器。

但是在强容器中，如社群成员提出的问题、得到的解答、对于产品的咨询等，这些都是天然的、毫无广告痕迹的、较为真实的口碑。口碑就是广告，加上群体效应，会引起用户的冲动消费。

4. 实现用户消费转化

留存下来的用户只是流量，要创造价值，就必须把流量转化为收益。要实现消费转化，就要考虑以下几个方面的问题。

（1）了解用户的关注周期

一个用户持续关注一个微信公众号的周期一般为三个月，即微信公众号真实用户数量=“铁杆”用户数量+最近三个月新增用户数量。

大部分微信公众号的“铁杆”用户不会太多，所以一个微信公众号的商业价值基本取决于其最近三个月新增用户的数量，而不是原始累积的用户数量，因为经过一定的周期后，原来的很多用户由于审美疲劳或内容趋同的原因，渐渐地就不看这个微信公众号了。

（2）实现用户付费转化的五个技巧

要实现用户的付费转化，本质上需要提高用户的信任度，具体方法有内容转化、口碑转化、限时优惠转化、福利转化和社群转化。

① 内容转化

例如，微信公众号“秋叶 PPT”，每天推送的文章末尾都会链接到与文章主题相关的课程进行导购。这不是最快、最直接的方式，但是长期下来，也可以保证较为稳定的用户付费转化。而且，这种方式能够让用户感受到，你的内容和课程是有干货的，可以增加用户的信任度。

② 口碑转化

在用户眼里，就算运营者把产品夸得天花乱坠，他们也会心存疑虑，认为是运营者“王婆卖瓜”。但如果有已经使用过产品的用户评价，效果就完全不同了。使用过产品的用户与运营者没有利益关系，用户的信任程度会增加。口碑转化常见的有两种方式：一是直接在文章中加入使用过产品的用户的评价，如图 4-13 所示；二是直接让使用过产品的用户写文章展示因为使用产品而获得的好处，如图 4-14 所示。

图 4-13　直接加入评价

图 4-14　展示使用者的文章

③ 限时优惠转化

“双十一”“6·18”等电商活动创造如此高的销售额主要原因就是优惠期间用户购买产品价格便宜，而且给用户考虑的时间很少，让用户觉得再不买就没有这样的优惠了，因此可以带动用户的冲动消费，运营者在微信公众号的运营上也是同样的道理。常见的限时优惠有“限时打折”“阶梯涨价”等，如图 4-15 所示。

④ 福利转化

在销售产品的时候赠送用户一些额外的福利，会让用户觉得物超所值，增加用户的付费意愿，如图 4-16 所示。

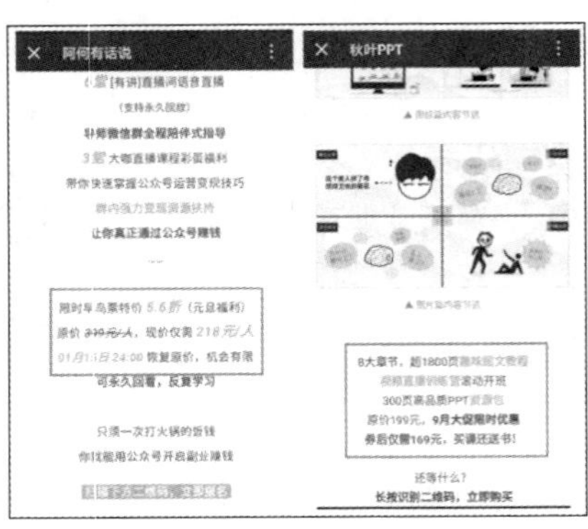

图 4-15 限时优惠转化

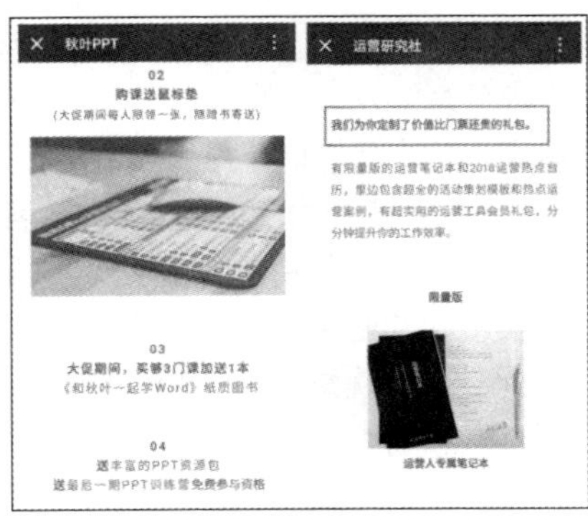

图 4-16 福利转化

⑤ 社群转化

运营者将用户引导到社群，并在社群中与用户进行互动，无形之中增强了用户对运营者和产品的信任程度。此外，将用户引流到社群中，能够更有针对性、更精细化地进行营销，甚至可以对用户一对一进行转化。随着移动互联网的发展及社群经济的崛起，目前用于社群营销的平台也逐渐增多，如知识星球、饭团等。

（3）如何提高转化率

提高转化率的关键是简化流程，减少每一步跳转所带来的用户流失。广告营销行业有一个很成熟的分析模型——漏斗模型，通过该模型，运营者能够很直观地感觉到转化过程中每一步的损失，如图 4-17 所示。

根据漏斗模型，运营者可以模拟用户点击打开一篇微信公众号文章并完成购买的过程。假设把每一步的转化率设想为 50%（真实情况下每一步的转化率远远低于 50%），可以得出最终的转化率为 50%×50%×50%=12.5%。也就是说，哪怕每一步都有惊人的 50%的转化率，每 1 000 个人阅读内容，也就只有 125 个人完成购买。

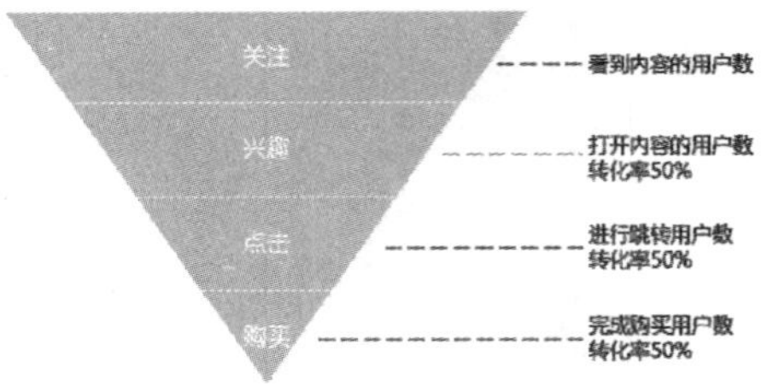

图 4-17 转化率模型

为了让用户流失得更少，运营者需要精简流程，如在购买环节出现点击跳转链接加载过慢、购买步骤烦琐等情况，用户就可能会放弃购买。

4.3.3 活动运营

活动运营指需要运营者在一定时间内提升相关运营指标的、有目的的运营行为，涉及活动设计、资源确认、宣传推广、过程跟踪、效果评估、活动复盘等一系列流程。

1. 活动准备阶段

（1）活动目的

活动目的是活动策划的起点，是微信公众号运营者想要通过活动达成的最终效果。只有明确活动目的，才能保证后续实施过程不偏离初衷，才有助于运营者利用现有的资源完成此次运营指标。

具体的活动目的需要根据实际情况来确定，如果微信公众号刚起步，可以通过做活动增加曝光量，吸引用户关注；如果微信公众号已经具备一定的用户基数，可以通过做活动增强用户的黏性，保持用户活跃度，等到时机成熟，再通过一定的商业模式促使用户转化，促进产品销售等。

运营者在做活动前要想清楚三个问题：为什么要做活动？做什么样的活动？预计要达到什么样的效果？

（2）活动主题

活动主题就是常说的活动策划的“点子”。一个好的主题是活动的灵魂。活动主题是为了达成活动目的而制定的。主题确定好以后，宣传就有了着力点，接下来一系列的微信公众号活动都应以这个活动主题为线索，围绕活动主题展开活动与交流。在微信公众号活动中，活动主题往往直接体现在推文标题中。

（3）目标人群

运营者确定活动目的和活动主题之后，需要着手分析活动的目标人群，即哪些人更有可能参与到此次或系列活动中来。对于不同的人群，运营者能引起他们参与的“兴奋点”是不一样的，如妈妈们一般特别喜欢分享关于孩子的事情，所以类似“最萌宝宝投票”之类的活动虽然老套，但对她们一般是有吸引力的。

（4）活动切入点

确定了活动的目标人群后，还要思考活动该从哪些角度切入。例如，结合时间节点、时事热点，基于产品本身的策划或者基于用户的需求和兴趣点等进行切入。

（5）活动形式

微信公众号的活动形式是指活动具体的创意表现形式，主要有投票、好友邀请、发红包、留言抽奖、答题猜谜、征文征稿、有奖调研等。

① 投票

投票一般是比赛制，通过设计物质或精神方面的奖励，吸引用户报名参加，然后利用微信公众平台自带的投票功能进行拉票，根据最终票数决定获奖者，如“萌娃”比赛、员工评比、十佳歌手人气评选、最喜爱的老师等。

② 好友邀请

用户参与活动时，在活动页面输入个人信息，或直接通过“点击查看”的方式进入具体活动页面，用户想赢取奖品，就需要转发活动内容至朋友圈或微信群邀请好友助力。为了提高助力者的积极性，也可以让参加助力的好友抽奖，通过报名用户和其众多好友的关注和转发，达到为微信公众号“吸粉”或为其他平台引流的目的。

③ 发红包

发红包是聚集人气的有效手段，也是对订阅用户的一种福利，有助于增强用户黏性。运营者对红包类的活动一般会提前预告，并在活动周期的某个时间点发红包，用户可以通过去支付宝口令红包中输入口令内容，或者直接通过与微信平台相关的功能，如微信小程序获取现金。为了控制成本，一般红包数量有限，抢完即止。

④ 留言抽奖

运营者根据当下热点、近期活动、时间节点等，准备一个互动话题，让用户在活动时间到微信公众号推文的留言区写留言互动，运营者通过随机抽选或按点赞数排名等规则选取中奖用户。这种方式简单易行，可控性强，只要话题互动性足够强，用户的参与热情一般就会比较高。

⑤ 答题猜谜

这类活动形式主要包括两种：第一种是运营者通过文字、图片或视频构筑谜题，用户将答案发送到微信公众号后台参与互动；第二种是运营者告知用户回复某些关键词，用户回复后可能得到运营者之前在微信公众号后台设置好的“彩蛋”。运营者设置这类活动时要注意，谜题不能太难，否则参与门槛太高，用户容易产生挫败感。

⑥ 征文征稿

征文征稿的活动形式一般是微信公众号运营者设定主题，让用户进行创作。用户创作的内容可以在微信公众号中进行发布和推广，同时运营者会给予优秀作者一定的奖励。这类活动的用户参与门槛较高，适合用户质量和用户黏性较高的微信公众号。

⑦ 有奖调研

有奖调研的活动形式往往是运营者根据微信公众号的定位，有时需要结合合作方的需求，利用问卷星等第三方工具设置好调查问卷，号召用户参与并填写信息，通过随机抽取的方式选取中奖用户。这类活动形式可以刺激用户的参与度，增强其对微信公众号的黏性。

微信公众号的活动形式还有很多，不局限于上述提到的方式，运营者平时可多留意、多积累，看到好的活动形式时积极思考如何才能为我所用。

（6）活动设计

运营者设计活动流程时，既要考虑用户参与活动的便利性，又要考虑与幕后团队的协调沟通。

① 针对参与用户

如果活动的有效时间不清晰、参与规则不清晰、抽奖的各种规则不清晰，用户就无法参与活动。常见的活动设计需要包括以下内容。

参与方式：如点击“阅读原文”直达活动页面、在微信公众号后台回复某关键词、直接在留言区留言等。

活动时间：写清楚活动的时间区间，最好具体到分，可以用加粗、颜色提示等形式突出内容。

奖项设置：明确设几个奖项、奖项的名称、奖品的获取方式等。运营者选择的活动奖品要切中用户需求，也要考虑活动预算，最好活动奖品还能与活动主题产生关联。此外，获奖概率的设置要合理，概率过小，用户缺少参与热情，概率过大，获取用户成本太高。

评奖规则：根据用户的思考路径，一步步引导用户完成设置好的活动。

奖项公布：说明获奖名单公布的时间及领取奖品的时间。活动结束之后，运营者还可以在微信公众号公布获奖名单，并且还可以通过录制抽奖实况的视频，证明这是一个公正、透明的活动。

领取方式：虚拟奖品可直接发放到获奖用户的微信钱包或卡券包，实体奖品需要获奖用户到线下实体店兑换，运营者应说明奖品是否包邮等。

特别声明：防作弊说明、必要的活动提示。

运营者在设计活动流程的过程中，还需要注意参与门槛要低、凸显用户利益、规则要容易理解、流程操作要简单。另外，微信公众平台一直重点打击诱导关注、诱导分享、欺诈等行为，所以为了更好地遵守微信公众平台的行为规范，运营者平时应多留意微信公众平台官方发布的相关说明。

② 针对幕后团队

活动运营往往不是一个人就能完成的事，策划一次活动可能会涉及设计、文案、开发、客服、财务等相关人员。

设计：策划一场活动，往往需要专业的设计师设计活动页面。好的设计一方面有助于表达活动主题，吸引目标用户参与，另一方面也有助于提升用户体验，并塑造品牌形象。

文案：活动的标题要怎样才能吸引用户，活动的方式怎样才会让用户一目了然……这些都是需要文案人员认真思考的内容。

开发：微信公众平台官方只提供基础的信息编辑和信息推送功能，但大部分微信公众号活动会涉及特定的功能开发，需要专业的程序员或第三方接口参与制作，以实现微信公众号的个性化功能，支持活动的开展。跟开发人员沟通时，运营者要做到对活动页面的要求清晰、风险点清晰、监测指标清晰。

客服：运营者可以在活动开始前给客服准备一份详细、标准的常见问题解答（Frequently Asked Questions，FAQ）文档，帮助客服熟悉活动规则，快速解决用户在参与活动中产生的困惑。

财务：微信公众号活动的顺利进行离不开资金和物质的支持，如奖品的设置、宣传推广等，这就需要和公司的财务人员沟通。运营者跟财务人员沟通时要做到活动的成本预估清晰、活动的收益效果简单明了。

运营者在进行人员安排时，一定要想清楚每件事情的负责人是谁，具体什么时候开始，什么时候结束。执行时可利用图表的形式让项目事项、预计时间和进展变得清晰可观。

需要注意的是，运营者要尽可能地给相关负责人留出充足的准备时间，避免临时产生的大量工作让大家手忙脚乱甚至心生不满，从而不利于活动的开展。

（7）活动预估

① 活动成本预估

活动成本预估即活动预算，指活动开展过程中的各项费用，如宣传成本、单个用户获取成本、活动奖励成本等，运营者必须根据实际情况进行具体、详细的计算，并用清晰明了的形式列出。一般活动成本预估包含微信公众号日常维护费用、微信公众

号推广费用和活动实施费用 3 部分。

② 活动效果预估

不管是什么类型的活动，都需要运营者做一个保守的效果预估，无论是写在活动方案中反馈给企业管理者，还是控制预算，这都是非常有价值的参考指标。大体的预估流程是：运营者先核算大概有多少曝光量，然后按照以往经验估算保守的转化比例，进而预估活动效果。

③ 活动风险预估

活动上线前运营者一般还要给出一份风险控制方案，即活动的后备方案。运营者需要把每一次的活动风险降到最低，这就需要未雨绸缪，列出活动可能会出现的风险点，根据每个风险点给出对应的备选方案。风险点主要从技术、推广、法律、微信规则、作弊漏洞等方面考虑。

（8）推广渠道

活动效果好不好，推广渠道也非常重要，运营者要在活动开展前将推广渠道确定好。活动的推广渠道一般分为站内渠道和站外渠道。站内渠道主要指产品的介绍和推送等，站外渠道主要指资源互换、媒体或商家合作、名人推广等。运营者可以将现有渠道进行整理，确定活动的目标人群后，结合自身已有资源及预算，评估各个渠道的推广策略，然后选择适合的渠道进行推广。

此外，推广时间和推广渠道是密不可分的。运营者确定渠道后，要根据渠道用户的活跃时间进行推送。

2. 活动执行阶段

（1）活动测试

运营者在活动上线前一定要进行测试，测试人群可以是公司内部员工。运营者不要想当然地认为用户都会按照自己之前设计的流程参与，不要等到活动开展起来后才发现功能开发不足、引导不足、链接错误等诸多问题。否则导致的后果要么是接到用户大量的咨询和投诉，要么是用户直接退出活动，或者用户卡在某个环节，从而导致整个活动失败。

（2）活动预热

活动上线前的预热造势也是非常有必要的，因为这涉及活动信息能否准确、及时地传递给目标用户。告知是一切活动执行的先行条件，而预热就是常用的告知手段。例如，线上活动可以通过海报、文章推送的形式提前告知用户活动的上线时间。

除此以外，预热还可以提高用户的预期值。活动设计得再好，如果活动的宣传没做好，那么效果一般还是会很差；延长活动期，提高活动参与人数，让更多的用户知道此次活动的时间、流程，以及参加活动能获得什么好处；运营者要及时发现问题，调整活动方案，尽量减少活动失误。

（3）活动监控

活动上线后，运营者的主要职责便是监控活动效果，看活动是否符合预期。监控内容主要包括相关活动数据和用户反馈。

① 数据

一般微信公众号的线上活动（在不涉及线下活动的情况下），运营者需要在活动过程中随时查看活动的曝光量、转发量及用户回复情况。

运营者要对数据波动情况有心理预期，数据波动多少算是正常范围。如果超出波动范围，出现异常情况，运营者需要及时追查具体原因，给出应对方案。

② 反馈

反馈主要指用户在微信公众号后台留言。在活动进行过程中，参与用户经常会提出一些问题，此时就需要客服人员对这些问题进行回复。

运营者要注意收集活动过程中的用户反馈和讨论、重要截图等资料，这些不仅可以为最后的活动复盘做准备，而且可以用于二次传播，放大整个活动的价值。

运营者要关注活动的发展，关注用户参与的状态，改善活动过程的细节，保证活动的正常进行，并且要擅于发现活动中的亮点，找到活动中的人、事作为“爆点”并进行推广宣传。如果活动中出现一些优质的用户，可以额外借势作为单点推广。

（4）公布结果

公布活动结果时可以参考以下方法。

- 简单说明活动的参与情况，满足用户的好奇心。
- 说明领取奖品时的注意事项。
- 可以通过录屏的方式记录产生获奖用户的过程，避免用户对活动公平性的猜疑。
- 感谢所有用户的参与，鼓励未中奖的用户继续关注微信公众号。

公布活动结果时还需要注意以下问题。

- 公布活动结果的受众用户要和活动上线时的受众用户一致，确保参与此次活动的获奖者和未中奖者都能看到活动结果。
- 提供用户申诉和询问的渠道，以开放的态度面对后续可能出现的问题。
- 尽量做到透明和公正，严格按照活动规则去执行活动和公布结果。公布结果时，可以列出每一位获奖用户的微信头像、微信 ID、获得的奖项。不要有任何歧义和隐瞒，这关系到企业在用户心中的信用度。
- 写一篇对整个活动的答谢文章，对活动进行再次传播。这也是活动运营中非常重要的一环，且非常具有品牌价值。

3. 活动结束之后的分析

活动结束后，运营者要对活动进行分析，总结经验。

（1）用户追踪

① 获奖用户

运营者发出奖品后，可以鼓励获奖用户收到奖品后主动“晒单”。“晒单”不仅可以让获奖用户得到进一步的满足感，还能让更多用户看到奖品，扩大活动的影响力。如果是系列活动，也许下次就会吸引更多的用户参与到活动中来。

② 未获奖用户

运营者可以联系留言中未获奖的用户，感谢他们对此次或系列活动的支持，给用户受到重视的感觉，也可以给用户推荐下一次活动。

③ 优质用户

运营者要整理积累的优质用户资源，并进行专门的维护；发掘优质用户并进行重点培养，可以尝试联系他们，和他们保持联系，为未来的活动蓄势，为微信公众号之后推出的产品带来好的转化率。

（2）数据统计

运营者要把数据统计和一开始的活动目标、活动预估结合起来，才能对微信公众号活动进行最有利的统计和评估。如果活动的目的主要是吸引用户关注微信公众号，那么运营者就重点分析活动期间增加的新用户数据及新用户是通过什么途径关注的。

运营者进行数据统计除了利用微信公众平台自带的功能外，还可以通过第三方工具（金数据、问卷星等）进行统计。

衡量活动效果的数据指标主要有图文阅读次数、分享转发次数、原文阅读次数、留言互动人数、活动参与人数、用户关注人数、销售业绩、投资回报率等。

（3）活动复盘

完成一次活动后，运营者一定要对活动的背景、目标、取得的效果、不足之处进行全面细致的活动复盘。只有对整个活动过程进行细致的梳理、分析、总结，才能得出宝贵的经验，形成标准化的操作流程，运营者开展之后的活动只需在此基础之上进行不断的完善即可。进行活动复盘时，运营者最好根据不同的对象进行有针对性的分析总结。

① 针对自己

一方面，对这段时间的工作进行总结；另一方面，思考在活动执行过程中自己出现的问题，包括做事方法、人际沟通、细节处理等，从而提升自己的工作能力。

② 针对上级领导和部门同事

通过活动复盘的形式汇报此次活动的最终收益情况。上级领导需要看最终结果来评判运营者的工作是否到位，项目每一步的进展是否达到预期；部门同事也可以通过学习改善自己的工作，如果部门有新人加入，每一次的活动复盘还可作为新人入职的宝贵学习材料，帮助其快速开展工作。

一份完整的活动复盘通常包含以下内容。

结果陈述：活动效果是否达到预期。

过程分析：详细分析活动的各个环节和数据。

经验总结：值得借鉴和需要改进的地方。

后续计划：此次活动可以对后续工作形成哪些指导。

4.4 微信营销案例：海底捞火锅

1. 公众号介绍

海底捞火锅的官方微信公众号主要是为用户推送公司动态、店铺信息等，用户可以通过公众号预订餐位，预订外卖。同时，海底捞微信公众号致力于打造一个基于火锅的社交和电商平台，是一个单品牌餐饮的线上服务系统。

2. 功能介绍

海底捞火锅微信公众号的功能介绍采用“品牌介绍+功能介绍+欢迎语”的结构，简洁明了地向用户介绍该账号的主要功能。同时，就餐需要排队已经成为海底捞火锅的标志，所以海底捞微信公众号在功能介绍中点明“预订餐位”能减少排位的时间，还能吸引大量的用户关注海底捞微信公众号。

3. 欢迎语设计

海底捞火锅微信公众号的欢迎语如图 4-18 所示。

拟人化欢迎语，海底捞火锅将公众号虚拟为海底捞微信客服。“服务至上”一直是海底捞火锅的文化，所以“竭尽全力”的关键词也体现了海底捞火锅的服务精神。

功能介绍+操作引导。海底捞火锅微信公众号除了对该账号的功能介绍之外，还说明了每个功能具体的操作方法——通过点击下方菜单栏即可实现。

4. 内容特色

海底捞火锅微信公众号推送的内容主要以积分兑换、新品介绍、软文推广为主，如图 4-19 所示。

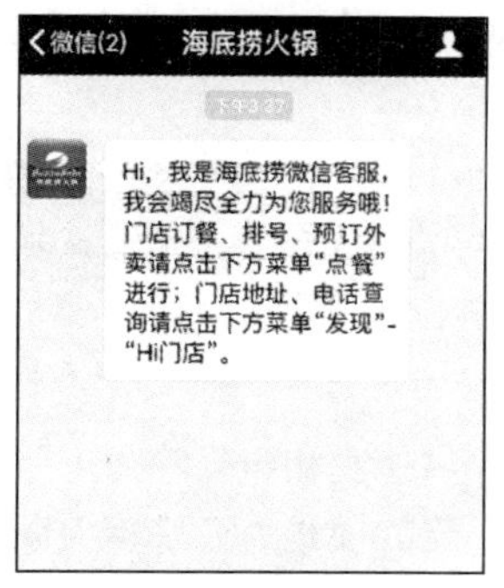

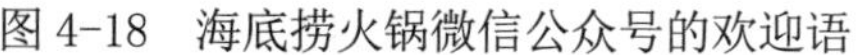
图 4-18　海底捞火锅微信公众号的欢迎语

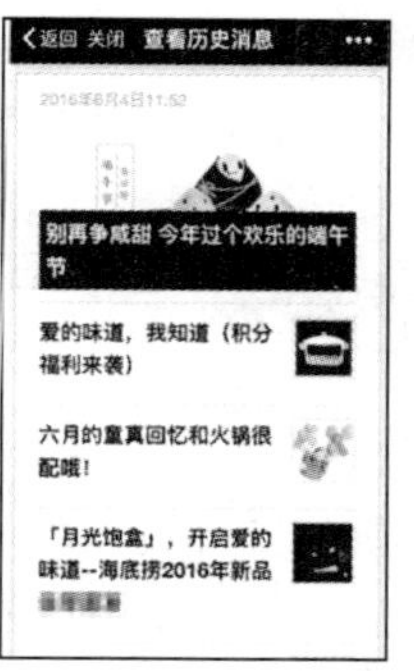

图 4-19　“海底捞火锅”公众号内容

海底捞火锅擅于利用节日和热点进行内容营销，海底捞火锅微信公众号的每次推送都会选择固定的节日或有热点的时间，通过在文章中打造原生广告吸引用户线下体验新产品或线上购买产品。将热点和产品内容相结合是很值得学习的营销手法。

海底捞火锅充分考虑用户在就餐前、中、后场景中可能遇到的问题，并通过微信公众号提供增值服务来解决问题。例如，针对就餐前遇到的排队问题，用户可以通过在微信公众号中提前预约座位得到解决；针对在就餐时遇到的等待问题，用户可以通过玩小游戏打发时间；针对就餐后想要购买火锅底料，用户也可以通过微信公众号购买。这种用增值服务来满足用户的心理需求，从而吸引用户的做法是非常值得学习的。

5. 增加用户的技巧

海底捞火锅微信公众号增加用户的技巧主要有以下四个。一是用户通过参与活动获得物质奖励引导口碑社交宣传。二是海底捞火锅微信公众号在文章最后设置鼓励分享链接。三是除了微信公众号本身外，海底捞火锅在实体产品里放置抽奖码，需要用户在微信公众号上进行抽奖，以此带动关注。四是门店引流，用户在门面消费时会被告知可以在微信公众号上提前浏览菜单、排号、订餐、打小游戏等，最大限度使线下用户转化为线上用户。

6. 与用户的互动方法

（1）举办活动

海底捞火锅会定期举办活动送出代金券，以此来保持用户的活跃度，餐饮类账号很容易形成只基于地理位置的暂时性用户，只有和用户形成互动并给予一定物质激励才能将短暂用户转化为稳定的用户群体。

（2）后台意见反馈

用户可以通过在微信公众号后台回复“1”进行意见反馈（见图 4-20）。

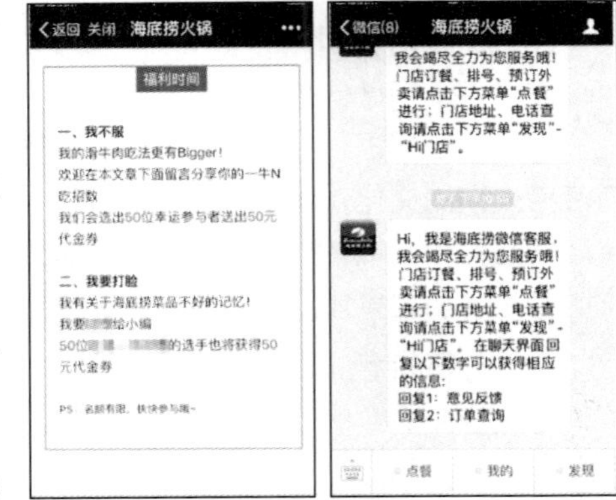

图 4-20 海底捞火锅微信公众号与用户互动

（3）游戏或调研互动

海底捞火锅通过对微信公众号中数据的抓取，获得用户的行为偏好，对用户习惯和喜好进行分析，可以给今后的服务提供优化参考。

7. 菜单设计

海底捞火锅微信公众号的菜单由“餐饮服务+个人服务+更多服务”构成，主要设置如图 4-21 所示。

（1）点餐

除了基本的门店订餐排号服务，海底捞火锅还提供外卖和电商等线上服务，满足用户足不出户就享受海底捞火锅服务的需求。线上引流的模式为海底捞火锅打造了一个更加全面的餐饮品牌。

（2）我的

海底捞火锅为每个用户都设置了唯一的会员中心和移动会员卡，并且用户可以通过后台进行意见反馈。

（3）发现

海底捞火锅打造了一个全面的微社区，用户可以根据自动定位查询海底捞火锅的门店信息，可用小游戏打发等待时间等。

推送文章信息很多时候并不是微信公众号的目的，微信公众号的目的是通过提供服务让用户对品牌形成信任和依赖。再加之线上餐饮运营不同于线下，重心应当放在如何抓住核心用户并与之互动上。线上引流和线下消费相结合，才能形成一体化的服务体系。

8. 运营启发

海底捞火锅是餐饮业将服务延续到线上的典型案例，对于打造餐饮业微信公众号的运营者，海底捞火锅有很多值学习的做法。

图 4-21　海底捞火锅微信公众号菜单设计

（1）微信公众号设计本身：微信公众号的页面操作也是秉承服务理念设计的，充分考虑了用户需求，真正做到了线上服务和线下服务的结合。

（2）O2O2O 模式：O2O2O 即 Online to Offline to Online，海底捞火锅通过线上（Online）推广的形式，引导用户到地面体验店（Offline）进行体验，之后再通过电子商城进行线上（Online）消费。海底捞火锅运用 O2O2O 的模式，将线下用户转化为线上用户，线上活动奖励引导用户线下再次消费，打造了一个品牌闭环。

（3）充分利用微信解决用户场景：海底捞火锅微信公众号有自己明确的战略定位，即通过考虑用户场景来解决用户在就餐各个环节可能遇到的问题，这也体现了海底捞火锅服务至上的理念。

（4）充分挖掘年轻用户行为习惯：海底捞火锅不仅重视对游戏的开发，而且重视打造基于微信的社交平台，这些增值服务都特别符合年轻用户对就近社交和新奇事物的偏好，通过挖掘年轻用户的心理需求，海底捞火锅为其微信公众号带来了大量的流量。

（5）海底捞火锅个性化的优质服务为其带来了很好的口碑效应，而微信公众号作为海底捞火锅服务的线上环节，解决了用户在实体消费时遇到的问题，为用户打造了一个系统的优质体验。

思考与练习

1. 微信个人号和公众号分别有哪些营销价值？
2. 装修微信个人号通常从哪些方面考虑？
3. 如何添加更多微信好友并建立信任？
4. 如何在朋友圈发内容、做活动？
5. 微信公众号内容产出模式、创作技巧、传播技巧分别有哪些？
6. 获取微信公众号目标用户的方法有哪些？
7. 请简述活动运营各个阶段的主要工作。

第 5 章

社群篇——增强用户黏性，精准营销

【学习目标】

- 掌握社群的构成。
- 掌握构建社群的方法。
- 掌握保持社群活跃度的方法。
- 掌握社群商业变现的方法。

随着移动互联网的快速发展，基于互联网的通信方式逐渐普及，受地理空间限制的社群也得到发展并越来越火爆。本章主要从构建社群、运营社群和社群变现三大方面帮助从业者掌握社群营销的必备技能。

5.1 快速了解新媒体时代的社群

5.1.1 社群及其构成，用户与产品缺一不可

社群运营由 5 个要素构成，它们分别是同好（Interest）、结构（Structure）、输出（Output）、运营（Operate）和复制（Copy）。根据这 5 个单词的英文首字母，可简称为“ISOOC”。

1. 同好——社群成立的前提

社群构成的第一要素——同好，它是社群成立的前提。

所谓“同好”，是指社群中的用户对某种事物有着共同认可。这些用户，可以基于某一个产品而聚集到一起，如苹果手机、小米手机；可以基于某一种行为而聚集到一起，如爱旅游的朋友群、爱阅读的读书交流会；可以基于某一种标签而聚集到一起，如某明星的粉丝；可以基于某一种空间而聚集到一起，如某生活小区的业主群；可以

基于某一种情感而聚集到一起，如老乡会、校友群、班级群。

2. 结构——决定社群的存活

社群构成的第二要素——结构，它决定了社群的存活。

这个结构包括组成成员、交流平台、加入原则和管理规范。运营者在这 4 个方面做得越好，社群发展得越好。

组成成员：发现、号召起那些有“同好”的用户抱团形成金字塔或者环形结构，最初的一批用户会对以后的社群的发展产生巨大影响。

交流平台：要有一个聚集地作为日常交流的平台，目前常见的有 QQ、微信等。

加入原则：社群有了最初的用户，也建好了交流平台，慢慢会有更多的用户加入到社群中，那么运营者就得设置一定的筛选机制作为门槛，一是为了保证社群质量，二是会让已加入社群的用户由于加入不易而格外珍惜这个社群。

管理规范：社群中的用户越来越多，运营者就必须要管理社群。所以，一要设立管理员，二要不断完善社群规定。

3. 输出——决定社群的价值

社群构成的第三要素——输出，它决定了社群的价值。它是考验社群“生命力”的重要指标之一。

例如，“拆书帮”不断输出高质量的读书笔记，形成了独具特色的读书社群；“秋叶 PPT”社群以持续输出高质量的 PPT 作品，在新浪微博平台上时常引起用户大量转发，形成了知名的职场教育品牌。

4. 运营——决定社群的“寿命”

社群构成的第四要素——运营，它决定了社群的“寿命”。不经过运营管理的社群很难有比较长的生命周期。

5. 复制——决定社群的规模

社群构成的第五要素——复制，它决定了社群的规模。由于社群的核心是情感归宿和价值认同，那么社群过大，社群中用户情感分裂的可能性就越大，所以在“复制”这一层，运营者主要考虑两个问题：一是有没有必要扩大社群规模，二是有没有能力运营更大规模的社群。因为，规模的扩大意味着更多的投入，那么相应的投入产出比是否能够支撑社群一直发展下去是运营者要考虑清楚的。

5.1.2 社群营销的价值，用信任和黏性提升口碑

社群营销的价值主要有以下三个方面。

1. 感受品牌温度

品牌的树立是一个长期的过程，塑造的形象必须被周围大众广泛接受并长期认同，而社群的形态有助于品牌直接展示自身鲜明的个性和情感特征，让用户可以感受品牌的温度。

2. 促进产品销售

不论是基于共同兴趣的学习型社群，还是基于个人需求的运动健身群，运营者在社群中发布产品广告，能够激发用户的购买冲动。

3. 维护用户黏性

在传统的营销环境中，产品售出后，除了退换货，企业似乎和用户已断了联系，而社群则是要“圈住”用户，让其更深度地参与到企业产品的反馈升级以及品牌推广中来，从而主动为品牌助力。

5.1.3 社群的质量评估，活跃度与多种变现

社群的质量主要通过“ISOOC”模型进行评估。本节以十点读书会社群为例进行案例分析。

1. 十点读书会的同好

十点读书会吸引的是一群爱读书的人。十点读书会认为一个人的知识储备等于阅读力乘以阅读量，该社群在关注每一个社群成员阅读量的基础上，关注提升社群成员的阅读力，通过潜移默化的影响，促进社群成员的进步。社群成员每日阅读打卡，每周探讨阅读话题，每月组织线下活动，每一个有关读书的环节环环相扣，把相同频率的读书人联系到一起。

2. 十点读书会的结构

仪式感：十点读书会的训练营每次开营都会有开营仪式和结业仪式，给了社群成员一种强烈的仪式感，从而让社群成员更加认真严肃地对待 100 天的训练。

参与感：十点读书会的训练营活动，每天都是以固定的打卡模式，社群成员在朋友圈或者微博平台提交自己的作业，并每周填表提交。

组织感：十点读书会的训练营都会进行分班，运营者从社群成员中选拔出组长，还为社群成员配备了助教。

归属感：训练营因为有分班制度，所以能让社群成员更有凝聚力，社群成员的归属感也就更高。

3. 十点读书会的输出

十点读书会公众号中的文章刚开始以名家授权转载为主，原创性不强，后来社群运营者开始采取约稿、领读模式，极具特色的训练营矩阵让整个社群有所输出。

100 天训练营：十点读书会面向全国读书人发起 100 天阅读训练营活动。仅 3 天时间该计划招募文阅读量超过 10 万，最终确定 2500 人进入训练营。另外，十点读书会在新浪微博发起“100 天阅读计划”话题，当天就成为新浪微博热门话题，拥有超 4000 万的话题阅读量，此后每天将会有好几千训练营成员在新浪微博上进行阅读打卡。读书类相关内容迅速冲上新浪微博话题排行榜。

PPT 训练营：十点读书会联合秋叶面向全国发起 PPT 训练营活动。这是史上较大规模的一次 PPT 训练营。仅 3 天时间该计划报名帖阅读量 12 万，最终确定 4500 人进

入本次 PPT 训练营。另外，十点读书会在新浪微博发起“PPT 训练营”话题，次日即拥有超百万的话题阅读量，此后每天都会有好几千训练营成员在新浪微博上进行 PPT 训练打卡。PPT 训练营作为十点读书会开创的线上学习分享模式，不管是宣传规模还是招募营员数量均再次创下新纪录。

100 天改变自己训练营：十点读书会联合古典老师发起 100 天改变自己训练营活动。仅 3 天时间该计划报名帖阅读量累计超过 20 万，最终确定 9500 人进入训练营。8 月 12 日，十点读书会在新浪微博发起“100 天改变自己训练营”话题，话题阅读量超 4000 万，此后每天有好几千训练营成员在新浪微博上进行 100 天改变自己训练打卡。古典老师携手 90 名助教团入驻 20 个微信班群，悉心指导训练营成员。

正是这样良好的输出能力，使十点读书会社群与社群成员产生了高黏性，为社群的发展打下了良好的基础。

4. 十点读书会的运营

目前十点读书会做了几大矩阵，包括新媒体矩阵（微信公众号、新浪微博、十点直播间、十点电台等）、作家见面会、十点训练营、十点课程等。

十点读书会运营的微信公众号 6 个月粉丝量达 30 万，新浪微博粉丝量超过 80 万，多个千万级阅读量话题成为微博热门话题，还有强大的千万粉丝级自媒体资源“十点读书”作为后盾。

十点直播间：通过严格筛选，十点读书会面向全国招募了 20 多名高质量主播，全程参与线上直播间访谈节目、各地读书会活动主持，以及建立了十点读书会电台。另外，十点读书会还面向会员建立十点文字营，撰写十点读书会的相关文字内容。

作家见面会：十点读书会举办多场知名作家的见面会。

十点训练营：十点读书会分别与多位“大咖”合作开展训练营，都取得了不错的活动效果和曝光率。

线下读书会：十点读书会目前已在 30 个城市开设分会，约 3000 名正式社群成员。其中超过 24 个城市已经举办了第二场线下读书会，社群成员积极踊跃地自发组织的各种各样的线下读书会已达近百场。

线上分享会：十点读书会在各城市已开展六一“致童年书”、父亲节主题分享、班委跨城分享、班委风采展示、“达人”课堂等数十场线上主题分享会。

兴趣小组活动：在社群的引领下，社群成员还建立各种兴趣小组，包括跑步团、羽毛球团、PPT 提升组、原创文字营及主播团等。

5. 十点读书会的复制

十点读书会围绕着读书，在线下的复制上是做得比较好的，社群成员线下黏性也比较好。

目前，十点读书会也开始开展在线教育，借助自己的导流能力，整合优质社群，特别是能够产出优质课程的社群，一起运营在线课程，通过教育型社群扩展十点读书会的后续规模。如果十点读书会能打通整合优质社群的商业模式，在复制上的潜力将是非常可观的。

5.2 五个要素，抓住构建社群的核心

5.2.1 同好，找到共同爱好的人群

运营者在社群“同好”主题之下要尽可能确立社群成员共同认同的价值观。社群成员有共同认同的价值观才能保持长期的连接。

1. 建立社群的目的

运营者要明确建立社群的目的，它是后续一切活动开展的初衷。如果一个社群的存在，既能够满足社群成员的某种价值需求，并在满足需求的过程中，又能够给运营者带来一定的回报，就会形成一个良好的循环。

一般来说，建立社群的常见目的有以下几种。

（1）销售产品

某些人建立社群目的是为了能够更好地售卖自己的产品。例如，有一个人通过建立社群，分享绣花经验，分享完了就可以推销其淘宝小店。这种基于经济目标维护的群反而有更大的可能生存下去，因为做好群成员的维护，就可以源源不断获得老用户的满意和追加购买。

（2）提供服务

某些人建立社群是为提供服务，例如，在线教育平台要组织大量的学员群进行答疑服务，还可以通过微课在线分享知识，有的企业建立社群与客户进行联系，以提供一些咨询服务。

（3）拓展人脉

人脉型社群尤其要明确定位，每个人的需求是不同的，如果做社群找不到定位，是非常容易失败的。例如，“正和岛”是定位企业家的群体，围绕创业者社群建立的生态链，下面有很多细分的组织；“猫的剽悍江湖”的定位是“不断走出自己的舒适区，突破自己的认知领域，多跟优秀的陌生人做朋友，向他们学习”，所以该社群招募时只招陌生人。

（4）聚集兴趣

基于如读书、学习、跑步、艺术等爱好而聚在一起的群成员形成的社群，其主要目的是吸引一批人共同维持兴趣，构建一个共同爱好者的小“圈子”。尤其成长是需要同伴效应的，没有这个“同伴圈”，很多人就难以坚持，他们需要在一起相互激励，很多考研群就是基于这样的目的创建的。

例如，ScalersTalk成长会以“持续行动，学习成长”为目标，口译等技能的练习只是一个通向成长的手段，其核心是聚集一群价值认同者，一起完成更有意义的事情，并从中得到成长。

（5）打造品牌

出于打造品牌的目的而组建的社群，旨在和用户建立更紧密的关系，并且并非简

单的交易关系，而是实现在交易之外的情感连接。社群的规模大了，传播性就可以增强，对于品牌宣传就能起到积极作用。

但需要注意的是，不是所有品牌都容易和用户建立产品之外的情感连接，这跟品类以及沉淀是有直接关系的。例如，用户不会觉得用一个洗手液就代表什么生活方式，因为其功能性太强；而手机作为时尚、潮流的产品，用户对手机的关注度较高，可以讨论的话题较多，那么，社群就可以快速被建立。

还有一些品牌，本身在用户群体中的口碑还没有建立起来，没有一定品牌的沉淀，想要构建社群也不容易。

（6）树立影响力

企业可以借助社群更快地树立影响力。

因为网络缺乏一定的真实接触，这种影响力往往能让新入群的成员相信或夸大群主的能量，形成对群主的某种崇拜，然后群主通过激励、分享干货、组织一些有新意的挑战活动鼓励群成员认同某种群体身份，最终借助群成员的规模和他们的影响力去获得商业回报。

2. 社群的价值

社群自身必须有一定的功能，能给群成员带来一定的价值。社群的价值是基于能力构建的，而不是基于热情或者愿景。构建社群价值需要注意以下几个问题。

（1）价值要尽可能抓住群成员的痛点

同好定位一旦偏离了，社群的运营方向自然也不会达到预期。要让社群的价值抓住群成员的痛点，就需要从以下两个维度思考。

第一，从社群发起人的角度，社群发起人为什么要建立这个社群，希望通过创办与运营社群而得到什么，也就是前面讲到的要明确“建群的目的”。

第二，从社群中群成员的角度，群成员为什么要加入这个社群，希望通过加入与参与社群而得到什么。对于一个社群来说，要聚集在一起的群成员必须有一个共同的强烈需求，社群必须能提供解决这一需求的服务。

（2）价值要具体

社群的价值要聚焦，让群成员看到具体价值何在。以李笑来老师的共同成长群为例，群成员在这个社群里面能接触到各行各业的专家，所以这个社群的价值非常明显，那就是群成员要和老师身边的专家们一起做朋友，感受他们的思维，学习他们的方法。

（3）价值要有回报载体

社群既然应该为群成员提供价值，那就必须有一个能够产生经济回报的载体。同好的标签固然可以把同类特质的用户快速聚集起来，但如果没有相匹配的回报载体满足群成员深层次的需求，这样的“同好”就会陷入组织一群人热闹，社群发起人什么回报都没有的窘境。

很多时候还没有想清楚把一群人聚集起来之后，商业回报到底是在哪个点产生，社群发起人就凭着一腔热情把社群建设起来。一旦运营的激情消退，那些缺乏运营的社群，要么沦为广告群，要么就慢慢沉寂，社群只有一个空壳，不会再有价值。

例如，“趁早”社群有自己的微店，出售各种衍生产品；“罗辑思维”有自己的电商平台，如图 5-1 所示。

一群人有共同的爱好，极有可能买同样的服务或者产品，当购物话题在社群中被聊起来还能带来从众购买效应。

建设一个社群是需要付出巨大的时间成本和精力成本的，只凭兴趣爱好而不求回报地付出是不现实的。所以你可以看到，免费得到的一般是低质的服务，付费才能得到好的服务。在社群运营过程中，这个规则依然成立。

所以一个健康并能长久生存的社群是基于连接的“自生式”生态系统，它既能满足群成员的某种价值需求，又能给运营人员带来一定回报，只有这样才能形成一个良好的循环。

图 5-1　社群价值的回报载体

（4）价值要有互惠互利的共生点

通过调研大量社群发展的案例可以看到，真正能长久存活下来且不用特别维持，还能很活跃的社群，社群成员之间逐步建立了互惠互利关系。

因为一个社群就算有回报载体，但如果仅仅是一个产品或服务销售群，群成员难免会对社群的商业化性质质疑。想打消群成员的疑虑其实并不容易，但是如果社群运营者和群成员之间的回报是相互的，那么社群的自运营生态才能真正建立起来。

像秋叶 PPT 的核心群，聚集了很多喜欢制作 PPT 的群成员，秋叶老师有需求的时候群成员会主动帮忙，秋叶老师有定制 PPT 的订单也会介绍、推荐群成员去挑战，群成员彼此之间也经常打赏、分享彼此的好作品，互相帮助扩大个人品牌的影响力，这样的社群因为有了互利互惠的关系，价值自然就显现出来。

3. 社群的表现形式

社群的表现形式主要有以下几种。

（1）社群名称

名称是较为重要的符号，是所有品牌的第一标签、第一印象，所以要特别重视。一般来说，社群名称命名有核心源头延伸法，如魅友家等；目标用户法，如拆书帮、爱跑团等；结合法，如吴晓波书友会、秋叶 PPT 等。

好名称应该让人容易记住和传播，可以让目标用户群快速找到你。除非特殊原因，否则一定忌用宽泛、生疏及冷僻词汇等。

（2）社群口号

社群口号一般包括功能型、利益型和“三观”型三种。其中，功能型主要是运营者阐述自己的各种特点或做法，用较为具体直白的信息让群成员第一眼看到就知道你是做什么的。例如，“猫的剽悍江湖”社群的口号是“读好书，见牛人，起而行，专于一”。利益型主要是运营者阐述该社群能够带给群成员的直接利益，能够为群成员完成某个目标做出的贡献。例如，秋叶 PPT 社群的“每天 3 分钟，进步一点点”。“三观”型主要是运营者阐述追求该利益背后的态度、情怀、情感，该利益升华后的世界观、价值观、人生观，例如，趁早社群的“女性自己的活法”。

（3）视觉设计

社群要凸显仪式感、统一感，那么视觉就是最基本的表现手法。不论是线上传播、线下活动，视觉设计都很重要，所以运营者必须精心构思，而这一切的视觉设计的核心就是 Logo。

以 BetterMe 大本营社群为例，其社群的 Logo 含义如图 5-2 所示。

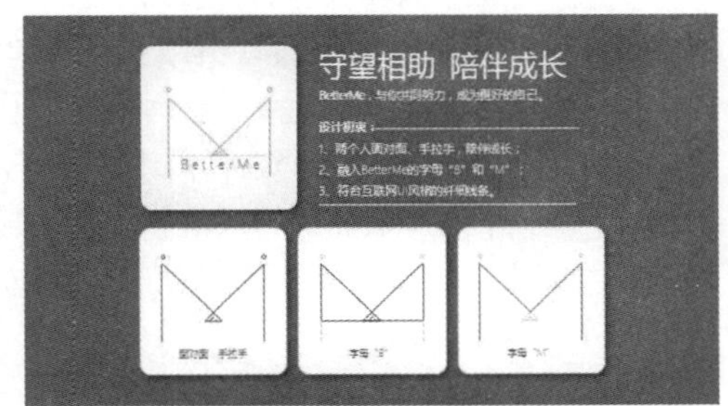

图 5-2 BetterMe 大本营社群 Logo

Logo 设定好之后，所有平台的占位、活动的开展，基本上都以 Logo 来进行延伸，就像企业的品牌标志一样，企业可以在官方微博和微信、纪念品、邀请卡、胸牌、旗子、合影……贯穿始终，处处都需要用 Logo 来强化品牌形象。

目前常见的社群 Logo 有两类：一类是已经非常成熟的企业或者品牌，在做社群的时候，会直接沿用自己原来的 Logo；另一类是一般情况下原生态的社群，主要还是用文字作为 Logo，部分也会用一些核心人物或者理念延伸的卡通形象作为 Logo。

Logo 要考虑分化性。一种是在主 Logo 上加分区域的名称，如趁早读书会；另一种是在原基础上进行适当修改，如魅友家的各地社群 Logo，都会结合当地的地标或文化进行修改，但整体风格是一致的。

（4）黏性方式

增强社群黏性，运营者可考虑从形式和节奏两方面入手。

① 形式方面：运营者用某一种自己所擅长的形式持续输出内容并和群成员交流、互动来不断强化共同的价值观，常见的有以下形式。

官方内容：例如，罗辑思维微信 60 秒语音，趁早读书会的“效率手册”。

互动形式：例如，群讨论、群分享、答疑、内部群送福利活动等。

周边产品：例如，秋叶 PPT 的 3 分钟微课程、行动派的日历等。

线下活动：例如，BetterMe 大本营，不但每年固定与群成员聚会加强感情联系，还会专门花时间对群成员进行培训。

② 节奏方面：群成员以固定的方式做类似的事情可以有节奏地连接，形成固定的使用习惯，对下次活动产生预期，参与度也会提高。

（5）主动“洗粉”

社群如果要提高群成员的凝聚力，就不能什么人都引入，要引入具备共同认可的“三观”的人。有必要时，必须放弃一部分群成员，这个过程叫“洗粉”。

当然主动“洗粉”策略建议慎用，与其一开始随便引入，后期“洗粉”，不如一开始设置好社群进入门槛。

5.2.2 结构，制订群规并共同维护

在社群的结构方面，有两个主要组成部分，一个是“成员结构”，另一个是“社群规则”。

1. 成员结构

如果一个社群里都是拥有同样兴趣的人，这个社群一开始可能会让群成员觉得兴趣相投，过一段时间反而会让群成员觉得单调乏味。

群成员要“同频”，这和“多元化”并不矛盾。一个热爱学习成长的人，可以是外向的，也可以是内向的，个性和需求并不是冲突项，而是包含项，“同好”是社群存在的意义，“多元化”是社群持续的根本。

总而言之，一个运作完善的社群中有以下多元化的角色。

（1）创建者

社群的创建者一般具有的特质包括：人格魅力、在某领域能让人信服、能号召一定的人群。除此之外，他还要具备一定的威信，能够吸引一批人加入社群，还能对社群的定位、壮大、持续、未来成长等都有长远而且正确的考虑。

（2）管理者

作为社群的管理者，需要具备良好的自我管理能力，以身作则，率先遵守群规；有责任心和耐心，恪守管理者职责；团结友爱，决策果断，顾全大局，遇事从容淡定；要赏罚分明，能够针对群成员的行为进行评估并运用平台工具实施不同的奖惩。

（3）参与者

社群的参与者不需要步调保持一致，其风格是可以多元化的，多元连接才能激发社群整体的活跃度，进而提升参与度，一个生命力持久的社群，需要每一位群成员的深度参与。

（4）开拓者

社群的核心资源是人，只有把在社群中的资源充分利用到位，才能真正发挥出社群的潜力。所以开拓者要能够深挖社群的潜能，在不同的平台对社群进行宣传与扩散，尤其是能在加入不同的社群后促成各种合作的达成。因此，要求开拓者具备懂连接、能谈判、善交流的特质。

（5）分化者

分化者的学习能力都很强，他们能够深刻理解社群文化，参与社群的构建。分化者是未来大规模社群复制时的超级种子成员，是复制社群规模的基础。

（6）合作者

社群的建设独木难支，所以最佳的方式是社群管理者能够拓展一定的合作者用于资源的互换，与其他社群相互分享，共同提升影响力，或者通过跨界进行合作产生互利。在这一过程中，要求社群的合作者认同社群理念，同时具备比较匹配的资源。

（7）付费者

社群的运营与维护是需要成本的，不论是时间还是物料，都可以看作成本的消耗。所以社群的运作离不开付费者的支持。付费者付费的原因可以是购买相关产品、社群协作的产出、基于某种原因的赞助等。

2. 社群规则

运营好社群要求社群管理者制订一个符合社群定位的运营规则。规则模式可以先从一个社群做起，验证模式的可行性，最后进行大规模复制。本质来讲，社群规则不是规定群成员做什么不能做什么，而是规定这个社群的文化是什么。

（1）引入规则

发现并号召那些有"同好"的人聚集在一起形成金字塔或者环形结构，成为社群，最初的一批群成员会对以后的社群产生巨大影响。

所谓金字塔形结构，就是有一个人做精神领袖，然后群成员做社群的分群主。实际上只是用比较分散的方式，完成一个金字塔的关系。

所谓环形结构，就是社群中有多少成员是这个社群里面的灵魂人物，而且在这个环形结构里面，群成员的专业不一样，每个群成员都有其他群成员需要学习的东西。

总之，建立社群一定要用门槛保证质量，也让群成员由于"付出感"而格外珍惜这个社群。

（2）入群规则

群成员入群后需要遵守的一系列规则规范为形成入群仪式感做好基础。

① 群的系列化命名和视觉统一

社群关于命名和视觉统一的常见模式有以下几个。

群名统一命名：社群名+序号、群主名+归属地+序号。

群资料、群公告统一告知：社群管理者提前准备，告知相关事宜，如入群后报到、交流、设置聊天字体等。

成员名统一命名：身份+序号+昵称、归属地+类型+序号。

② 用好群公告，告知入群须知

一般群公告的设置可以明确"3个行为"：鼓励行为、不提倡行为、禁止行为，这是对社群质量的严格把关。

鼓励行为：如发表原创分享、入群的自我介绍、成长感悟等。

不提倡行为：如询问"小白"问题、发"心灵鸡汤"链接等。

禁止行为：如发广告、拉投票、言语不净、无休止争论、破坏群内和谐气氛等。

③ 自我介绍

一般来说，社交活动比较少或者偏内向的人不太会做自我介绍，会显得比较局促，还有的人不知从何说起，或者抓不到重点。这种时候，可以提供一个自我介绍的模板，让他们在此基础上进行发挥。

（3）交流规则

交流规则一般与社群自身的定位有关的，最简单的办法就是社群管理者小范围尝试后，将出现的常见问题罗列出来，然后一一对应起来设置群规。

例如，华中科技大学的“HUST 大电信团结群”的交流规则如下。

【群定义】

华中科技大学无线电系、电子与信息工程系、通信工程系的学生建立微信交流、友情联络、信息互通的社群。首发群名为“HUST 大电信团结群”，扩展群名后缀为“求实群”“严谨群”“进取群”，依次类推。

【群公约】

远离违法言行。

严惩人身攻击。

抵制传销集资。

拒绝商业广告。

不提倡“鸡汤”文。

克制拉票行为。

【群礼仪】

如群内出现多次、重复、持续、强烈的争吵、挑衅、侮辱等言语时，各成员、群管理员应及时友好劝阻当事各方，以维护群内友好团结的基础环境。如劝阻无效，群内所有成员皆可用“投诉接力”的方式表达不满，形式如“投诉@马向东+1”。当出现“投诉@马向东+10”且当事方仍未停止时，群管理员应及时将其移出群冷静反省，当事人改正后重新入群（如原群已满不保证能回原群）。

（4）分享规则

群的分享规则一般包括运营者主导制、嘉宾空降制、轮换上台制和经验总结制等几种。

① 运营者主导制

很多社群，大家之所以愿意加入，就是冲着运营者的威望来的，是冲着运营者分享干货而来。这种分享机制一般对运营者要求很高，需要运营者有极高的威望，还要有源源不断的分享主题和机动时间。

② 嘉宾空降制

运营者邀请社群外的“大咖”或专家分享，每次分享人是不确定的。这种机制要求运营者要么有足够的人脉关系能请来各路嘉宾捧场，要么社群有足够的能量吸引嘉宾来做分享。

③ 轮换分享制

如果群成员本身质量很高，那么群成员轮换分享就足够，这是最佳的状态。

④ 经验总结制

这种形式比较适合企业的内部社群。例如，太平人寿的“PP 琪”社群的群规是群成员把自己一天的拜访经历逐字逐句地分享出来，而不是转发一大堆链接。群成员自己用心写的，别人才会愿意去看。一方面，群成员白天努力工作，晚上做总结，每天都有成长；另一方面，如果群成员今天没有出去拜访，就没有原创分享，这种形式又起到了督促的作用。

（5）淘汰规则

淘汰规则常见类型有人员定额制、犯规剔除制、积分淘汰制、成果淘汰制四类。

① 人员定额制

例如，秋叶 PPT 的 69 群，规定群成员不超过 69 人，如果群成员达到 69 人，进一个就必须先剔除一个，基本上是长期潜水的或者长期没有参与原创内容输出的人会被剔除，这样的动态调整过程就保证了社群的不断成长。

② 犯规剔除制

影响到社群正常秩序的行为必须及时制止，如一旦有群成员发和社群无关的主题，特别是发垃圾广告，或者两个人在群空间里过度聊天，影响别人的阅读体验，就可能会被剔除。

③ 积分淘汰制

例如，某知名个人研究会，每周有小任务和作业，群成员根据成果质量的不同换取不同的积分，一个周期过后，积分排位在后面的几位必须剔除，然后进行新一轮的招募。

④ 成果淘汰制

例如，冯新老师的 C9 社群，有一个有趣的逆向淘汰规则。所有加入社群学习的成员要交 8000 元学费，如果群成员完成了学习任务，8000 元学费返还给群成员；如果群成员没有完成学习任务，学费就成为社群运营经费。

5.2.3 运营，丰富社群的正向生态

1. 平台选择

建立社群一定要选择一个运营平台，这个平台可以是论坛、QQ 群、微信群、YY 群，也可以是大规模开放在线课程（Massive Open Online Course，MOOC）学院，还可以是这些工具或者平台的混合体。具体哪一种社群运营平台更好，要根据社群的定位和运营规则来确定。

（1）从使用功能的角度进行选择

主流的社群运营平台是 QQ 和微信。一般来说，群成员不多的时候两者都很好用，但是一旦群成员众多，QQ 群的优势就显现了出来。一方面，微信群的群成员数量上限是 500 人，QQ 群可以达到 2000 人；另一方面，QQ 群有群文件、群视频、禁言等多种管理功能，有利于社群的维护。

（2）从用户习惯的角度进行选择

现在 QQ 的活跃人数和微信的活跃人数不相上下。现在的中学生都习惯用 QQ，他们认为微信都是成年人用的。腾讯 QQ 发布《“00 后”在 QQ：2019“00”后用户社交行为数据报告》显示：21 岁及以下 QQ 月活跃用户量，每个季度都以 10%以上的速率增长。而重庆是“00 后”用户最多的城市，之后依次是深圳、成都、广州。由此可见，选择平台时应考虑用户年龄、地域等诸多因素。

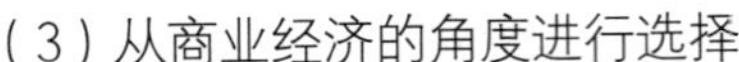

（3）从商业经济的角度进行选择

虽说很多社群开始走向商业化，但是群成员付费的方式一般都寄托于额外的一些操作手段。微信群本身是为了社交，群付费模式并不是特别方便，而商业社群探索的是基于付费模式来设计运营规则。有的社交软件已经开始尝试纯商业社群，如支付宝下的群种类。

（4）从跨多平台的角度进行选择

社群规模扩大后，群成员进行群交流分享就需要解决跨群同步的问题。目前基于社群的在线分享工具大量出现，常用的跨群分享平台有千聊、红点、朝夕日历等。

2. 种子成员

从 0 到 1 的难度高于从 1 到 *N*，因为在前期得到的种子成员的质量以及从中获得的价值，是整个社群运营的关键。种子成员的寻找和维护应该与社群规则的制订同时进行，把从种子成员那里得到的经验和教训作为制订社群规则的参考，这非常重要。寻找社群的第一批种子成员有以下几种方式。

（1）真爱聚拢法

一开始找群成员时其实很难，没有人气的社群是没人愿意加入的。最开始的方式只能是社群创建者邀请自己的朋友以及朋友的朋友，这些人先进来帮忙撑场面，有了基础的群成员，再慢慢通过活动、分享等吸引更多的人加入。此外，可以从老成员中挑选，要更多地留意那些喜欢产品、常来互动、多次购买产品并推荐给朋友的群成员，这样的群成员需要社群创建者在平常的接待过程中及时发现。

（2）影响力聚拢法

通常来说，在某一领域拥有影响力的个人和组织，更容易建立起垂直领域的社群。很多企业建立社群失败，就是因为社群中没有具有影响力的人物。一位普通员工建立 100 个群，顶多是 100 个微社区，除非这个人真正具有影响力。

（3）线上标签筛选法

互联网上有大量可以聚集某一特征人群的场景，例如，通过一场线上主题分享会吸引参会者加入社群，在某一人物的微博下热评的粉丝中逐个邀约，寻找某种特定风格网站的用户……找好社群的定位，寻找这些场景，通过互动联系这些人。第一批群成员聚集起来或许会花一点时间，但是打好基础是非常划算的。例如，新浪微博通过微博标签筛选出微博高校教师，组建了一个高校教师微博群，来引导大家互相认识、交流、投稿。

（4）线下场景切入法

一个做母婴类专营店的人用了 15 天时间，通过建立社群的方式完成了 12 万元的销售，他是如何做到的呢？他选择从线下场景切入，用场景找到潜在的目标成员。需要母婴用品的人在购买之前一般会去妇幼保健院、儿童娱乐场、早教中心……通过这些线下场合很容易找到目标成员。然后通过“入群就送价值 58 元的公仔书包”这样的方式，他经过 10 天就建起了 300 多人的妈妈群，不但极其精准，而且都在线下见过面，信任连接更强。

5.2.4 输出，打造社群的对外品牌

1. 打造社群品牌自媒体

要建立好的输出矩阵，需要做到全民化、激励化、品牌化、生态化、可视化等“五化”。

（1）全民化：全员开花而不是一枝独秀

当社群的每个成员在社群中展示自己的智慧、能力时，社群的价值才能不断提高。全员开花才是社群，如果仅仅一枝独秀，迟早会削弱社群中核心人物的能量，加速社群的衰亡。

社群管理者要下功夫扶持社群核心成员，构建影响力。很多社群管理者想打造自己的品牌影响力，却舍不得花精力扶持社群核心成员。其实，单点的影响力一般比不上多点形成的矩阵。

一个社群要进行群体进化，就要让普通群成员也能输出。怪木西西的社群“西瓜会”有一条入群规则，“入群请推荐：一本书+一个工具（网站/App/公众号）+一条西瓜会玩法”。这样的群规则让每一个群成员从入群就开始输出，贡献出自己的价值。

（2）激励化：好的输出要及时给予激励

群成员输出的内容最好有合理的回报，不然群成员的热情迟早也要减退。例如，“秋叶 PPT”69 群中有一半的群成员开通了微信公众号，基本上都拥有原创资格，之后就可以获得群成员和读者的赞赏。

（3）品牌化：持续稳定的产出打造了品牌

通过互相分享活动经验，社群的声势越来越高。一个社群要有意识地打造一个或几个品牌活动，让别人一看到这个活动就联想到其背后的社群组织。

（4）生态化：资源整合循环成闭环系统

社群输出的干货要有展示的窗口，因此社群必须建立与之相关的微信公众平台，在社群内输出的内容要通过微信公众平台去展示。例如，“PP 琪”社群的运营就形成了一个完整的闭环，如图 5-3 所示。

（5）可视化：打造社群兼顾内外的名片

未来的社群会越来越开放，而且会不断追求对外可视化。未来的社群应该做到：让别人可以轻松地感受到一个社群的能量。今天的社群对外宣传，大多是通过一个名称、一个 Logo、一个简略的介绍。但在一个社群的内部，其实大部分群成员之间根本没有交流。因此，打造社群的可视化，可以通过百度脑图打造社群云通讯录、社群云智库和社群云名片等方式。

2. 打造社群品牌活动

品牌活动可以让社群中的成员通过完成任务，用输出的方式得到回报，社群管理者也用不着非得找话题、做活动，因此维护管理的成本也不会太高。

例如，“群殴 PPT”是“秋叶 PPT”的一个品牌活动，活动的形式简而言之就是“一

群人改一页 PPT”。企业提供一页 PPT，可以有自己的 Logo、产品等相关信息。“秋叶 PPT”的群成员利用“和秋叶一起学 PPT”课程所学到的技能去修改这一页 PPT，通过微博平台发布自己的作品。秋叶团队会对群成员的作品进行点评与反馈。

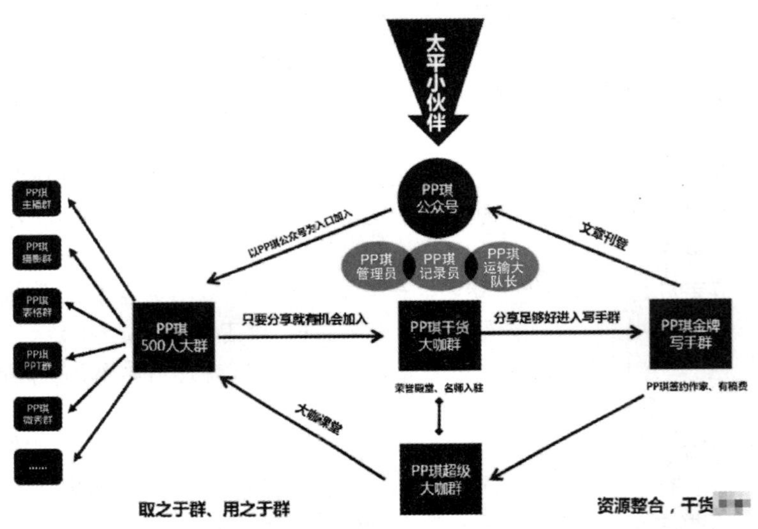

图 5-3 “PP 琪”社群生态系统

3. 打造社群爆款产品

爆款有利于形成焦点，获得足够的引力，聚合足够的关注，而且爆款一般意味着可观的回报。例如，BetterMe 大本营推出的“跟小荻学沟通”训练营，定价 99 元/人，上线 8 小时后，500 个名额全部售罄。这不但能够在短时间内获得大量有相关爱好人群的关注，同时丰厚的回报也会给社群管理者带来充足的信心和激励。

5.2.5 复制，裂变分化出社群规模

社群成立之后，对于大部分运营者来说都会遇到一个新的挑战：如何做大？也就是社群规模的问题。对于这一问题，运营者需要从以下几方面进行考虑。

1. 扩大时机：什么时候可以开始复制

是否已经做好扩大运营的准备？例如，运营者是否做好人力、财力、物力的准备，是否能够支撑社群快速复制？社群规模的扩张不能盲目，运营者要清楚地看到人力成本是否能够同步跟上社群规模的扩张。

社群是否已经形成了亚文化，是一个非常重要的指标。亚文化又称“集体文化”或“副文化”，指与主文化相对的那些非主流的、局部的文化现象，指在主文化或综合文化的背景下，属于某一区域或某个集体所特有的观念和生活方式。任何社群想要持续存在，必须形成一套有鲜明特征、打上自己烙印的文化体系，因为资源是会枯竭的，

唯有文化才能生生不息，这是社群生命力的核心。

2. 复制周期：按照怎样的节奏进行复制

评估社群复制周期可以参考产品周期评估法和生命周期评估法。

（1）产品周期评估法

一个社群的存在，既能够满足群成员的某种价值需求，又能在满足群成员需求的过程中给运营者带来一定的回报，这样就会形成一个良性的循环，甚至可以形成自运行的社群生态。运营者想要得到长期性的回报，就得设置长期的需求。这也是为什么大多高频重复使用类产品的社群存活时间比单纯兴趣社群要长的原因。例如，一个以“简历”为同好的社群运营周期就比较短，同时群成员需求时长也比较短。一旦群成员找到工作，简历社群就难以复制了。因此，社群运营的时间周期与群成员需求时长的定位是息息相关的。

（2）生命周期评估法

任何事物都是有生命周期的，大部分社群都会经历一个生命周期模型，如图 5-4 所示。一个社群整个生命周期模型长则 6 个月，短的甚至只有一周。运营者必须认识到，即便是出于商业目的去主动运营一个社群，在运营非常好的情况下，社群也是有生命周期的，这个生命周期大约为两年。

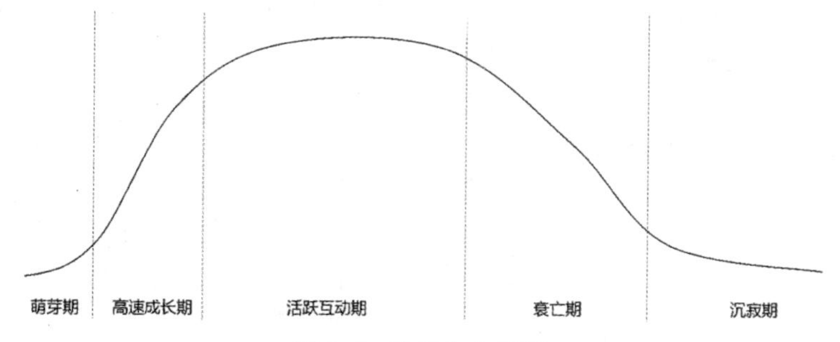

图 5-4　社群生命周期

3. 复制方式：如何有条不紊地扩大社群的规模

如果同步复制 10 个群，最终很可能每个群的风格都不一样，相互之间似乎完全割裂。因此，想让社群统一，有向心力、凝聚力，就必须传承社群文化。

以秋叶 PPT 学员群为例，运营者先成立了“和秋叶一起学 PPT 1 群”，在开放社群之前，做了大量工作，使得群成员的数量很快就突破了 300 人。秋叶 PPT 学员群最活跃、重购率最高的都是“和秋叶一起学 PPT 1 群”，因为这个群是由当年课程一出现就立即毫不犹豫地支持秋叶的学员组成的，这是“真爱群”。

社群运营进入良性循环后运营者才开始启动第二个群的建设，通过内部小窗，转移了一部分老群成员到 2 群，于是 2 群一开始就有一定的规模，这样新人入群感觉就较好。由于老群成员在群里，自然就把群里自觉不刷屏、禁言的文化传承了下去。后边的 3 群、4 群、5 群都以此类推。这样新老结合，让入群的人一开始就感觉加入一个人数较多的群，形成在线抱团学习的感觉；同时借助老群成员自然延伸过去的禁言

文化，为群的管理打好基础，社群文化也自然得到复制，如图 5-5 所示。

4. 复制陷阱：从小社群到大社群会遇到的陷阱

如果一个社群能够度过从 0 到 1 的生存期，运营者自然就会思考能否把社群做大做强，延长社群的生命周期，甚至创造出新的社群生态。不过，大部分社群还没有走上从 1 到 10 的发展壮大之路就进入了死亡状态。产生这一问题的原因主要有以下 5 方面。

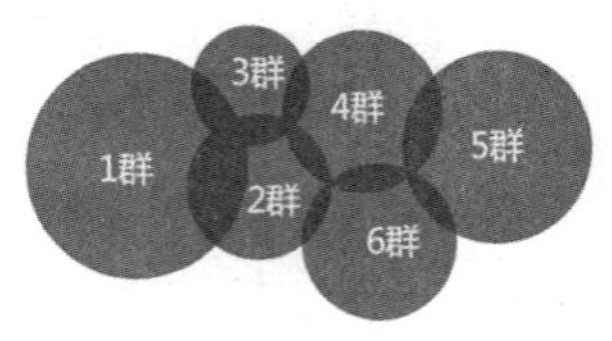

图 5-5　社群复制方法

（1）失焦

失焦是导致社群消亡的第一个原因，它是指社群缺乏一个明确的定位。没有定位的一个表现就是无论什么人都可以加入社群，结果一个社群中既有专业人士又有新手，运营者把不同层次的人混在一起，以为这是所谓“去中心化”的自组织。结果很多群成员一看专业人士在社群中，马上就各种加好友、求链接，导致专业人士的流失。

（2）无首

“无首”是导致社群消亡的第二个原因，“无首”就是缺乏有影响力或热心的群主来管理群。很多人觉得，一个社群如果有管理、有规矩，就违背了“去中心化”的宗旨。其实这是一个误解。社群不可能完全自组织，只能说社群在移动互联网时代呈现组织网络化、话题发散化、沟通碎片化。一个社群如果没有群主主动组织话题、发起活动、维护社群秩序，这个社群就很容易变成广告群。

（3）强势

与“无首”对应的，是群主的个性过于强势。社群有了规模以后，群主为了避免社群成为广告群，往往制订了严格的群规。但是越严格的群规越容易引起争议，因为很多人不喜欢在一个网络组织中还有太多的约束。例如，有些群主希望社群中少一些闲聊，不要发与主题无关的话题，有的群成员就会认为一个只聊专业话题的社群没有趣味，不认同这样的规矩，他们认为应该发表一些轻松活泼的内容来活跃气氛。

（4）无聊

运营者要想把社群做得有声有色，不让群成员感到无聊乏味，就必须定期举办活动。如果一个社群总是只有固定的几个群成员比较活跃，大部分群成员就失去了新鲜感，社群也就失去了活力。

如果一个社群的规模不超过 40 人，群成员认同度高，愿意一块聊，那么就不需要刻意限定分享形式，社群的生命周期也会很长。但如果一个社群的规模较大，固定的参与社群活动就会让群成员产生一种身份认同感，这种身份认同感也是群成员愿意留下来的重要理由。当这种身份认同感消失的时候，群成员很可能会选择退群。

（5）蒸发

当新成员们不断加入一个开放的聊天群时，社群中最有价值的成员如果感觉到群成员平均水平的降低让自己继续待在这里已经没有意义了，就会选择离开。这批成员的离开进一步降低了社群的价值，于是恶性循环开始，越来越多高价值的群成员选择离开，直到有一天这个社群彻底地沦为一个平庸的聊天群。我们把这一社群现象称为

"蒸发现象"，即高水平群成员不断地被"蒸发"，冷却了社群的热度。

5.3 保持社群活跃度的 7 个方法

5.3.1 社群分享，塑造品牌吸引人气

社群分享是提高社群活跃度的有效方式。运营者要做一次成功的社群分享，需要考虑以下 10 个环节。

1. 提前准备

运营者要提醒分享者就话题准备素材（特别是对于没有经验的分享者，检查他分享的内容质量是必要的），特别要强调分享者应该分享对群成员有启发的内容，而不是借着分享做自己的广告。

话题分享模式要求运营者准备话题，并就话题是否会引发群成员讨论进行小范围的评估，也可以让群成员提交不同的话题，运营者再进行选择。

2. 反复通知

如果确定了分享的时间，运营者就应该提前在群里多发布几次消息，提醒群成员按时参加，否则很多群成员会因为工作选择屏蔽消息，而错过活动通知。如果分享特别重要，运营者甚至应采取群发或一一通知的手段。

3. 强调规则

如果在群分享前，社群中有新朋友进入，由于他们往往不清楚分享的规则，会在不合适的时机插话，影响分享者的分享，因此在每次分享开场前都需要提示群成员应遵守的规则。

如果是 QQ 群，运营者可以在分享规则时开启临时禁言功能，避免规则提示被很快刷掉。

4. 提前暖场

在正式分享前，运营者应该提前取消群禁言，或者主动说一些轻松的话题，引导群成员上线，营造交流的氛围。一般一个群上线的人越多，消息滚动得就越快。

5. 介绍分享者

在分享者出场前，社群中需要有一位主持人做引导，介绍分享者的专长或资历，让群成员进入正式倾听的状态。

6. 诱导互动

不管是哪种分享模式，都有可能出现冷场的情况，因此分享者或主持人要提前设置互动诱导点，而且要耐心等待群成员的消息；很多群成员是手机在线，打字不会太快。

7. 随时控场

若是在分享的过程中有群成员干扰，或者提出与主题无关的内容，这个时候需要

主持人私聊提醒，引导这些群成员先服从分享秩序。

如果是 QQ 群，主持人直接以小窗沟通就很方便，必要时还可以直接用禁言的方式强制控场。但如果是微信群，主持人必须先加好友才能沟通，要麻烦很多。如果直接在微信群里提醒，又会干扰嘉宾发言，因此很多时候选择 QQ 群进行交流更为合适。

8. 收尾总结

分享结束后，运营者要引导群成员就分享做一个总结，甚至鼓励他们去微博、微信朋友圈分享自己的心得体会。这种分享是互联网社群运营的关键，也是口碑扩散的关键。

9. 提供福利

在分享结束后，运营者如果给总结得较好、用心参与的群成员提供各种小福利，就更会吸引群成员参与下一次分享。

10. 打造品牌

运营者对分享的内容进行整理后，可以通过微博、微信公众号等新媒体平台发布、传播。很多社群开展在线分享，但是没有打造分享的品牌，这些活动就没有形成势能，也没有考虑把品牌活动的势能聚合到可以分享的平台上，这就造成了口碑的流失，导致社群品牌积累的流失。

5.3.2 社群讨论，实时响应营造良好氛围

社群分享一般是一对多，由一个分享者主导输出，其他人学习。还有一种形式是社群讨论，这种形式主要是通过一个话题，每一个群成员都参与进来，通过相互的讨论获得高质量的输出。

运营者可以从 3 个阶段准备一次社群讨论。

1. 讨论准备时

（1）Who

开展社群讨论时，运营者就需要建立内部管理组，小组内有重要信息时，小组成员要及时沟通、做出决策。小组成员比较重要的角色有 3 个。

① 组织者

如果有群成员提出一个好的话题，并且有自己的想法，一般来说，就由这个人担任本期的社群讨论组织者。

② 配合人

如果是群成员第一次做主持，大多没有经验，因此在群成员进行主持的过程中，需要一个比较有经验的人全程配合，一旦出现意外情况，配合人可以及时帮忙。

③ 小助手

小助手需要协助组织者和配合人做一些细小的琐事，并且还需及时回应，活跃社群内的气氛，带动整个社群的讨论。

（2）What

每一场社群讨论的流程可以固定，但最难的往往是话题的确定。一个话题的好坏

基本上决定了这场社群讨论能否活跃。因此，组织者在确定话题的过程中，设置的话题不能太大、太沉重，要简单、易讨论，有情景感、参与感，并能结合热点话题。

（3）When

组织者要告诉群成员什么时间点来参加讨论。假如确定好了讨论的时间，组织者就需要提前安排时间，避免因为有别的事而无法组织互动问答。一般来说，每个问题的讨论时长为半个小时。如果群成员讨论很热烈，就可以适当延长时间。如果上一个问题的反应较为冷淡，则可以减少时间，提早进入下一个问题的讨论。

2. 讨论进行中

如果组织者已经做了充分准备，那么接下来的整场讨论就可以按照互动稿上的内容进行，不过也需要注意根据情况进行适当变动。

一个问题讨论的时长是 30～40 分钟，组织者可以根据情况适当延长或缩短。如果没有太多社群分享的经验，就需要提前设想在分享的不同过程中应该说什么话，并写下来作为过程稿，可以发到内部管理组让大家帮忙看看并提出意见。

3. 讨论结束后

讨论结束后，组织者应当对本次分享的群成员发言进行汇总，并对本次组织的社群讨论进行总结。主要包括以下几点。

整场分享很成功，这是为什么？

气氛比较冷清，又是为什么？

应该怎么去改进？

总结完之后，组织者可以发到内部管理组和大家一起分享，一方面让大家提意见，另一方面通过这个总结的过程，组织者可以看到自己的优势或不足，为下一次组织社群讨论积累经验。

5.3.3 社群打卡，用仪式感增强认同感

在网络中，“打卡”这个词用来提醒人们为戒除某些坏习惯所做的承诺，或者为了养成一个好习惯而努力，而“社群打卡”就是社群中的成员为了养成某一个习惯所采取的某一种行为。

在社群中，“打卡”活动的作用有以下 3 个方面。

第一，群成员在社群中“打卡”意味着一种承诺，是对很多人的一个公开承诺，这比实际生活中宣称接受同事监督更贴近心灵深处，作用更大。

第二，群成员在社群中“打卡”代表一种态度，代表对这件事的重视程度，代表执行的认真程度，这也就决定了这个事情的结果。

第三，群成员在社群中“打卡”有助于养成好习惯，因为“打卡”就是在培养另一种习惯而克服坏习惯。习惯的培养和克服有它自身的规律，“打卡”是一种有效地养成好习惯的方式。

例如，“结构思考力”社群的“打卡”，要求群成员针对“每日一问”，用 3 个结

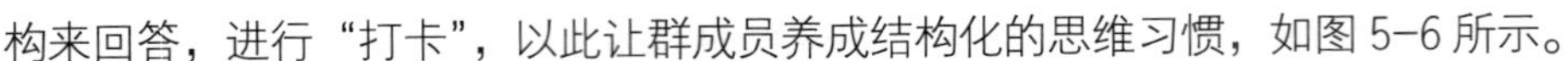

构来回答，进行“打卡”，以此让群成员养成结构化的思维习惯，如图 5-6 所示。

对于社群来说，“打卡”不但能够通过群成员高质量的输出来保持质量，还能提高社群的活跃度。

那么，一个社群的打卡活动应该如何规划与运营呢?

1. “打卡”规则的设置

一般来说，“打卡”的规则主要有以下几种。

押金制：例如，群成员交 100 元押金，如果完成要求的任务，可以收到退还的押金，否则押金流入奖金池，奖励给“打卡”优秀者。

淘汰制：例如，至少“打卡”18 天才有机会留在“打卡”群。

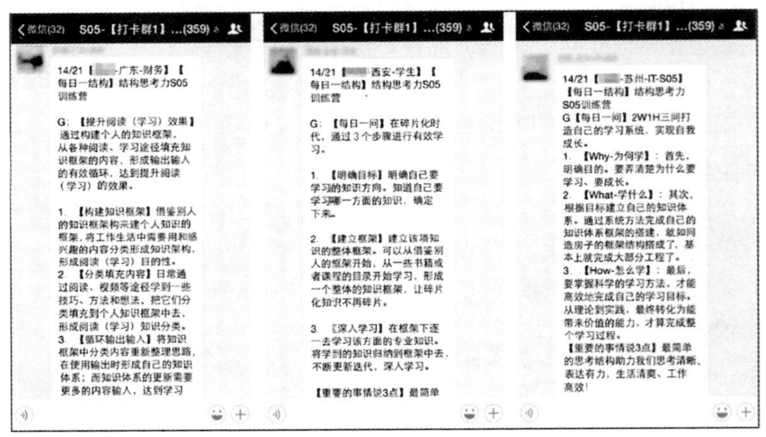

图 5-6　社群“每日一问”

监督制：例如，每个群成员的表现都会被记录和统计，每个群成员的“打卡”表会被看见。

激励制：例如，设置“最美厨娘奖”“最佳逆袭奖”“最励志大叔奖”“最有爱妈妈奖”等，精美的证书给群成员满满的成就感。

迭代制：不断地迭代打卡规则，增加板块，提升社群活跃度与群成员体验感，删减效果不好的板块。

2. “打卡”的运营分工

社群打卡一般是个长线且很烦琐的过程，对于主题明确、统一打卡内容的社群，最重要的是按照时间轴，做好纵向的管理分配，如“结构思考力”社群的“每日一问”打卡活动，包括选题、公告、点评、收集、评优等工作，一般会在上午由一位导师提出问题，当天群成员根据这个问题进行“打卡”，分享自己的答案。运营者会把全部打卡素材的 Excel 文件，提供给导师。之后，针对大家打卡内容，导师团会进行反馈。

但是，对于规则多、分组设置、环节丰富的打卡社群来说，这意味着运营难度加大。如果要维持比较高的水准，激励群成员持续输出有质量的“打卡”内容，就需要多名运营者投入相当多的时间，配合得当、分工明确，而最重要的是用心。

3. “打卡”环境的营造

群成员如果能够持续参与“打卡”活动，除了群成员的自制，也对社群中的氛围提出了高要求，只有营造恰当的氛围，才能让群成员们的“打卡”更加持久。

榜样：很多人在加入打卡群时，是自律界的“小白”，还有一些加班族、妈妈们会担心自己没时间打卡。因此，设立榜样成员是很好的办法。

鼓励：在打卡群，群成员们曾经放下的小爱好会被重新拾起。这时就需要运营者及时鼓励群成员。

反馈：鼓励虽然有用，但时间久了运营者会感觉“词穷”，群成员也会慢慢疲倦。除了鼓励和赞美，运营者还要营造相互点评，共同进步的氛围。例如，每个运营者分别负责一天的“轮流执勤”，在轮值的这一天，要至少为 5 个成员进行反馈，反馈的内容不能仅仅是“好棒”“做得好”这种宽泛的表扬，而应该尽量具体、有建议。

竞争：要发挥群成员的主观能动性，只有鼓励和反馈的正向氛围还不足，运营者还需要营造竞争氛围。例如，可以采取晋级竞争、输出竞争等方法。

趣味：很多新加入“打卡”的群成员，对有诸多环节设置的社群很有新鲜感，但对于已经坚持了多轮以上的“元老”来说，运营者也必须根据他们的需要而变化“打卡”方式。

惊喜：例如，运营者为打卡社群邀约一位真正的“大咖”来做分享，突然发放丰厚的活动奖品等。

感动：“打卡”群还应是个有温度的社群。例如，怀孕妈妈坚持到生娃前几天还在“打卡”，有人数着自己坚持“打卡”了多少轮等。这些行为都属于社群感动行为，运营者应当予以及时的鼓励。

约定：很多社群会有严格的规定，例如，不能发广告、非群主不能加人、规定时间禁言。更好的做法是在建群的初期社群就形成良好的社群文化，运营者发动全体成员共同监督，和群成员一起形成约定。

5.3.4 社群红包，宣布喜讯活跃气氛

发红包的目的主要有活跃气氛、新人报到、激活群员、宣布喜讯、打赏个人、发小广告等。不同目的下的红包运营规则不太一样，但都有一个共同的特征就是活跃社群气氛。因此，如何发挥红包的最大效用，是社群运营者需要思考的问题。

1. 师出有名，不能“任性”

发红包不能太“任性”，得有一个理由。过于频繁地发红包，会导致红包激活效应下降，在工作时间段发红包，尤其会被很多“加班党”忽略，他们就算抢了，那种抢了小钱却耽误了工作的懊悔感也会导致红包激活效应下降。

2. 要么够多，要么够大

由于群成员抢红包也要花费时间和流量成本，那种一分钱红包是不受欢迎的。也不建议运营者发大红包。无缘无故让别人抢大红包，对有底线的人来讲，也是一种负

担。一个社群假如有 500 个人，让 50 个人抢到红包已经很好，没有抢到的人也多了一个话题。但是如果群规模很小，都是朋友，就要做到人人都可以抢到红包，抢到多少是另外的话题。

3. 发定向红包

红包一旦被发出去，就容易被群成员抢走，甚至有的群成员发了 200 元红包，一个"潜水"很久的人默默抢了红包，然后马上退出社群。因此，发定向红包给那些为社群做了贡献的成员就会有很好的导向性。

4. 启动红包"无敌"连接模式

很多人想得到和名人交流的机会或者心仪的人关注的机会，其实发红包是一个有效的方式。例如，运营者在微信后台如果发现某天赞赏数据不太正常，远超平均水平，一定会去看看是谁发了大红包。很多人拓展人脉的方法之一就是看到好文章，想和作者联系，最简单的方式就是发大红包，多发几次，作者一般都会注意到。然后再联系作者，就非常容易。

5. 在正确的时间发红包效果会最大化

发红包需要注意时间段，一般不建议早上发红包，因为群成员领完红包后马上要进入工作状态，没有心情互动。在快下班时、晚上 9 点后、节假日这些大家都闲着的时间段发红包，人气会比较高。

6. 巧设规则让红包成为激励的武器

运营者为了激活社群气氛，发起红包接龙。例如，抢到最大红包的人接着发双份，一个红包接龙可以玩很久。设置发红包的规则很多，最常见的就是群成员发广告要发红包，金额不等。分享红包、任务红包、禁言红包、定向打赏红包等都是很好的激励方式。

5.3.5 社群福利，小惊喜提升用户体验

社群福利也是激发社群活跃度的一个利器。一般而言，社群的福利主要有以下 5 类。

1. 物质类

例如，BetterMe 大本营奖励社群成员管理书籍，如图 5-7 所示；或者给元老级的群成员一些年货，以及给群成员们一些合作商赞助的小礼品，如图 5-8 所示。

2. 经济类

例如，BetterMe 大本营的运营者会因为在某次项目中优秀的管理能力得到红包鼓励，如图 5-9 所示。社群中的群成员太多的话，运营者没有足够的资金，就玩红包抽奖，人人参与都有份，如图 5-10 所示。

3. 学习类

例如，赠送精品课程、优质课程等。有一些精品课程只有核心成员才能获得，这更激发了群成员的活跃度。

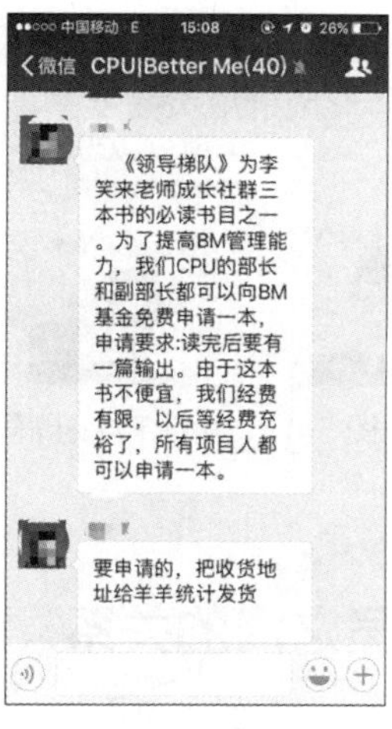

图 5-7　社群奖励

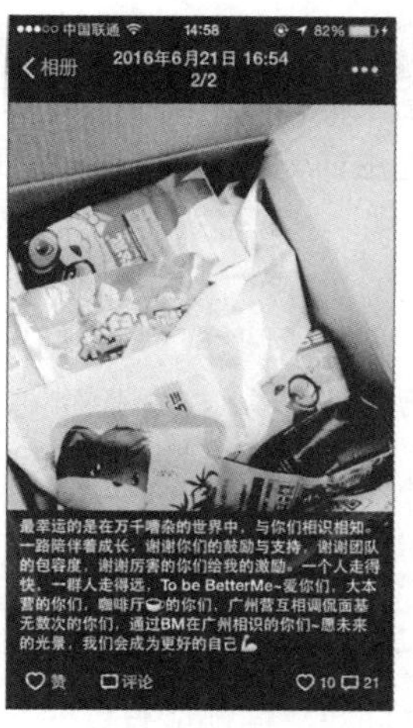

图 5-8　社群小奖品

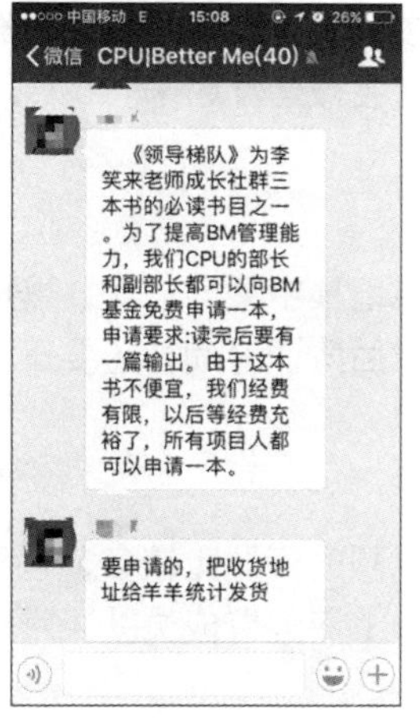

图 5-9　优秀管理奖励

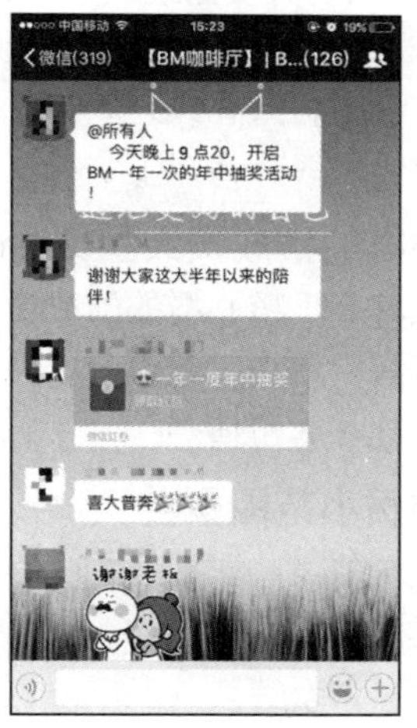

图 5-10　红包抽奖

4. 荣誉类

例如，群成员考核晋级、获得证书等。对于没有专门组织架构的社群来说，运营者在社群中设立一些特别的、有趣的头衔，群成员就会特别想要获得这个标签，这也是激发社群活跃度的方法。

5. 虚拟类

有些社群福利不是实际的商品或钱财，而是社群体系下的某一些规则，常见的有积分、优惠券等。例如，“结构思考力”社群的“打卡群”采用的学分制，群成员通过参与程度的不同获取不同的积分，通过不同的积分获得不同的奖品。

5.3.6　社群表情包，增加趣味加强链接

社群是基于网络连接的，大家素昧平生，怎么证明你是某个社群的成员？你和社

群内部的成员有没有对得上的“暗号”？

这种信息被称为社群中的“亚文化”，我们认为形成群成员高度共识的“亚文化”的社群会更有生命力。有一样东西在网络上传达“亚文化”非常有效，叫“表情包”，这是一个趋势。

所有的社群一旦形成“亚文化”，就应该考虑主动做自己社群的表情包。秋叶PPT社群也有其内部的表情包，如图5-11所示。

图5-11　秋叶PTT社群表情包

5.3.7　线下活动，拉近群成员之间的关系

人与人之间建立信任最有效的方式，不是网上聊天，是线下见面。在大部分人的观念里，线下的见面聊天要比线上来得实在，与其在线上聊10次，不如线下见面聊一次。

好的社群已经不再满足于线上运营，都在慢慢从线上走到线下，只有群成员在线下面对面的交流中，人和人之间交叉多维的联系才会被建立起来。

线下的聚会一般分为以下3种。

1. 核心群的群成员大型聚会

例如，秋叶PPT核心群的群成员每年都会在某地集中聚会一次，群成员见一次非常不易，运营者组织线下聚会，要先确定人数，然后协调时间，还要策划如何让群成员的聚会更有趣、有价值。

2. 群成员小范围聚会

基于小区域的某些群成员的小聚，群成员可以聊的话题比较多，也不会见外，很适合同一地域的群成员。例如，秋叶PPT的深圳、上海的群成员就经常自发地组织一些线下的聚餐、游玩等。

3. 核心+外围群成员聚会

这种聚会模式看社群的组织模式，规模越大，越复杂。好的社群已经开始在线下成立俱乐部。有了线上到线下的连接，社群的商业转化就更有可能了。

有些好的社群，通过线上运营为线下课堂导流，群成员也乐意聚在一起，觉得这个形式、这个场合很融洽，参加培训的群成员不仅仅是来开会，也是来见见在网络上早已熟悉的老朋友。

5.4　找对方法，商业变现并不难

社群关系是一种基于互联网的新型人际关系，在此基础上产生的社群经济，也成为一种新的商业模式，并引起了广泛关注。因此，如何运营好一个社群，便成为许多人和企业所要面对的问题。

5.4.1 社群商业变现的 3 种模式

1. 自建社群

通过前面章节的学习，运营者已经清楚了构建社群的手法，按照步骤一一执行，就可以构建自己的社群并且在恰当的时机进行规模复制。社群构建成功之后，如何从中实现商业变现呢？一般来说，自建社群商业变现的 10 个模式如下。

① 产品式

采取这种模式的前提是要有产品，社群成员也是因为产品而聚集在一起，所谓“社群未建，产品先行”，典型的例子就是秋叶 PPT 社群，先有课程学员，再有学员社群。

② 会员式

会员既是门槛，又是变现渠道，是大多数运营得好的社群的较常见的变现方式。这也是大多数兴趣、理念型社群的主流变现形式。会员式中最常见的是年费制，也就是群成员一年缴纳一定的费用，就可以享受一定的权益，这是非常易于理解和操作的付费模式。例如，BetterMe 大本营社群开展读书活动的时候，为了提高报名门槛，设置了保证金返还机制。参与人员一旦完成任务，就可以全额返还，这样就可以鞭策参与人员更好地实现目标。

③ 咨询式

在实践中发现，很多带有广告软文的产品推广效果并不是很好，因为很多人看到软文后还是有很多对产品的怀疑或者困惑，或者处于犹豫徘徊的心理状态，但此时又没有人可以直接打消这些顾虑。这时运营者就可以采取咨询模式建立社群为这些人提供建议。

④ 电商式

社群本身不要求有很大的规模，运营者通过自己的专业能力让这个群成员相信社群的专业度，然后去购买相关的产品或者服务，从而实现商业变现。

⑤ 流量式

社群流量大了之后可以收广告费。社群是某同类人群的集聚地，因此对于很多运营者来说，社群就是精准用户的聚集地。

⑥ 服务式

这种模式一般用来进行企业品牌的塑造，企业品牌就已经具有了核心竞争力，运营者不需要在短期内实现商业变现，只需要好好地花时间和精力来维系社群。

⑦ 众筹式

运营者通过社群发起众筹，利用社群聚集精准人群的特性，便于一些小众产品得到群成员的认可。

⑧ 智库式

例如，某互联网文案专家组建的社群，通过作业、练习的形式，利用群成员的集体智慧给很多前来咨询的商家提供营销服务。群成员本身就是各行各业的专家，这样做出来的营销方案既有高度又可实操，前来咨询的商家自然也会满意。而群成员一方

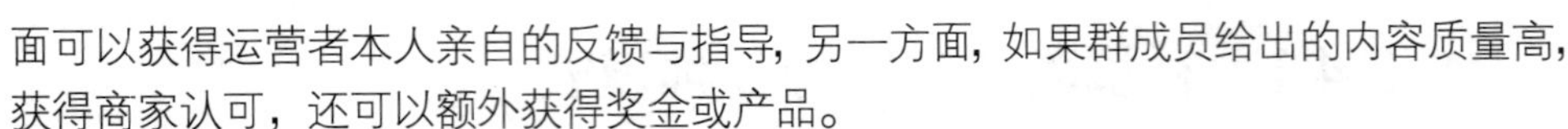

面可以获得运营者本人亲自的反馈与指导，另一方面，如果群成员给出的内容质量高，获得商家认可，还可以额外获得奖金或产品。

⑨ 抱团式

例如，很多手艺人有很好的手工技术，但是一个人很难有精力获得大量订单，只能凭口碑扩散。但是大量手艺人迅速抱团成社群，就有可能获得大量订单。

⑩ 跨界式

通过两种不同定位或类型的社群，或者社群与品牌相互之间的跨界合作，相互导流产生经济回报，共同获益，例如，趁早社群与中信银行的合作。

2. 承包社群

有一些明星的粉丝会自发地组建粉丝群，但是明星如何从这些社群中获得回报呢？

有经纪公司会专门对接这些粉丝群的群主（俗称“粉头”）。在一个完整的职业粉丝团中有一个经验丰富、能力强的“粉头”是关键。“粉头”通常受雇于明星本人或其亲友，或者是一位有经济实力和组织能力的真正粉丝，有的是兼职，有的是全职。

对于明星来说，明星并没有直接建立社群，而是有人带头建立好了，明星直接通过与“粉头”的联系，就可以直接影响到粉丝群，这种类型就是“承包”社群。

对于很多企业来说也是如此，企业运营社群是一个非常烦琐而长远的工作，如果目标用户群体能够基于某一个特征聚集某一社群中，企业用经济或影响力直接“承包”也是一种手段。

3. 打入社群

打入社群，就是运营者针对社群行动需要找到社群的所在地，熟悉社群的结构，了解社群的偏好，从社群成员的心理和行为入手。

以往的销售经常是一对一的，运营者找到一个符合自己产品定位的人，就需要消耗大量的成本。而社群化的趋势带来了一种可能，那就是运营者找到一个符合产品定位的用户，顺势从他入手，顺藤摸瓜地打入和他有一样特征的社群，很快就找到了一群目标用户，以这个社群为入口，通过了解与互动，进而找到更多定位相仿的社群。这样的营销方式，不论是效率还是成交率都大大提升。

因此，如果运营者没有自己的社群，就瞄准特定目标用户社群，并打入社群，顺势完成营销。

5.4.2 社群商业变现的 4 种效应

1. 信任效应

科技的发展尤其是社交媒体的日趋成熟打破了时间和空间的限制，不但让连接每一个个体成为可能，也让信息扩散的速度大幅提高，每一个个体的声音都可能在一瞬间被放得很大、很广、很远。我信任，所以我购买，我信任，所以我转告，用户基于“情感认可纽带”产生了消费行为。

所以有人说，未来的经济是垂直社群的时代。

想象一下，随着这些年轻人渐渐成为社会的中坚力量，当他们的独特观念变成普遍观念，当他们不再看电视、海报、杂志、报纸上的广告，当他们不再相信明星的代言……而是关注社群成员们在朋友圈里的产品广告，询问社群里的群成员，相信社群领袖在分享中的推荐……

所以，未来的商业，聚焦社群很关键。

这种社群的信任和口碑传播的能量，自然会被很多商家看重，希望成为自己营销传播中的一环。

2. 连接效应

从互联网诞生起，“连接”一直就是贯穿始终的主线，把这个词想通并且结合商业模式的企业都获得了很好的商业利润。社群也是典型的连接方式之一。

如果拥有“社群”思维，明确社群的“连接效应”，运营者不需要进这个村子，而是自己建造一个村子，然后让用户都来到这个村子。

运营者要以一个“共同的爱好”来吸引用户，人都是以“某些共同点”聚集在一起的，或许他们缺乏某种信息，或者追求某种福利，运营者把“同好”找准了，这些并不是难事。后期的用户转化运营者仍需下功夫，但已经做到把用户吸引过来连接在一起，就已经成功了一半。因为通过社群连接，用户和运营者建立了更紧密的联系，运营者就可以从而获得更多的营销机会。

例如，万能的大熊建立大熊会，开展各种线上分享和线下见面会，通过这些分享和见面会，大熊又可以对接资源，让自己的群成员成为这些资源的参与者、众筹者或购买者，不管以什么名义，这些都是直接的二次营销机会。

3. 标签效应

标签是比较简化的认识一个人的方式。

年轻一代用户正在互联网上通过标签互相结识，从而形成一个社群。而好的社群身份正是彰显自己在互联网上的个性标签。

好比手机，使用锤子手机的可能是文艺青年，使用魅族手机的可能是追求极致的“发烧友”，使用苹果手机的可能是追求品质的人……

假如使用企业的产品，用户很难通过使用产品说明自己是怎样一群人，那么产品就无法成为用户的个性标签。这个时候，产品和服务仅被用户视为一种功能或应用的解决方案，那么产品就不会成为年轻用户的第一选择，他们不会愿意为这样的产品或服务付出溢价消费。

而社群就是给群体贴标签的一种比较好的解决办法，一旦社群身份的标签得到群成员的认同，群成员愿意为身份标签付出溢价费用。如果企业的产品或者服务能和社群标签建立连接，企业也可能享受社群的溢价效应。

4. 羊群效应

心理学上有很多与群体相关的现象。例如，“羊群效应”，就是指人都有一种从众心理，从众心理很容易导致盲从。“队伍排这么长，是不是在搞促销？我不买是不是就吃亏了？”“同事都在谈论这个牌子，我不买是不是过时？”

古斯塔夫·勒·邦说："无论构成这个群体的个人是谁，他们的生活方式、职业、性格、智力有多么的相似或者不相似，只要他们构成了一个群体，他们的感觉、思考、行为方式就会和他们处于独立状态时有很大的不同。"

一旦一个社群里有多人说某个产品不好，用户就相信是这个产品真的不好，从此就是不买这个产品；同理，有多个人说某个产品好的时候，用户可能马上就想下单试试。

之所以要努力将产品和服务做得“超出预期”，就是为了获得一小部分人的认可，从而将信息从一个人扩散到一个社群。

5.5 社群营销案例：秋叶 PPT

秋叶团队是致力于在线教育的一个互联网社群，主要受众为大学生和职场新人。目前课程学员超过 9 万人，主推“和秋叶一起学 PPT”“和秋叶一起学职场技能”“和阿文一起学信息图表”等课程。

秋叶团队的社群分以下两块。

第一块为 69 人组成的核心群，群成员各有擅长的领域，在一起经常能碰撞出很多绝妙的创意或想法，基于互联网众包协作开发课程，做有影响力的新媒体，创作了累计下载量过百万的电子书。

第二块为 PPT 爱好者组成的社群，其中很大一部分群成员已经是课程学员，还有很多喜欢读书，喜欢新媒体，喜欢分享的年轻人。秋叶老师在核心群不断推出新课程、新活动，鼓励大家一起动手、总结、分享，吸引越来越多爱学习的年轻人加入。

1. 同好

秋叶 PPT 社群的群成员最初是以 PPT 爱好者为发轫，在秋叶的引导、发现、培养之下又聚集了一批爱阅读、爱思考、爱学习、爱分享的核心群体。由于 PPT 这个工具的小众化，决定了这个“同好”下社群的规模与影响力都是有限的，秋叶 PPT 社群也在努力和阅读、职场技能相结合，扩大社群受众面。

2. 结构

用户要入群，买课程就是“门票”，群成员想加入核心群就要多努力学习并展示优秀的作品。不同用途的社群所设置的管理结构不同，学员群的管理模式是金字塔结构，平时禁言，核心群是环形结构，极度活跃。

秋叶 PPT 社群的平台主阵地是 QQ 群，目前，群成员为 2000 人的 QQ 群超过 20 个。学员群的功能，一是答疑服务，二是定期分享，秋叶会从其中筛选出优秀的人才纳入核心群。

秋叶 PPT 社群在“结构”这个元素中最强的是组织规范，如入群编号制度、禁言制度等。

3. 输出

秋叶 PPT 社群的输出主要还是优质课程的不断开发与升级，定期有群内分享，微信上免费 3 分钟教程，经常送书来鼓励做读书笔记 PPT 的学员，让他们赚回学费等。

在秋叶主导、核心群的群成员分工协作的情况下：他们一起做成了 PPT 领域内较有影响力的微信公众号；他们一起写出了年销量破 10 万册的系列纸质书籍，单期下载量破 20 万的电子书；他们一起开发出付费学员人数破 20000 人的在线课程。

4. 运营

仪式感：学员购买课程，获得入群资格后会获得个人编号，要遵守公告和禁言等群规。

参与感：学员购买课程，自由完成课程内布置的作业，发微博，老师点评。社群还有品牌活动"群殴 PPT""一页纸大赛"，学员参与后获得奖品，这几个活动影响力越来越大，已经取得了与美的集团、万达集团的合作。

组织感：秋叶会根据核心群的群成员各自擅长的领域进行分工，虽然群成员来自天南地北，但是通过网络分工协作，每天交流创意和进度。例如，畅销书《说服力 3》，就是 10 多个群成员每人负责 20 页左右，在极短时间内配合完成的。

归属感：秋叶 PPT 社群组织过多次线下活动，增进了群成员对社群的归属感。

不过秋叶 PPT 在社群规模做大后，也遇到了维护和管理成本上升、产品开发和社群运营消耗核心团队精力、社群新鲜感下滑的挑战。

5. 复制

秋叶 PPT 社群以学员群为核心，分化出很多高质量的子社群，如"群殴 PPT"群、秦友团群、信息图表群、表情包群、动画手绘群等，3 个月内迅速成长为全国性社群的 BetterMe 大本营。

由于课程的付费性质和现有课程销量规模，秋叶 PPT 社群在规模上还有很大提升空间。不过秋叶 PPT 社群之后的路线正逐步转向职场技能定位，打通职场 3～5 年新人渠道后，未来社群规模还有很大潜力。

思考与练习

1. 请简述构成社群的基本要素及社群的营销价值。
2. 常见的建立社群的目的和表现形式有哪些？
3. 常见的社群多元化角色有哪些？
4. 如何打造社群品牌？
5. 提高社群活跃度的方法有哪些？
6. 社群福利主要有哪些种类？
7. 社群的线下聚会有哪几类？
8. 社群商业变现有哪些模式？
9. 社群商业变现的效应有哪些？

第6章 短视频篇——转化潜在用户的裂变利器

【学习目标】

- 掌握优质短视频的5个要素。
- 掌握常见短视频平台的使用方法。
- 掌握短视频的运营方法。
- 掌握平台运营、用户运营和数据运营的方法。

随着移动互联网的普及，人们的网络行为习惯也发生了变化，呈现出时间碎片化与社交媒介化的特点。在这种特点下，短视频比图文更易于吸引关注和传播。可以预见，短视频营销的黄金时代已经到来。

6.1 什么是短视频营销

6.1.1 全面认识短视频

从人类开始使用符号、语言、文字，到图像、音频、视频，再到今天的短视频，这是一个漫长的过程，每个时代的媒介有着不同的特点。例如，2013年，小影移动端上线，为用户提供了滤镜、配乐、海报等多种视频剪辑工具，10个月内收获用户数量为100万，被用户称为“手机视频里的美图秀秀”。同年，腾讯微视诞生，时长仅为8秒的视频让人印象深刻。2014年8月，慈善活动“冰桶挑战”在网络上盛行，众多知名人士开始在微博上接力。2015年5月，小咖秀视频拍摄应用上线，提供剧本和场景，让用户参与和表演，同年8月，小咖秀日活跃用户已达到500万。随后两年，直播开始火爆，虎牙、斗鱼、YY、一直播、花椒直播等直播平台在不同领域表现突出，持续发展，外界持续探讨直播和短视频哪一种形式更胜一筹。

2017 年，短视频彻底爆发，快手用户突破 3 亿；抖音短视频平台引入很多知名艺人和关键意见领袖资源，快速吸引一二线城市用户。图 6-1 所示为抖音的宣传页面。

图 6-1　抖音的宣传页面

目前，人们习惯看到即时性的、短小精悍的信息，这正好和短视频的特点相契合。同时，短视频也是微电影结合社交属性进一步发展的产物。如今，4G 网络已经非常普遍，5G 时代也已经到来，短视频将成为下一个巨大的流量入口。

1. 什么是短视频

快手短视频平台对于短视频的定义是：“57 秒，竖屏，这是短视频行业的工业标准”。今日头条副总裁赵添给出了另一个定义：“4 分钟是短视频最主流的时长，也是最合适的播放时长”。短视频的内容涵盖了技能分享、幽默搞笑、时尚潮流、社会热点、街头采访、公益教育和广告创意等主题。

本书将时长在 5 分钟以内，用户利用碎片时间在移动终端观看的短片视频定义为短视频。

目前短视频有四大主流平台：抖音、快手、西瓜视频和淘宝卖家秀，它们也是本书将要介绍的四大短视频平台。

2. 算法时代的短视频

机器算法是指机器在推荐之前会对用户画像及用户行为进行分析，准确判断用户的喜好，然后选出用户感兴趣的短视频，并推荐给用户。

基于大数据的算法进行内容推荐的短视频平台越来越多，也将会成为必然趋势。也就是说，目标用户明确、标签明显的短视频内容更有可能获得流量倾斜。有一些看似冷门、小众的内容，却能获得极高的推荐和流量，原因就是短视频内容非常细化垂直，目标用户明确，就会被机器推荐给大量相关用户。

机器算法的机制有三个方面：短视频与用户画像的匹配程度、短视频的热度（赞、评论、转发等）、短视频的发布时间。

例如，抖音的机器算法，流量分配是去中心化的，即使短视频创作者没有粉丝，发布短视频之后，短视频也会有一定的播放量，这就是流量池。抖音会根据机器算法

给每一个短视频分配一个流量池，然后根据该短视频在流量池中的表现决定是否把该短视频推荐给更多人。

在机器算法模式下，用户多发原创短视频、保持稳定的更新频率，短视频才能被算法所认识，才有更多机会被算法推荐。

6.1.2 优质短视频的要素

一个优质的短视频应该包括 5 个要素，分别是价值趣味、清晰画质、优质标题、音乐节奏、多维胜出，下面分别进行介绍。

1. 价值趣味

短视频的第一要素——价值趣味，是一个短视频的基础。

价值趣味是指短视频给用户提供某种价值和趣味。一个短视频可能让用户看完觉得很无聊，不知所云；也可能让用户深受启发，得到价值和趣味上的共鸣。

我国首个新媒体短视频奖项为“金秒奖”。图 6-2 所示为 2018 年“金秒奖”各项提名，入围作品包括《高考前考生背后的故事》《广东人与广东蚊子的战斗史》《带着狼上下班是什么体验？》《留学生出国常犯的错误》《心理医生不能说的秘密》等。可以说，受欢迎的短视频具备一个共同特征——真实（真实的人物、真实的故事、真实的情感），可以为用户提供某种价值趣味，这是优质短视频的第一要素。

2. 清晰画质

短视频的第二要素——清晰画质，它决定了一个短视频带给用户的体验。

很多短视频传播不开，和短视频本身的画质有很大的关系。如果短视频拍摄得不清晰，画质不够优秀，即使内容很好，也不会吸引用户。现在很多短视频的画质都在向“大片”靠拢，画面清晰度也符合“消费升级”的要求。播放介质不同，对短视频画质和短视频尺寸的要求也不同。例如，长视频在 PC 端播放，需要适合 PC 端显示器屏幕的大小；短视频在移动端播放，需要适应移动端屏幕的大小。

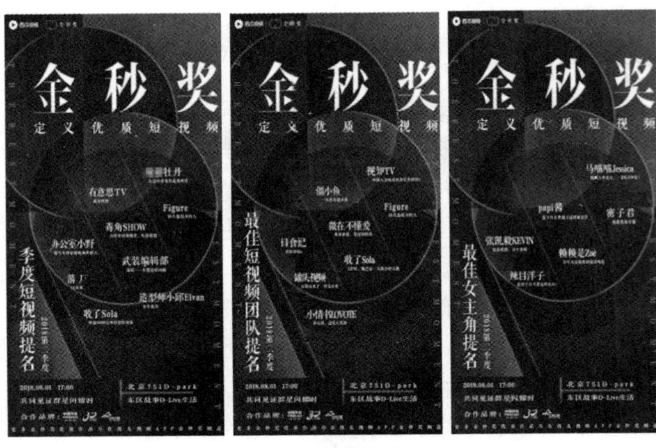

图 6-2 2018 年“金秒奖”各项提名

3. 优质标题

短视频的第三要素——优质标题，它决定了短视频的打开率。

想要增加短视频的打开率，短视频的标题是决定性因素。由于平台主要通过机器算法对短视频内容进行推荐分发，机器会从标题中提取分类关键词进行推荐，随后短视频的播放量、评论数、用户停留时间将决定这条短视频是否能够继续得到推荐。

例如，有一个短视频账号发布的内容是关于宝宝辅食的，其中的一个短视频标题是“非常简单，十分钟做养脾胃辅食”。这样的标题就没有说清楚要为谁解决什么问题。如果要解决的是宝宝脾胃不良的问题，就要找到对应的症状，然后创作出下面的标题：“宝宝消化不良，睡眠不好，十分钟学会调理脾胃蔬菜饼”。首先，短视频要解决的是宝宝脾胃不好的痛点；其次，消化不良和睡眠不好是脾胃不好带来的症状。“宝妈”们看到这个标题，就会点击进去观看。有了这样的标题，短视频的打开率就会提升。

4. 音乐节奏

短视频的第四要素——音乐节奏，它决定了短视频的基调。

短视频本身就是一种视听的表达方式，配乐作为声音元素的重要组成部分，能够更好地表达短视频中的内容。音乐节奏的搭配有三个要点。一是尽量把短视频中人物的动作放在音乐节奏的重音上，使音乐和画面看起来很协调，也很有重点。二是挑选和短视频内容相符的音乐类型，如新年风、欧美风、日韩风、民族风和搞笑风等。三是学会模仿优秀作品。优秀作品的音乐节奏一般都把握得很好，值得短视频创作者好好分析和模仿，以积累更多经验。

对于短视频创作者来说，音乐负责升华短视频的主题，帮助用户快速进入情境。

5. 多维胜出

短视频的第五要素——多维胜出，它决定了短视频的综合价值。

如今，好的短视频会在编剧、表演、拍摄、剪辑和后期加工等多方面精细打磨，这种能多维度胜出的短视频最终会成为优质的短视频。

一个短视频若是具备价值趣味、清晰画质、优质标题、音乐节奏、多维胜出这五个要素，必将成为非常优质的短视频。

6.2 选对平台，才能轻松打造爆款

短视频经过几年的发展，如今已经形成了遍地开花的竞争局面。接下来，将介绍4个知名度较高的短视频平台，分别是抖音、快手、西瓜视频、淘宝卖家秀。

6.2.1 抖音，面向年轻人的内容生产平台

1. 平台发展简介

抖音所属公司为北京字节跳动科技有限公司，是一款用户可以拍短视频的音乐创

意短视频社交软件，该软件于 2016 年 9 月上线，是一个专注年轻人音乐短视频社区的平台。用户可以通过该平台选择歌曲，拍摄音乐短视频，形成自己的作品。

2020 年 1 月 6 日，抖音发布《2019 抖音数据报告》。报告显示截至 2020 年 1 月 5 日，抖音国内日活跃用户数突破 4 亿，越来越多的用户选择用抖音记录下生活中的美好时刻。其中，抖音国内用户全年打卡 6.6 亿次，足迹遍布很多国家和地区。曼谷是用户最喜欢打卡的国外城市，其次是首尔、东京、大阪；点赞最多的国内城市是北京，其次是成都、上海、深圳等。

2. 平台运营定位

从抖音的口号“专注新声代音乐短视频社区”中可以看出，抖音主要的运营定位为年轻人的音乐短视频社区，其主要用户可以分为以下三类。

（1）内容生产者

这类用户是我们通常所说的“网红”用户，他们处在每个 App 的前端。在抖音平台，这类用户在音乐和短视频制作上都有很高的热情和专业度，会打造个人品牌，甚至商业矩阵，也会花精力进行粉丝运营和社群运营。

（2）内容次生产者

这类用户追随内容生产者，通过模仿内容生产者发布的作品制作出自己的作品。他们希望有机会表达自我，让更多人看到。

（3）内容消费者

这类用户没有很强烈的意愿表达自我，只是在平台观看精彩的作品，填补自己的碎片时间，给生活增添乐趣。

这三类用户的特点与目标如表 6-1 所示。

表 6-1 三类用户的特点与目标

用户分类	特点	目标
内容生产者	热情、专业	个人品牌、商业矩阵
内容次生产者	模仿，渴望表达	增加知名度
内容消费者	表达意愿低	填补碎片时间

根据这三类用户的特点与目标，抖音短视频主要打造的板块包括：首页的推荐，系统根据用户的喜好或好友名单自动推荐的内容；同城内容推荐，用户可以看到周边同城用户的作品；关注页，汇聚了账号关注的抖音账号，用户可以看到关注的账号按时间发布的作品；消息页，包含粉丝信息、收到的赞、提到自己的人及对作品的评论；个人页，用户可以看到自己的主页、粉丝数量和作品栏。图 6-3 所示为抖音短视频的主页面。

在设计上，抖音还有三个特点：第一，抖音采取霸屏阅读模式，用户的注意力被打断的概率降低；第二，抖音几乎没有任何时间提示，让用户忽略时间流逝；第三，抖音所有的按钮设计都尽量不让用户跳转出主界面。抖音是一款创造“沉浸式娱乐”的 App，过去只有网络游戏才会有这样的设计。

在运营中，抖音对不同的年龄的用户也呈现出了不同的内容类型。例如，“60 后”比较喜欢拍摄与观看的内容为舞蹈和婚礼，“70 后”比较喜欢拍摄与观看的内容为美食和手工，“80 后”比较喜欢拍摄与观看的内容是亲子和风景，“90 后”比较喜欢拍摄和观看的内容是风景和生活探店，“00 后”比较喜欢拍摄和观看的内容是二次元和萌宠，如图 6-4 所示。

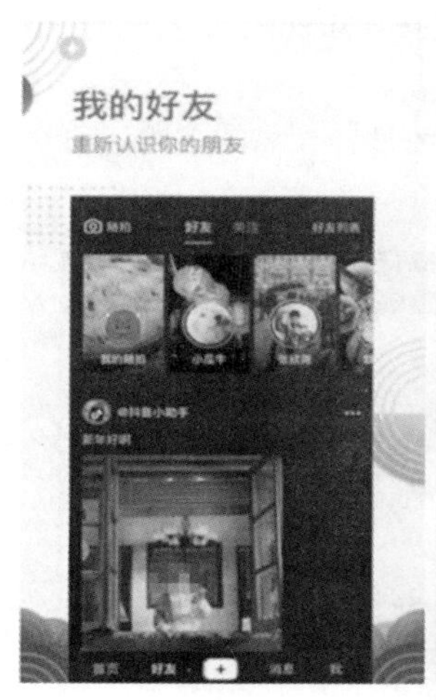

图 6-3　抖音短视频的主页面

图 6-4　不同年龄段用户比较喜欢拍摄与观看的内容

3. 平台特色玩法

抖音的主要玩法有以下三类。

（1）拍摄作品和故事

抖音是一个短视频音乐平台，更多复杂功能会倾向于短视频的制作，而故事主要

是指拍摄的长视频。“长视频—故事类”和“短视频—作品类”是分开的，抖音推荐的视频更多的是基于短视频推荐算法，长视频还没有得到很大的推广，这也是符合抖音定位的。

（2）直播

抖音目前只为一部分用户开启直播功能，主要用于培养更多 IP。同时，直播是基于推荐算法的，用户会只看到自己关注的 IP 直播和经常看其短视频内容的人的直播。

（3）“热搜”和热门话题

用户在首页点击顶部的搜索栏，就可以看到抖音“热搜”和热门话题。图 6-5 所示分别为抖音热搜榜、搜索界面和主题活动的介绍。

图 6-5　抖音热搜榜、搜索界面和主题活动的介绍

用户可以找到自己感兴趣的短视频观看或制作相关的短视频，增加了社交性和互动性，也让很多短视频和当下热点有相关性。

6.2.2　快手，大众记录生活的平台

1．平台发展简介

快手是北京快手科技有限公司旗下的产品，最初是一款处理图片和视频的工具，后来转型为一个短视频社区。快手强调人人平等，是一个面向所有普通用户的产品。

在用户数量爆发增长期间，快手在产品推广上没有刻意地策划活动，一直依靠短视频社区自身的用户和内容运营，聚焦于社区文化氛围的打造上，并依靠社区内容的自发传播，在对社区用户和内容的运营上也没有表现出特别的方法和手段。

2．平台运营定位

在快手推出之后，市场相继推出了美拍、小咖秀等短视频社区应用。短视频社区应用满足了用户分享、评论的自我满足和娱乐消遣的需求。在每天都有新奇事情发生

的今天，人们的注意力越来越分散。在这种情况下，快手依然能保持用户的高黏性和高复用率，主要因为其在运营方面的以下三个定位。

（1）快手满足了被主流媒体和主流创业者所忽略的人群——普通人，而非“网红”的需求。快手为普通人提供了一个记录和分享生活的平台。

（2）快手坚持不对某一特定人群（如“网红”）进行运营，不与明星和“网红”主播签订合作条约，也不对短视频内容进行栏目分类或对创作者进行分类。

（3）从快手创始人宿华对快手的定位——“强调人人平等，不打扰用户，是一个面向所有普通人的产品”可以看到，快手是一个用户用短视频的形态记录和分享生活的视频平台，用户主要用它来记录生活中有意思的人和事，并展示给所有人观看。

人们常常会将快手和抖音放在一起对比。我们可以看一下两个平台在平台运营定位上的不同之处。表 6-2 所示为快手和抖音的对比。

表 6-2　快手和抖音的对比

对比项目	快手	抖音
产品定位	记录、分享和发现生活	音乐、创意和社交
目标用户	三四线城市和农村用户居多	一二线城市和年轻用户居多
人群特征	自我展现意愿强，好奇心强	碎片化时间多，对音乐有一定的兴趣
运营模式	规范社区、内容把控	注重推广、扩大影响

3. 平台特色玩法

快手平台的主要玩法有以下三类。

（1）拍摄作品

快手页面首先显示“发现栏”，目的是将短视频创作者最新发表的短视频个性化地推荐给用户。“个性化”的意义在于让用户能以最低的成本接触到感兴趣的内容。“最新”的意义在于短视频创作者可以发布最新录制的视频，而观看的用户会接收没看过的、感兴趣的内容。

（2）直播和对决

快手目前对所有用户均开放直播功能，快手官方每天提供 20 个免费关注名额，100 个亮心，鼓励用户多开直播。

主播在直播的同时，快手还提供了主播对决小游戏和观众投票环节，每一次对决的时长是 4 分 50 秒，对决失败的一方要接受相应的惩罚，如真心话大冒险。

（3）同城推荐

用户在首页点击“同城”可以看到同城的快手短视频创作者发布的短视频或同城主播的直播画面，并且页面会显示用户与短视频创作者或主播的距离，增强了互动性。图 6-6 所示为快手三种玩法的官方宣传。

快手平台也拥有一些不同主题的音乐或短视频风格，不同的用户可以彼此模仿或根据主题拍摄短视频。

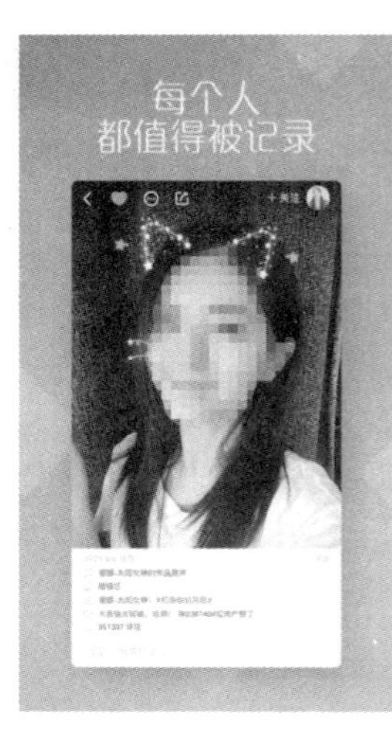

图 6-6 快手三种玩法的官方宣传

6.2.3 西瓜视频，专业设备下的优质精华

1. 平台发展简介

西瓜视频是北京字节跳动科技有限公司旗下的个性化推荐短视频平台，通过人工智能帮助每个用户发现自己喜欢的视频，并帮助短视频创作者轻松地分享自己的视频作品。北京字节跳动科技有限公司旗下的平台包括今日头条、抖音、西瓜视频等。西瓜视频的品牌 Logo 如图 6-7 所示。

图 6-7 西瓜视频的品牌 Logo

西瓜视频拥有众多垂直分类，专业程度较高。95%以上的内容由职业生成内容（Occupationally Generated Content，OGC）+专业生成内容（Professional Generated Content，PGC）构成，西瓜视频用人工智能精准匹配内容与用户兴趣，致力于成为“最懂你”的短视频平台。

2. 平台运营定位

在短视频领域，如果说抖音和快手争夺的是竖屏市场，那么西瓜视频争夺的就是横屏市场。短视频创作者为西瓜视频平台提供内容，同时获得收入分成。广告主为西瓜视频提供收入，同时获得流量。用户为西瓜视频提供流量，同时获得内容。三者形成一个闭环，彼此赋能并推动彼此增长。对比西瓜视频和抖音，我们可以看到以下几个不同。

（1）从用户画像上看，西瓜视频的一二线城市用户超 49%，男性用户和女性用户比例为 57∶43，用户性别比例基本平衡，用户年龄以 18～40 岁为主；而 90%的抖音用户年龄在 35 岁以下，用户年轻化是抖音的最大特点。

（2）从视频时长上看，西瓜视频平台上的视频时长为 2～5 分钟，可以完整地讲述一个故事；而抖音平台的视频以 15～60 秒视频为主。从中我们可以看到，虽然碎片化阅读、短时长消费是当下移动互联时代用户的习惯，但这并不等于说完整的内容形态就没有市场。

（3）从视频展现的形态来看，西瓜视频以横屏视频为主，虽然竖屏阅读更符合用户的习惯，但如果内容足够打动人，用户的阅读习惯就会居于其次；而抖音以竖屏视频为主，用户在进入视频呈现的情境之后，会主动改变阅读习惯，跟随视频的节奏。

表 6-3 所示为西瓜视频和抖音的运营定位对比。

表 6-3　西瓜视频和抖音的运营定位对比

对比项目	西瓜视频	抖音
产品定位	分享新鲜的内容给用户	音乐、创意和社交
目标用户	一二线城市用户居多	一二线城市和年轻用户居多
视频长度	2～5 分钟	15～60 秒
视频呈现	横屏呈现	竖屏呈现

3. 平台特色玩法

西瓜视频的主要玩法有以下三类。

（1）算法分发和关系分发并重

算法分发是机器决定用户看到什么推荐内容，关系分发是用户关注的人决定用户看到什么推荐内容。在西瓜视频中，二者共存且统一。

同时，西瓜视频和今日头条是深度打通的。这种深度打通让西瓜视频能够有效利用今日头条多年积累的算法模型和数据，用户画像更精准、分发模型更完善，这也是西瓜视频得以快速崛起的技术基础。

（2）横屏短视频和竖屏小视频

在横屏短视频（2～5 分钟）领域，一方面，有大量的专业制作团队依然采取横屏构图，从拍摄工具到镜头语言，横屏短视频是极其成熟的制作流程；另一方面，横屏短视频从题材范围、表现方式、叙事能力等多个方面都有竖屏小视频无法比拟的优势。

在竖屏小视频（15～60 秒）领域，手机作为一个拍摄工具广受欢迎，短小精悍的竖屏小视频应运而生。

在这方面，西瓜视频和抖音是有分工的，西瓜视频主要负责分发，而抖音负责生产，即西瓜视频的小视频基本上都来自抖音所生产的优质内容。单独将“小视频”作为一个分支放在第二重要的位置，足以看出西瓜视频对这块增量市场的重视。

（3）PGC 和 UGC 兼顾

PGC 泛指内容个性化、视角多元化、传播民主化、社会关系虚拟化，也称为 PPC（Professionally Produced Content）。用户生成内容（User-Generated Content，UGC）是伴随着以提倡个性化为主要特点而兴起的。它并不是某一种具体的业务，而是一种用户使用互联网的新方式，即由原来的“以下载为主”变成“下载和上传并重”。

西瓜视频把自己定位为专业用户生成内容（Professional User-Generated Content，PUGC）短视频平台，它是PGC和UGC的结合，UGC汇聚的是大众的智慧和能量，PGC讲究的是专业稳定的生产。图6-8所示为西瓜视频的官方宣传海报。

图6-8 西瓜视频的官方宣传海报

6.2.4 淘宝卖家秀，拉近距离营造真实感

据“双十一”实时交易数据显示，2019年天猫平台“双十一”最终交易额为2684亿元，再次刷新其交易额记录。

淘宝网是较大的网络零售平台，由阿里巴巴集团在2003年5月创立，是深受用户欢迎的网络零售平台，拥有近5亿的注册用户数，每天有超过6000万的固定访客，同时每天的在线商品数已经超过8亿件，平均每分钟售出4.8万件商品。

1. 平台发展简介

淘宝卖家秀是淘宝卖家展现自己产品的方式，其目的是让用户更直观地了解产品，促成成交。最初出现卖家秀的时候，网络上常常可以看到很多关于卖家秀的不利评价，主要是关于卖家秀中的产品和产品实物差别太大的评论。后来随着买家秀的推出，买家可以展示实物照片或视频，间接验证了卖家秀的真实性。随着用户的选择越来越多，卖家秀也逐渐从图片形式转为更专业、全面的视频形式，可以更好地让用户了解产品。

2. 平台运营定位

淘宝越来越重视内容营销，短视频对于一个产品的转化影响非常大，越来越多的卖家开始为每一个产品拍摄短视频介绍。根据淘宝的数据，通过短视频形式展示的产品转化率高达70%。

优秀的淘宝卖家秀短视频大致有以下三个特点。

（1）人格化。短视频内容并非纯展示产品，而是从商家、用户角度出发介绍一个商品、一个用法或一项技能。人格化并非是必须要求人脸出镜，而是让看视频的用户有一个场景带入，知道是谁在跟自己说话或表达。

（2）真实感。如果不是商业电视广告（Television Commercial，TVC）的品牌宣传型短视频，建议卖家使用非传统电视广告的表现手法，真实感可以拉近短视频与用户之间的距离。

（3）专业性。短视频内容未必需要包含厉害的知识点或技能，而是需要卖家把产品最值得推荐的亮点有效表达出来。

表 6-4 所示为优秀淘宝卖家秀的短视频特点。

表 6-4　优秀淘宝卖家秀的短视频特点

核心特点	特点说明	实现关键
人格化	从用户角度出发	像和朋友讲话一样
真实感	拉近和用户的距离	用非传统电视广告的表现手法
专业性	展现产品亮点	有效抓住亮点

3. 平台特色玩法

淘宝卖家秀短视频的特色玩法主要有以下三类。

（1）卖家视频可进入首页推荐，入选视频精品池，完善短视频信息将有机会获得“爱逛街”等手机淘宝首页的“导购渠道”推荐。

（2）店铺视频 Tab 是卖家私域视频内容聚合地。卖家可通过优质短视频内容进行推荐，用户可在此感受较为真实的逛店体验。短视频内容包括商家知识体验型视频、达人视频、卖家秀视频等。图 6-9 所示为一家店铺视频标签页，用户可以看到里面的卖家秀视频。

图 6-9　一家店铺视频标签页

（3）两个维度：第一个维度，淘宝希望利用短视频横向服务全部手机淘宝用户的消费场景；第二个维度，淘宝希望短视频能够提供纵向服务，打造整个店铺运营的体验和整体的消费体验，复原用户逛街的场景，通过微淘、直播、导购和店铺配合的方式实现。

6.3　懂规划更高效，精准运营更高产

6.3.1　精准定位短视频领域

根据“定位之父”杰克·特劳特提出的著名商业概念“二元法则”，用户心智中只容得下数一数二的产品。对短视频创作者而言，其本质就是用户注意力的争夺、头

部位置的抢占。制胜的关键就是准确的定位和成功的策划。

1. 如何确定短视频用户画像

基于大数据的用户画像多被网站、大型公司、App 用来进行用户分析，确定用户画像对技术和资金都有较高的要求。定位短视频内容的用户，可以结合用户画像和定性研究的思路，具体操作步骤如下。

（1）准备工作

① 用户信息数据分类

用户信息数据分为静态信息数据和动态信息数据两类。静态信息数据是用户的固有属性，是构成用户画像的基本框架，主要包括用户的基本信息，如社会属性、商业属性、心理属性等。这类静态信息是无法穷尽的，如姓名、年龄、性别、家庭状况、地址、学历、职业、婚姻状况，短视频创作者选取符合需求的即可。动态信息数据是用户的网络行为，包括搜索、收藏、评论、点赞、分享、加入购物车、购买等。动态信息数据的选择也要符合产品的定位。

以美食类短视频账号为例，静态数据包括用户的性别、年龄、城市等；动态数据包括用户常用的短视频平台、关注的账号、点赞、评论、留言、取消关注等的动机和原因。

② 确定用户使用场景

短视频创作者确定了用户的信息标签类别还不能形成对用户的全面了解，还需要将用户特征融入一定的使用场景，才能更加具体地体会用户的感受，还原用户形象。这是非常关键的一步。

短视频创作者确定用户使用场景，可以采用经典的 5W1H 方法。

Who：观看短视频用户。

When：观看短视频的时间。

Where：观看短视频的地点。

What：用户选择观看什么样的短视频。

Why：某项行为背后的深层动机，如关注、点赞、转发。

How：短视频创作者可以与用户的动态、静态场景结合，洞察用户使用产品时的具体场景。

③ 确定沟通模板

短视频创作者提前建立沟通模板，可以避免由于措辞不当和提问顺序的变化对用户造成影响，从而使研究结论出现偏差。沟通模板要结合用户动态信息和用户使用场景，具体的设置依据短视频创作者期待获取的信息来进行。

（2）获取用户的静态信息数据

短视频创作者可以通过卡思数据来获取用户静态信息数据。卡思数据是国内领先的视频全网大数据开放平台，提供全方位的数据查询、用户画像、视频监测服务，为短视频创作者在内容创作和用户运营方面提供数据支持。

（3）获取用户的动态信息数据

在《用户画像——大数据时代的买家思维研究》一书中，作者阿黛尔·里弗拉给出了几种“用户洞察”的方法，如问卷调查、用户深度访谈等。用户深度访谈属于定性分析，是短视频创作者通过与用户进行深入的沟通来获取有价值的、细致的信息，因此需要用户做一些理解、回忆和思考。

（4）形成短视频用户画像

短视频创作者把以上的静态信息数据和动态信息数据进行整合，就形成了短视频账号的用户画像。这里以美食类短视频账号为例，具体内容如下。

性别：女性用户占比 60%～70%；男性用户所占比例相对较小。

年龄：6～17 岁用户占比 30%～40%，18～24 岁用户占比 50%以上，25～30 岁用户占 10%左右。

地域：广东、江苏、四川、浙江、山东的用户占比较高。

婚姻状况：未婚的用户居多。

较常用的短视频平台：抖音、新浪微博。

使用频率：女性用户 3～5 次/周；男性用户 2 次/周。

活跃时间段：晚上 19:00—20:00；中午 12:00—13:00。

周活跃时长：2～8 小时/周。

地点：家、公司、学校。

感兴趣的美食话题：被推送到首页的各地特色美食类短视频。

什么情况下关注账号：画面有美感、日常饮食可以借鉴、账号持续输出优质内容。

什么情况下点赞：比期望值高、特别“走心”。

什么情况下评论：激发了用户共鸣或产生争议。

什么情况下取消关注：短视频内容质量下滑、与预期不符、无更新、广告太多。

用户其他特征：喜欢摄影、美妆，喜欢有质感、有格调的产品。

2. 如何做竞品分析

竞品分析（Competitive Analysis）一词最早源于经济学领域，现在被广泛应用于互联网产品的立项筹备阶段，指对现有的或潜在的竞争产品的优势和劣势进行分析，以有效提升产品的设计和运营。短视频创作者做竞品分析要具备系统性思维，遵循不同维度要点，逐步推进。做竞品分析的主要步骤如下。

（1）确定目的

短视频创作者做竞品分析的前提是厘清现状，分析产品所处的阶段，了解目标用户，然后确定竞品分析的目的。图 6-10 所示为短视频创作者对处于产品定位期的母婴类账号的竞品分析。

（2）确定关键词

短视频创作者结合产品定位，通过联想更多与产品有关的关键词，从用户、元素、场景等角度进行头脑风暴，尽可能多地获取与产品相关的关键词，如图 6-11 所示。

短视频创作者结合母婴类产品，提取核心关键词有宝宝用品、辅食、早教、早教机器人、绘本、英文儿歌等，根据核心关键词联想到婴儿奶粉、纸尿裤等关键词，如图 6-12 所示。

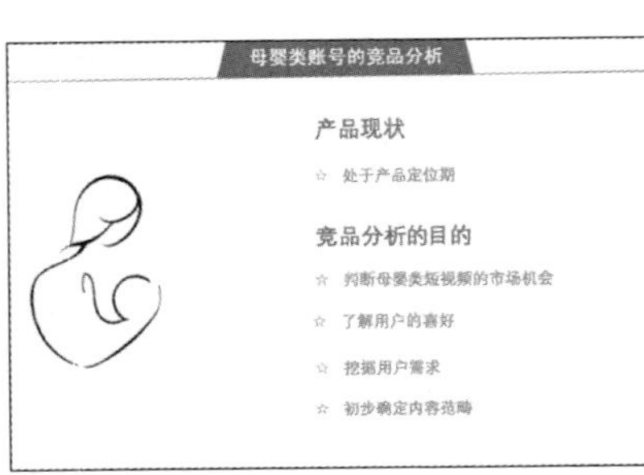

图 6-10　母婴类账号的竞品分析

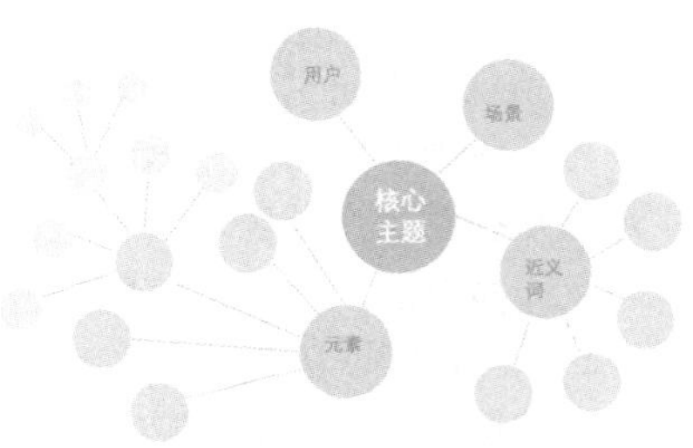

图 6-11　联想关键词图示

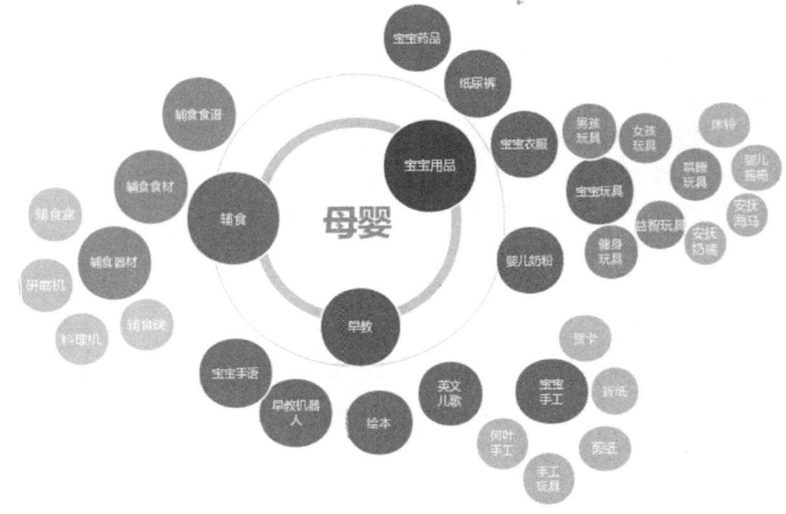

图 6-12　母婴类关键词联想

确定母婴类产品关键词后，需要选取关键词。根据图 6-13 所示的坐标轴可以宏观地把握产品信息，重点分析右上角象限中相关度高、体验好的关键词。然后根据选取的关键词，对账号进行搜索和统计，通常选取 3～5 个与当前阶段重心契合的优质竞品。

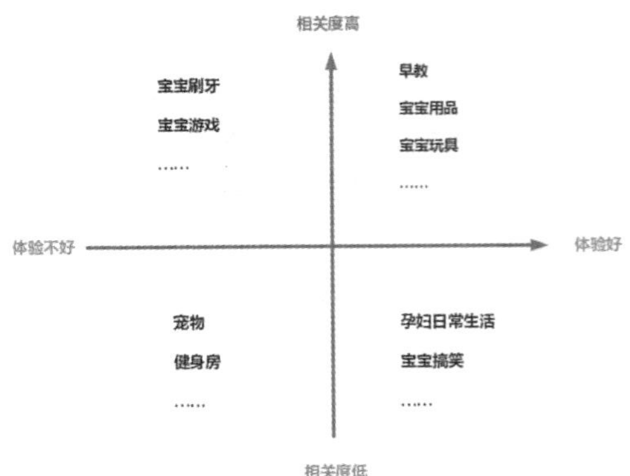

图 6-13　选取母婴类关键词

（3）对比分析

短视频创作者按照若干维度对竞争账号进行逐项罗列对比，分析优劣。主要分析维度包括账号粉丝量、短视频平均点赞量、短视频平均分享数、短视频平均评论数、爆款选题。以抖音为例，短视频创作者除了查看竞争账号页面的数据外，还可以结合卡思数据获取更详细的数据，如近 30 天粉丝增量、短视频发布频率、用户画像等。

图 6-14 和图 6-15 所示分别为母婴类账号的竞品分析报告中竞争账号首页信息和竞争账号数据信息。由于篇幅有限，这里仅罗列了几条爆款选题。

图 6-14　竞争账号首页信息

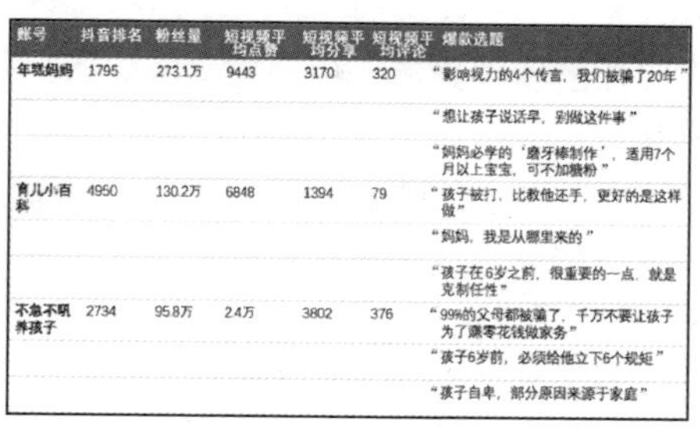

账号	抖音排名	粉丝量	短视频平均点赞	短视频平均分享	短视频平均评论	爆款选题
年糕妈妈	1795	273.1万	9443	3170	320	“影响视力的4个传言，我们被骗了20年”
						“想让孩子说话早，别做这件事”
						“妈妈必学的‘磨牙棒制作’，适用7个月以上宝宝，可不加糖粉”
育儿小百科	4950	130.2万	6848	1394	79	“孩子被打，比教他还手，更好的是这样做”
						“妈妈，我是从哪里来的”
						“孩子在6岁之前，很重要的一点，就是克制任性”
不急不吼养孩子	2734	95.8万	2.4万	3802	376	“99%的父母都被骗了，千万不要让孩子为了赚零花钱做家务”
						“孩子6岁前，必须给他立下6个规矩”
						“孩子自卑，部分原因来源于家庭”

图 6-15　竞争账号数据信息

3. 如何建立爆款选题库

选题库是短视频创作者稳定输出短视频的保障。短视频创作者建立爆款选题库能快速获取真实的用户反馈，为优质内容的持续输出储备素材。

下面介绍建立爆款选题库的几个常用方法。

（1）日常积累

优秀的短视频创作者都有日常积累的习惯，通过身边的人、事、每天阅读的书和文章，将有参考价值的选题纳入选题库，不断训练自己发现选题的能力。

（2）研究竞争账号的爆款选题

研究竞争对手的爆款选题可以获取很多灵感和思路，拓宽选题的范围。搜集竞争账号的爆款选题，进行分析、整合，也是建立爆款选题库的一种方法。

（3）收集用户想法，纳入选题库

短视频创作者可以采用以下三种方法来收集用户的思路和想法。

第一种方法是借助网站数据，搜集竞争账号中有价值的评论。短视频创作者打开卡思数据网站，选取一个竞争账号，选择“舆情分析—评论列表”，输入“评论词云”中的关键词，即可获取相关问题，然后筛选有价值的评论。例如，搜索竞争账号“育儿小百科”，找到舆情分析页面的“评论列表”，输入“评论词云”中的关键词“幼儿园”，就可以看到下面的评论列表，如图 6-16 所示。然后筛选出有代表性的用户问题，整理纳入选题库。

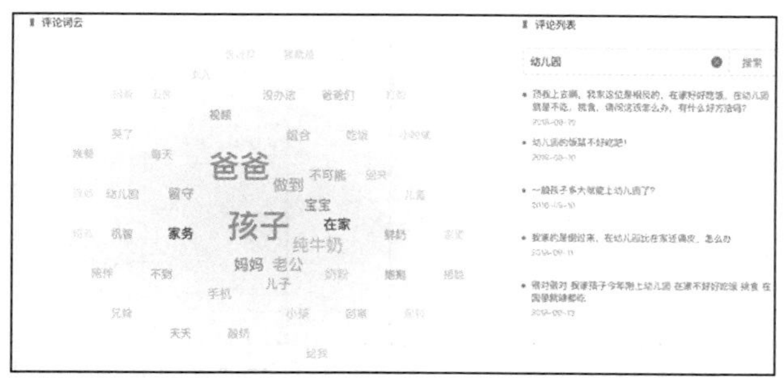

图 6-16　抖音账号“育儿小百科”评论词云

第二种方法是从自己的账号或者竞争账号的评论中寻找有价值的选题。评论是短视频创作者与用户进行有效交流的便捷渠道，用户提出的问题，都是待发掘的珍贵素材。例如，对于“不急不吼养孩子”抖音账号，短视频创作者就可以从评论中挖掘新的选题，如图 6-17 所示。

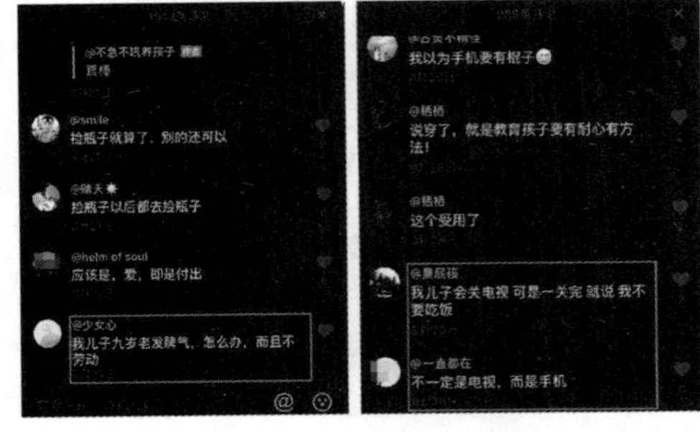

图 6-17　抖音账号“不急不吼养孩子”评论列表

第三种方法是关键词查找。短视频创作者在进行信息查找、分析、整理的时候，桌面研究（desk research）是常用的方法，而关键词查找是桌面研究的主要方式。短视频创作者寻找选题时，可以进行关键词搜索，使用不同的搜索引擎，如百度、微博、微信搜一搜、头条、短视频，对有效信息进行整理提取、分析总结。

除了以上常用的网站外，短视频创作者还可以使用“易撰”网站，图 6-18 所示为“易撰”网站的页面，该网站视频库涵盖了抖音、快手、美拍等十几个视频平台的视频数据，还提供热词分析，方便短视频创作者提取素材。

例如，短视频创作者输入关键词“宝宝辅食”，网站会出现大量的相关文章，短视频创作者可以从中获取很多选题思路，如图 6-19 所示。

4. 如何准确切入选题

在切入选题之前，短视频创作者需要想清楚以下几个问题。

问题一：明确内容的用户定位。短视频创作者要知道用户是什么样的人群，了解他们的喜好和行为模式。

问题二：了解竞争账号的数据表现。短视频创作者要对竞争账号的粉丝数、每周更新量、每个短视频的播放数据、内容风格、视频表现形式做到心中有数。

问题三：确定自己的定位和目标。短视频创作者要知道自己的现状和优势是什么，有什么资源和短板，通过什么内容满足用户需求，如何制作出用户喜欢的短视频。

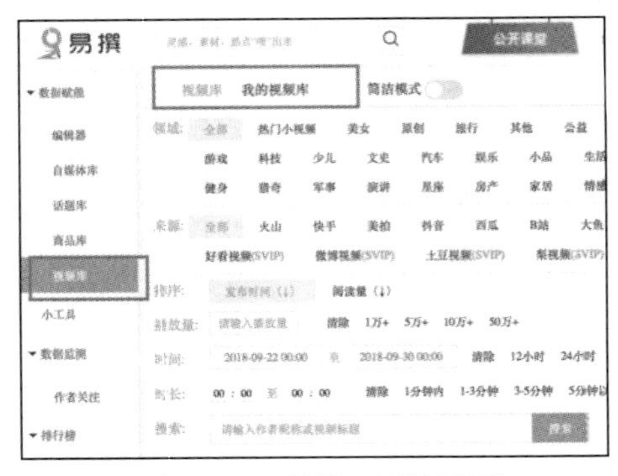

图 6-18　“易撰”网站页面

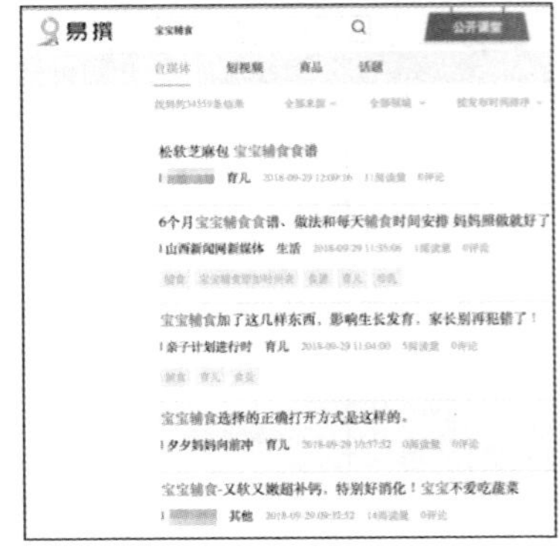

图 6-19　在“易撰”网站搜索“宝宝辅食”

在切入选题的时候，要注意下面几点。

（1）做有资源的

“资源”是指短视频创作者拥有的物力、财力、人力等各种物质要素。短视频创作者对这些要素进行有效整合，使其成为制作短视频的有利条件，就可以认定它们是资源。

例如，某人有高超的钢琴演奏技能，又有很多大型演出的机会，那么把这样的资源整合起来，开设一个钢琴类的账号，可做的选题就会有很多。

（2）做有兴趣的

兴趣是最好的老师，持续的热情可以支撑短视频创作者在某个方向深耕，持续产出短视频内容。但兴趣又有别于专业，短视频创作者要想判断自己能否在选定的领域深耕下去，可以先挑选同行业的优秀账号，分析其内容深度和价值属性，判断自己的兴趣能否支持稳定持续的内容产出。

（3）适当调整选题

短视频创作者刚开始做短视频时，可能会走一段试错的路。通常的做法是：先持续发布短视频 10 天以上，密切关注数据，通过短视频在平台的表现来进行预估和调整，再判断是继续做下去还是调整选题方向和内容形式。在这个过程中，短视频创作者要衡量成本和最后短视频的播放量、账号粉丝量的对比情况。经过试错过程，短视频创作者基本上能够把握账号的走向和市场情况，也就可以布局短视频创作方向了。

6.3.2　装修出“走红体质”的账号

短视频的内容是核心，但还有一个不能忽略的要素，就是账号的设置。账号的设置涉及账号名、Logo、头像、标题等，它们会在很大程度上影响账号的形象和短视频的播放量。

设置一个账号，就如同装修一间房子，要遵循一定的步骤和技巧。接下来，从几个维度解析如何装修出“走红体质”的账号。

1．账号名拟定

好的账号名能够体现出产品提供的价值，降低传播成本。短视频创作者设计一个响亮易传播的账号名是一件不容易的事情。可以从各个角度进行头脑风暴，然后进行筛选。拟定账号名有以下思路。

简洁易记忆：例如，美食栏目“一条”是一个主打生活类的短视频账号，以每天一条的节奏发布原创短视频，其账号名笔画简单，容易记忆。

谐音命名：例如，有 2000 多万粉丝的账号“七舅脑爷”，2017 年曾入围“金秒奖”。这个账号的名字很容易记忆，让人想起谐音“七舅姥爷”。

关键词定位：例如，“野食小哥”“贫穷料理”表明了短视频的内容与美食相关；“二十吃垮成都”很容易吸引对成都小吃没有抵抗力的用户。

以数字命名：例如，基于微信公众号的读书分享自媒体“十点读书”，以及创意搞笑类的短视频节目“陈翔六点半”。

短视频创作者设置好账号名之后，要核查所设置的账号名是否已经被注册，避免

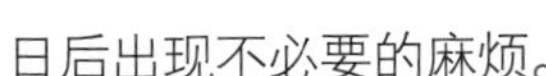
日后出现不必要的麻烦。

2. Logo 设计

短视频创作者进行 Logo 设计时，要关注图标、文字、用色和整体性四个维度。

Logo 的图标：简洁、有标志性的 Logo 识别度更高。

Logo 的文字：Logo 的文字要精简、有代表性、有设计感。同时，字体的选择及设计非常重要。例如，Ford 的 Logo 中的字体及造型设计感较强，辨识度较高，其 Logo 形象已经深深植入用户心中，如图 6-20 所示。

Logo 的颜色：颜色是较为有力的元素之一。根据 WebpageFX 公司的调查，85%的用户会把颜色作为他们购买过程中的首要因素。

Logo 的整体性：一个好的 Logo 在视觉上不能太涣散，不能轻易被其他元素干扰，而应给用户整体、统一的感觉。例如，“BetterMe 大本营”的 Logo 就非常有代表性。BetterMe 意为“做更好的自己”，这个 Logo 中融入了 BetterMe 中的字母 B 和 M，设计感强，具有很强的整体性，如图 6-21 所示。

3. 头像选取

头像是用户辨识账号的一个主要标准。用户打开一个短视频账号，吸引他观看短视频的原因除了内容外就是头像了。常见的选取头像的方法有以下几种。

图 6-20 Ford 的 Logo

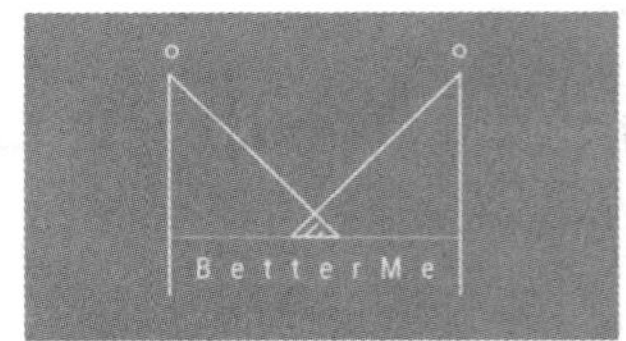

图 6-21 “BetterMe 大本营”的 Logo

（1）使用真人头像

真人头像可以让用户直观地看到人物的形象，拉近短视频创作者和用户的心理距离。例如，悬疑情感短视频账号“七舅脑爷”，以及“papi 酱”和“蛋蛋解说”，这些账号都使用了真人头像，有助于个人 IP 的打造。

（2）使用图文 Logo

用图文 Logo 做头像可以明确短视频的内容方向，有利于强化品牌形象。例如，“秋叶 PPT”作为在线教育领域非常有影响力的账号，它的账号头像采取了图文 Logo 形式，非常直观，有力地强化了秋叶 PPT 的品牌形象。

（3）使用短视频的动画角色做头像

用短视频中的动画角色做头像，有助于强化角色形象，如“一禅小和尚”，如图 6-22 所示。

（4）使用账号名做头像

账号“不急不吼养孩子”和“一条”都是用账号名的文字做头像，背景为纯色，突出了文字，很直观，能够强化账号 IP，如图 6-23 所示。

图 6-22　使用短视频的动画角色做头像

图 6-23　使用账号名做头像

（5）使用卡通头像

使用卡通头像即选取一个和自己账号的内容方向相符的形象做头像。例如，"软软大测评"和"爱做饭的芋头SAMA"，其头像的形象符合短视频搞怪、俏皮的风格，如图6-24所示。

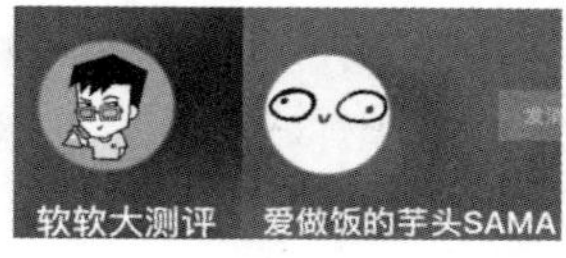

图 6-24　使用卡通头像

4. 标题拟定

标题对短视频的播放量有很大的影响，好标题往往意味着成功了一半。有时标题的一字之差，会给短视频带来截然不同的播放量。那么，如何拟定短视频的标题呢？主要有确定标题的关键词、确定标题的句式、标题字数适中、优化标题四个步骤。

（1）确定标题的关键词

高流量的关键词是一个标题吸引用户眼球的要点，设计高流量关键词的方法有两个：增加关键词和普通词升级。

增加关键词。增加一些自带流量的关键词，如名人、热点话题。例如，正值高校新生开学季，抖音有一条短视频的标题是"开学季采访，你的录取通知书长什么样子？"这条短视频中的关键词"开学季"就属于自带流量的热点话题。

普通词升级。把普通词升级成为具有更强语言效果的词。例如，"剽悍一只猫"之前开展过一次课程直播，创下课程购买量新高，标题是"普通人快速崛起的十大狠招"。普通人、快速、崛起、十大、狠招，每个词都直击用户痛点。

（2）确定标题的句式

多用短句，句式多样化。短句就像鼓点，控制着文字的节奏。短视频的标题要合理断句，避免出现特别长的句子。例如，小米手机的标题"一面是科技，一面是艺术"。除陈述句式外，短视频创作者可以多尝试使用疑问、反问、感叹、设问等句式，以引发用户思考，增强代入感。

多用两段式和三段式标题。相比一段式标题，两段式和三段式标题能承载更多的内容，层层递进，表述更为清晰，例如，"方便面的四种新吃法，你肯定不知道，有一种一吃就爱上！""三种方法教你快速剥核桃！采用最后那个方法只需10秒！"等。

（3）标题字数适中

据"金秒奖"的统计，短视频标题在20个字以内时，标题长度与播放量正相关；标题长度在25～30个字，短视频播放效果最好。当然，各平台的标准不同，今日头条要求短视频标题在10～20个字，美拍需要短视频标题的字数则要多一些，抖音要求短视频标题的字数在55个字以内。

（4）优化标题

通过前三点，一个标题的基本框架就确定好了，然后短视频创作者需要通过标题的几个要素来进行优化。

① 使用修辞

精准的修辞就好像一座桥梁，让用户瞬间体会到短视频创作者想要表达的意境。

② 使用数字

人类大脑会筛选掉那些同质化的信息，优先识别不同的东西。在标题中使用数字，能够增加标题辨识度，降低用户大脑的思考难度。

③ 标题工具

短视频创作者设计标题时用一些工具，可以对短视频播放量有个初步判读。例如，利用微信小程序“标题大师”和有头条的热词分析，短视频创作者可以查看该关键词的相关热度指数、关联分析、人群画像和评论分析等。

5. 标签设置

标签是短视频创作者定义的，用于概括短视频主要内容的关键词。在推荐算法机制中，用户每天都会收到数以万计的标签化推荐信息。一般来说，短视频创作者为短视频打标签有以下几点注意事项。

（1）控制标签字数和数量

一般来讲，每个标签的字数为 2～4 个字，标签数量为 3～5 个。标签太少不利于平台的推送和分发；太多会淹没重点，错过核心用户群体。以一则京东某科技产品的短视频为例，该智能产品测评类的短视频标签包含“京东”“智能音箱”“人工智能”“AI”“高端科技”五个标签，涵盖了产品的属性、分类、来源及短视频的主题。

（2）核心要点精准化

打标签的时候，要挖掘品牌或者短视频内容的核心要点，把最有价值的、最有代表性的特性提炼出来，不断强化标签的认知度。假设短视频创作者要发布美食类短视频，则切中的标签必然属于美食范畴。例如，为蛋炒饭的短视频打标签，“蛋炒饭”比“美食”更准确。又如“美味食谱”“蛋糕”“食疗”“烘焙”“川菜”等均属于精准的标签。

（3）标签范畴合理化

标签的范畴要合理，既不能过于宽泛，又不宜过于细致。过于宽泛容易淹没在众多的竞品中，过于细致会将范围限定在狭窄的用户群体中，损失了大量的潜在用户。例如，一则教用户识别肤色中“春季色”的短视频，比较合理的标签是“色彩鉴定”“美容”“肤色鉴定”，如果标签定为“春季色”，就属于过度细分，容易损失潜在用户。

（4）标签内容相关化

标签的关键词一定与短视频内容相关，短视频创作者不能为了流量而为短视频强加标签。正确的标签通常包含这些词：与视频内容相关的关键词，与行业相关的关键词、品牌词，短视频创作者要优先填写有搜索流量的关键词。标签与短视频内容的相关性越高，越有利于被感兴趣的目标用户搜索到。

（5）热点追逐时效化

追踪热点事件是短视频创作者的基本功。各短视频平台对热点话题都会有流量倾斜。例如，“企鹅媒体”平台每到国庆节、开学季、中秋节等特定的节假日或时间点都会推出曝光推荐加倍的短视频征集活动。打标签也是一样，将时间、热点要素加入标签内容中，可以获取更多流量倾斜。

6. 简介编撰

短视频账号的简介可以理解为一种文案。常见的简介有表明身份、表明领域、表明理念和态度，以及留下联系方式等。

（1）表明身份

例如，“飞碟说”的简介：知识百科类视频自媒体。“一萌小和尚”的简介：可能是世界上最萌的小和尚。“papi酱”的简介：一个集美貌与才华于一身的女子。

（2）表明领域

例如，“秋叶Excel”的简介：原来Excel还可以这样玩。“摩登兄弟”的简介：用心认真唱歌，承蒙各位厚爱。“看鉴”的简介：互联网最棒的历史短视频。

（3）表明理念和态度

例如，“一条”的简介：所有未在美中度过的生活，都是被浪费了。“真相大白话”的简介：稀奇古怪，饶富趣味，生活的杂学家。

（4）留下联系方式

例如，“七舅脑爷”的简介就包括两个要素：微博账号和微信账号。

7. 封面设置

封面也叫头图，是用户第一眼看到的内容。短视频给用户的第一印象很多时候是“永远的印象”。优质的封面可以让用户快速了解短视频内容，增加点击率。封面设置应遵循以下技巧。

（1）内容相关

短视频封面要和短视频内容保持一致，有较高的相关性，能让用户了解短视频的内容。例如，母婴类的短视频可以用婴儿图片作为封面；健身类的短视频可以用健身房的图片作为封面。

（2）有原创性

原创是指由个人或团队独立完成的创作，不属于歪曲、篡改、整理他人创作或者抄袭、剽窃他人创作而产生的作品。各个平台都在大力支持原创。设置短视频封面的时候，短视频创作者可以选取短视频中的一帧进行修饰，作为封面图使用，也可以专门设计一个封面。短视频创作者不管选择哪一种，都要遵循原创性的原则。

（3）无水印

封面图不能有水印，否则容易导致短视频不能通过审核，有时候即使短视频通过审核也不能获得推荐。

6.3.3 策划可持续的优质内容

随着短视频的不断发展，用户的品位越来越高，因此，优质的内容才是短视频吸引用户的核心因素。要想创作出优质的内容，短视频创作者需要关注以下几个方面：优质内容的特质，知识内容的深度垂直，知识内容的极致细分，知识内容的热点生态，以及知识内容的持续产出。

1. 优质内容的特质

根据 BuzzSumo（在线互联网内容筛选收集工具）显示，短视频创作者通过聚焦短视频内容的方法快速实现广覆盖和高投资回报率（Return On Investment，ROI）成为主流做法。短视频大奖“金秒奖”的口号也从第一年的“定义短视频”更改为现在的“定义优质短视频”。

关注并解决用户需求，引发用户共鸣的内容就是优质内容。张亮在《从零开始学运营》中提出，一个网站（产品）进入运营阶段，运营者就要建立标准，第一点就是内容质量的甄别。要甄别短视频的优质与否，主要通过下面四个特质判断。

（1）知识性

大批优秀知识类短视频的崛起，给知识类短视频的发展带来了生机，指明了方向。例如，“最厉害的快捷键”“一秒找出不同”“一键生成图表”等短视频，教用户办公“神”操作，简单易学，既有知识性又有实操性，解决了办公室用户的办公难题。

（2）娱乐性

根据用户选择观看短视频动机的调查，85%的用户倾向于观看有趣的内容。比较受用户欢迎的短视频，其本质都是娱乐性的。无论是段子类的短视频，如“papi 酱”账号发布的短视频，还是知识类的短视频，如“英语老师杨家成”账号发布的短视频，都是通过娱乐的形式来呈现内容，直抵用户内心，触动心灵。

（3）情感性

情感性是影响用户选择观看短视频的关键因素之一。在用户感兴趣的短视频类型中，“情感性”因素占比较高的为感动、戳中笑点、励志正能量。用户需要进行自我识别，而短视频的内容正是用户内心的折射、情感的体现。

（4）创意性

创意性是影响用户选择观看短视频的又一关键因素。“创意性”因素占比较高的为生活小技能、逐渐流失的技艺等。例如，短视频账号“山村小杰”还原了竹林边一对小情侣的质朴生活方式，男主人公心灵手巧，可以用竹子制作很多生活用品，如衣架、手机支架、挎包。

（5）鲜明的人设

短视频中人物鲜明的人设能给用户留下深刻的印象，形成自己的标签。例如，短视频账号“代古拉 K”主打甜美可爱路线，被网友称为“抖音最美笑容”。

2. 知识内容的深度垂直

第一财经商业数据中心调查报告显示，垂直化正成为短视频内容生产的趋势。

用户更愿为专业化、垂直化的内容付费，这也揭示了短视频内容创业的战略——垂直深耕。短视频从野蛮生长走向了精耕细作时代，内容走向纵深化、垂直化，这种趋势要求短视频创作者专注某一领域并进行深耕细作，为用户提供深度的知识学习场景。

（1）聚焦某类目标人群

短视频创作者做垂直领域内容最常见的方法是确定核心目标人群，通过直击该人群痛点的内容去吸引他们，再通过符合目标人群特质的内容增强用户黏性。例如，“美柚”主打的是年轻女性群体。

（2）聚焦某类主题场景

短视频创作者根据某类主题场景进行纵深挖掘，在内容表达上突出场景化，与此类用户进行深度对话。例如，“马蜂窝”主打的是旅游主题场景，“keep”主打的是徒手健身主题场景。

（3）聚焦某类生活方式

短视频除了要塑造品牌形象外，还应打造一种让用户愿意追随的生活方式。例如，很多人会说：“若我不在星巴克，那我就正在去星巴克的路上。”星巴克塑造的是一种生活方式，短视频也应该打造这样一种生活方式，将产品嵌入其中，做垂直化表达。例如，短视频账号“李子柒”呈现的是一种古风古韵的生活方式，清雅素朴的画面吸引了很多用户的关注。

3. 知识内容的极致细分

细分市场（Market Segmentation）概念是美国市场学家温德尔·史密斯（Wendell R.Smith）提出的，是指把某一产品的市场整体划分为若干用户群的市场分类过程，每一个用户群就是一个细分市场。

短视频的深度垂直是一个趋势，而细分则是短视频创作者在垂直行业板块中再挑选主要的业务进行深度发展。如果把短视频市场比作一块蛋糕，细分就是市场中的切割思维，切割的方式可以有很多种，可以横着切，也可以竖着切。细分可以按地域分，也可以按兴趣、生活场景、知识单元来分。

例如，瑜伽是垂直类领域，那么亲子瑜伽就是垂直细分领域，周末亲子瑜伽领域就是重度垂直细分。又如头条号“MakerBeta”定位于科技手工类视频，属于非常细分的领域，很小众，但短视频播放量也很可观，19 万人看了制作机械手臂的短视频，10 万人看了制作加特林皮筋枪的短视频。

4. 知识内容的热点生态

热门话题是指一定时间、一定范围内用户较为关心的热点问题。追踪热点的能力是短视频创作者的基本功。短视频创作者只有掌握热点信息的特性，才知道如何追踪热点，获取流量，生产出和热点相关的短视频。热点可分为突发事件和热点事件两种。

（1）突发事件

突发事件是指突然发生，造成或者可能造成严重社会危害，需要相关部门采取应

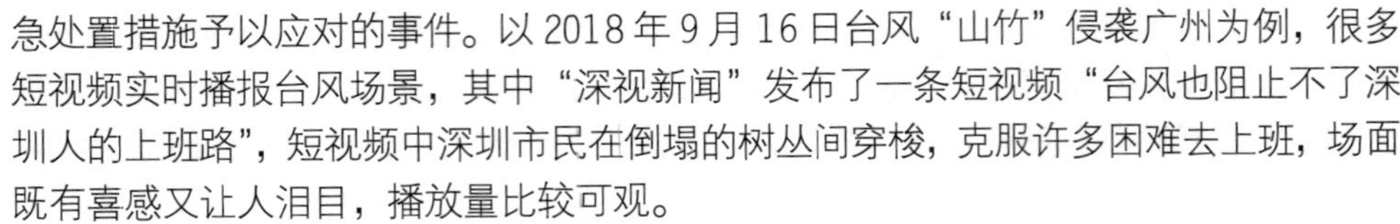

急处置措施予以应对的事件。以 2018 年 9 月 16 日台风“山竹”侵袭广州为例，很多短视频实时播报台风场景，其中“深视新闻”发布了一条短视频“台风也阻止不了深圳人的上班路”，短视频中深圳市民在倒塌的树丛间穿梭，克服许多困难去上班，场面既有喜感又让人泪目，播放量比较可观。

（2）热点事件

追热点是提高短视频点击率最直接、最有效的方式。在特殊的时间节点或者某个热点事件刚发生后，借势热点往往能够让短视频瞬间得到大范围传播，从而达到扩大短视频影响力的效果。短视频平台每隔一段时间都会有热推的视频话题，平台也会对相关话题的短视频给予流量倾斜。

短视频创作者追热点要追的不是热点新闻，而是热点关键词。平台是根据关键词推送短视频的，短视频创作者只有选择了热点关键词，短视频才有可能获取不错的推荐量。百度搜索风云榜、新浪微博热搜榜、知微事见、一帧大数据等几种热点追踪工具，可以为短视频创作者追踪热点时提供参考。

5. 知识内容的持续产出

短视频发布的数量和频率也是非常关键的，更新数量越多，曝光概率越大。行业“大 V”平均每天发布 5 条左右的短视频，大部分短视频创作者保持每日更新短视频或者每周更新短视频。例如，“日食记”每天都更新内容，有时会发布做菜教程图文版，有时会发布短视频。保持持续输出内容的作用只要有以下两方面。

（1）培养用户习惯

短视频创作者持续规律地输出内容，可以培养用户固定的观看习惯，增强用户黏性。当用户黏性足够强时，用户就慢慢具备了粉丝属性。如果短视频创作者不能持续输出内容，就容易被用户忘记。

（2）占领用户心智

互联网时代的竞争就是占领用户心智的竞争。短视频也一样，每个短视频创作者都在调整自己的内容和发布频率，尽力得到用户的认可。只有占领了用户的心智，才能扎根用户心中。

6.3.4 搭建高效的短视频团队

一个短视频从策划、制作到运营，每一步都有比较复杂的流程。短视频账号的运营步入正轨后，短视频创作者需要建立团队来完成一系列的工作。

1. 短视频人员从业能力要求

一般来讲，优秀的短视频人员应该具备以下能力。

（1）用户感知能力

用户的喜好和痛点是短视频工作的基本出发点。无论团队成员从事什么岗位，对用户的感知都是必备的能力。

（2）内容创作能力

内容是短视频的核心，是增加粉丝数量的基础。如果短视频后期有广告植入要求，团队成员就需要做出有创意的内容，自然地在短视频中植入广告。

（3）用户运营能力

运营能力主要是针对运营人员而言。优秀的运营人员能够扩大产品推广，促进用户使用，提高用户对产品的认知度。

（4）大众审美能力

图片的选择、文案的创作、产品的运营、内容的剪辑都对团队成员的审美能力有基本要求。无论团队成员从事什么岗位，都需要不断提高自身的审美能力。

（5）数据分析能力

短视频生产的整个过程都离不开数据的支持。用数据来指导短视频内容方向的选择，指导短视频拍摄剪辑的侧重点，指导短视频的发布时间，指导短视频的运营重心，是团队成员制作短视频的基本能力。

2. 常见的三种团队配置

搭建短视频团队的重点在于，快速找到能够上手，或者有一定基础、培训后短期内能够上手的人员。短视频创作者在这个过程中要依据具体情况不断调整人员结构，确定一个最佳的人员配置组合。比较常见的团队配置有豪华配置、经济配置、简易配置。具体选择哪种团队配置，要结合所处的阶段和具体情况来搭建短视频团队。

（1）豪华配置

很多团队（特别是专业生产内容团队）会采取比较豪华的团队配置。这种团队每周发布的短视频数量多，工作量大。豪华配置的团队可以对团队成员进行明确的分工，有效把控每一个环节的质量。

豪华配置团队主要包括以下成员。

导演：统领全局的职能角色。短视频的主要风格、内容基调，以及每一个短视频内容的策划和脚本都需要导演把关，拍摄和剪辑环节也需要导演的参与。

内容策划人员：负责选题库的储备，搜寻热点话题，进行选项的把控和脚本的编写。

演员：需要上镜表演，要具备表现人物特点的能力。很多时候，团队其他成员也可以充当演员的角色。

摄影师：一个好的摄影师能够降低剪辑成本。摄影师要善于运用镜头，把控拍摄风格和画面构图，设计镜头、采光并完成整个拍摄过程，要知道怎么拍，拍完之后怎么剪辑。

制作剪辑人员：负责把控整个短视频的节奏，前期参与到策划中，后期通过对短视频内容的剪辑来和用户进行沟通。

运营人员：针对不同平台及不同用户的特点，通过文字的引导增强用户对短视频内容的期待，然后进行平台渠道分发、用户反馈管理、用户的维护及评论的维护。

其他人员：如灯光师、录音师，具体根据团队情况来设置。

另外，从经济角度考虑，很多的团队成员是可以复用的。例如，运营人员除了做好手头运营的工作外，还需要掌握一项技能——剪辑。

在有些团队中，摄影师和编导都是全能型人才，也可以负责后期剪辑工作。

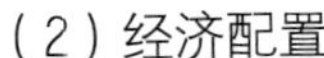

（2）经济配置

如果团队要保留比较关键的两个角色，那一定是内容策划人员和短视频制作人员，有时候可以适度增加 1～2 人。这种团队配置适用于每周视频拍摄短视频量比较少、要求相对较低的团队。因为团队成员少，分工自然就不明确，一人担任多种角色，这样才能维持整个短视频创作的运作。

内容策划人员：其核心职能是脚本策划和镜头辅助，最好能充当演员角色。

视频制作：全能型人才，负责和短视频内容相关的所有工作，包括内容策划、镜头设计、脚本拍摄、剪辑等，必要的时候还需要充当演员。

（3）简易配置

如果团队只有一个人，那这个人就必须是一个全能型人才，需要会策划、会拍摄、会演、会剪辑、会包装、会运营。例如，“坤哥玩花卉”的运营者是一个花卉栏目的编辑，具有比较丰富的专业知识，这个账号在开始的很长一段时间都是他一个人在运营。

3. 团队任务分工

团队任务分工最基本的方法是任务分解结构法（Work Breakdown Structure，WBS），其思路为把项目分解成任务，把任务分解成一项项工作，再把工作分配到每个人的日常活动，直到无法继续分解为止，即“项目—任务—工作—活动的逻辑”。

WBS 包含三个关键词：任务（Work）、分解（Breakdown）、结构（Structure）。

任务：可以产生有形结果的工作任务。例如，运营人员通过短视频用户运营，可以直接带来用户数量的增长、短视频点赞率的提升、短视频评论数量的增加。

分解：将项目进行分解，按照“项目—任务—工作—活动的逻辑”一层层分解下去，直到不能再细分。把拍摄一条短视频作为一个项目，主要过程可以分为策划、制作、运营等任务，而策划又可以分为内容用户定位、竞品分析、搭建选题库、切入选题多项具体工作，其中的搭建选题库又可以分为日常建立选题库、研究竞争对手选题库、集合用户想法纳入选题库、关键词查找建立选题库。

结构：按照“相互独立，完全穷尽”的原则，保持一定的结构和逻辑，保证每一项工作都涉及，并且没有遗漏，每项活动都有且只有一个人负责。

4. 标准作业程序

麦当劳在全球开设了 3 万多家分店，每家分店制作的食品却能够保证一样的口感，成功的秘密就是他们的标准作业程序。

（1）标准作业程序的定义

标准作业程序（Standard Operating Procedure，SOP）就是将一件事的标准步骤统一下来，用来指导和规范重复出现的日常工作。

（2）短视频工作组

短视频工作组的主要内容有以下几方面。

确定各任务组的职责范围。把整个短视频工作组的内容按照 WBS 的原则进行分割细化，然后逐级分发任务。

制订周/日工作计划。将每一项内容分解到精细化、标准化的水平，落实到每周、每日的活动中，复制的难度就会降低。

新人培养。短视频行业是新兴行业，很多时候需要团队成员带新人熟悉工作流程。要让新人达到一定标准，快速复制工作内容，有以下几点需要注意。

① 不断迭代 SOP。为了将技术、经验固定下来，形成能够快速指导新员工开展工作的执行标准，除了建立 SOP 外，还需要不断迭代，形成最高效的版本。

② 新人带教 SOP。对照工作 SOP，讲解关键点和易错环节，再让新人用自己的话复述；给新人可以模仿的案例，把关键的地方演示给新人看；请新人做一遍，观察新人操作过程中的问题；对新人的表现给出即时反馈，指出改进空间。

③ 注重个人成长。员工是团队的最小作战单位，人才战略决定一个团队的成败。只有尊重员工，关注员工的个人成长和梦想，激发出员工的最大能动性，才能将团队的效能发挥到最大。

6.4 成功运营，离不开这 3 个方面

6.4.1 平台运营：选对了，一个平台就能让你成为赢家

随着短视频的火爆，大量的短视频 App 纷纷上线。短视频创作者要根据自己发布短视频的内容特点选择合适的平台，重点考虑以下几方面因素。

1. 短视频平台行业数据

（1）平台类型

2018 年，互联网巨头纷纷布局短视频市场，短视频平台形成了以腾讯系、阿里系、百度系、今日头条系、新浪系、360 系为主的六大派系。按照运营属性的差异，短视频平台分为四大类：工具型、内容型、社区型、垂直型。

工具型：侧重短视频的拍摄、美化、剪辑和特效，可以有效降低视频拍摄的技术门槛。这类平台不注重社交及传播功能，短视频需要借助内容发布平台传播，如 VUE、逗拍、LIKE、快剪辑等。

内容型：这类短视频平台所占的比例最高，受欢迎程度也比较高。当下流行的几个短视频 App 几乎都属于这一类型，如抖音、快手、美拍、微视等。

社区型：侧重社交功能，鼓励用户互相围观作品，用户可以在平台内进行互动，以小拍短视频为代表。

垂直型：可以理解为垂直细分的内容型平台，这类短视频平台一般专注某个领域，如健身、美妆等。

（2）下载量排行

下载量是判断短视频用户基数和增长率的重要指标。根据 QuestMobile 发布的《中国移动互联网 2019 上半年大报告》显示，字节跳动、快手、腾讯和百度旗下的短视频 App 的下载量基本占有了市场上短视频 App 下载量的 70%以上。

（3）月活跃用户

QuestMobile 发布的《中国移动互联网 2019 上半年大报告》显示（见图 6-25），短视频行业竞争激烈，字节跳动旗下的三款短视频 App 去重用户接近 6 亿；微视的月活跃用户数也突破 1 亿，百度系的好看视频和全民小视频月活跃用户数也迎来大幅度增长。

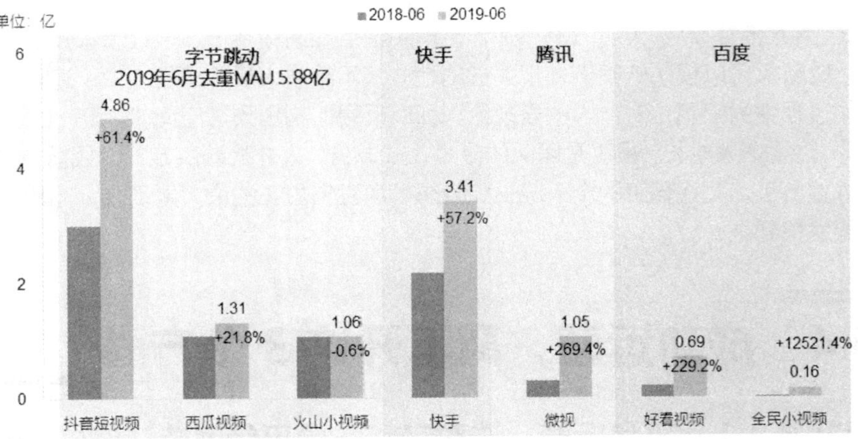

图 6-25　短视频行业典型 App 月活跃用户数

（4）使用时长占比

QuestMobile 发布的《中国移动互联网 2019 半年大报告》数据显示，中国移动互联网的巨头护城河依旧牢不可破，腾讯系、字节跳动系、阿里系和百度系的 App 总使用时长占全网使用时长的 70%以上，字节跳动系 App 的使用时长占比增至 11.7%（见图 6-26），各个互联网企业对用户的争夺愈发激烈。

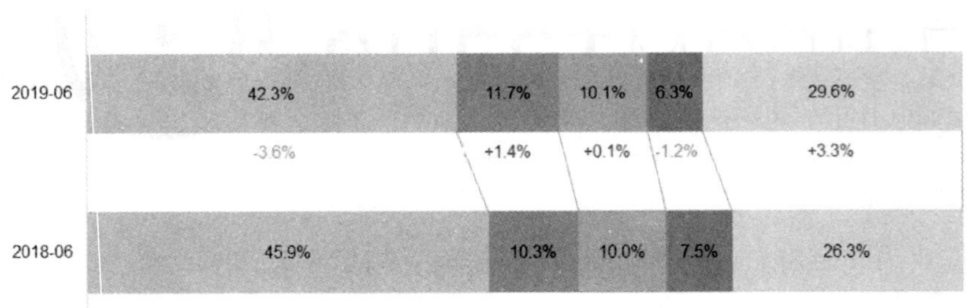

图 6-26　移动互联网各派系的 App 总使用时长占比

2. 短视频平台基本规则

短视频创作者一定要了解国家对短视频行业的法规及短视频平台的规则，遵守规则，不触碰红线，才能保障账号安全运营。以下是短视频平台的一些基本规则。

（1）符合国家法规

国家有关部门于 2018 年 3 月 16 日发布《关于进一步规范网络视听节目传播秩序的通知》（新广电办发〔2018〕21 号），为进一步规范网络视听节目的传播秩序，维护健康清朗的网络空间，就有关问题要求如下：一、坚决禁止非法抓取、剪拼改编视听节目的行为；二、加强网上片花、预告片等视听节目管理；三、加强对各类节目接受冠名、赞助的管理；四、严格落实属地管理责任。

（2）遵守平台规则

除国家法规之外，各短视频平台都有自己的规则。按照规则的基本差异，短视频平台可以分为内容型平台和商品型平台。

内容型平台禁止短视频创作者在短视频中直接售卖商品，也不允许商品的售卖信息直接出现在短视频中，以美拍、快手为代表。商品型平台本身是倡导电商的，以淘宝卖家秀为代表，支持短视频创作者在短视频中进行商品销售。

（3）避免盗版

国家版权相关主管部门开启“剑网 2018”专项行动后，15 家短视频平台共下架和删除各类涉嫌侵权的盗版短视频作品 57 万部。除此之外，国家版权相关主管部门还约谈了抖音短视频、快手、西瓜视频、火山小视频、美拍、秒拍、微视、梨视频、小影、56 视频、火萤、快视频、哔哩哔哩、土豆、好看视频 15 家企业，责令相关企业进一步提高版权保护意识，建立审核制度等，同时下架涉嫌侵权的短视频。

（4）遵守平台补贴规则

为了鼓励短视频创作者在自己的平台发布独家的、高质量的内容，很多短视频平台会和短视频创作者签订合约，并且给予一定的补贴，短视频创作者要遵守平台的补贴规则。

3. 短视频平台的运营

短视频运营者选择平台时不要局限于一个平台，建议考虑自身特点，结合各平台的运营规则，选择适合自己的平台，最大化地带来流量和用户的增长。

（1）自身情况

不同的短视频创作者发布短视频的诉求有所不同，有的是为了传播自己的短视频，有的是为了实现变现。除此以外，短视频创作者各自的账号属性和短视频定位也有所区别，所以短视频创作者要根据自身情况选择短视频平台。

（2）平台情况

① 平台资源和用户结构。

每个平台的资源结构都是有差异的，用户的组成也存在很大的差异，用户从性别比例、地域差异、教育背景到兴趣爱好不尽相同。短视频创作者应尽量选择适合自己内容方向的平台来发布，用户的精准度会更高。以下是几个平台的基本情况。

秒拍：和微博之间有强大的导流作用，短视频的传播更多地依赖资源推荐。

美拍：短视频的传播更多地依赖算法推荐，用户以女性群体为主。

今日头条：短视频的传播更多地依赖算法推荐，男性用户较多。

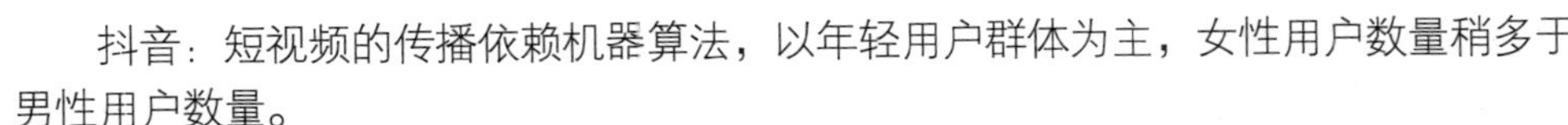

抖音：短视频的传播依赖机器算法，以年轻用户群体为主，女性用户数量稍多于男性用户数量。

快手：短视频的传播依赖机器算法加推荐系统，男性用户较多。

② 平台流量价值。

衡量平台流量价值有一个基本规则：流量获取难易程度与流量价值大小呈正相关。惯常的换算方法是：1 个微信播放量=1 个今日头条播放量=100 个秒拍播放量。因此，短视频创作者需要做好平台布局，带动流量的持续增长。

（3）运营技巧

针对不同的平台，短视频创作者的运营技巧也存在差异。短视频创作者唯有在内容上下功夫，提升短视频的权重，才能争夺头部位置。

秒拍：短视频创作者用在其他平台上获取的收入，快速提升短视频在秒拍的流量规模。

今日头条：今日头条的补贴是一种优势，短视频创作者可以利用这个补贴提升其他平台的流量。

抖音：无论短视频创作者是做受众广的泛娱乐类型短视频还是深耕某个垂直领域，都需要通过专业的内容运营和用户运营，保证产出内容的创意和质量。

4. MCN 机构

多频道网络（Multi-Channel Networks，MCN）机构最大的优势是它整合了松散的内容生产者，主要作用是联合若干垂直领域具有影响力的互联网专业内容生产者，利用自身资源为其提供内容生产管理、内容运营、粉丝管理、商业变现等专业服务。MCN 机构最有代表性的案例是“papi 酱”。“papi 酱”于 2016 年成立了 Papitube，借助这个平台来孵化更多职业化、专业化的优质内容生产者。

6.4.2　用户运营：找准用户需求，才能事半功倍

短视频的用户运营可以被简单理解为短视频创作者依据用户的行为数据，对用户进行回馈与激励，不断提升用户体验和活跃度，促进用户转化。短视频的用户运营有三个重要阶段：流量原理、获取种子用户、激活用户。

1. 流量原理

产品运营专家梁宁说过，商业的核心就是产品、流量和转化。对短视频从业者来说，流量获取是运营的核心目标。简单来说，流量的获取就是目标用户的获取，流量在哪儿，用户就在哪儿，内容就在哪儿。

（1）流量的价值

流量对应的英文词是“flow”，实体行业把流量叫作顾客，对他们来说，进店的顾客其实就是流量。对短视频来说，流量特指一定时间内的访问量。

流量的价值核心在于变现，通过内容吸引流量的同时，把流量转换到其他需要流量的商业活动中，最终达到成交、赢利的目的。流量越精准，用户垂直度越高，流量

的商业价值就越大。

目前，提升流量主要有三种方式：精品内容的打造、品牌推广、用户运营。其中，精品内容的打造非常考验短视频创作者的内容生产能力和专业性，需要短视频创作者静下心来，精雕细琢，不断改进；品牌推广对短视频创作者的公关能力、拥有的资源和投入的资金要求较高；短视频运营者除了内容的打磨外，做好用户运营也是获取流量成本较低的方式。

（2）短视频机器算法

短视频创作者对“机器算法”这个词一定不陌生。短视频平台的推荐机制已经从优酷的编辑模式跨入了机器算法时代。机器获取有效信息比较直接的途径就是短视频的标题、描述、标签、分类等。以抖音为例，它的算法被称为“流量赛马机制”，这种算法主要经过以下三个阶段。

冷启动曝光：对于上传到平台的短视频，机器算法在初步分配流量的时候，会先进行平台审核，短视频审核通过后进入冷启动流量池，平台给予每个短视频均等的初始曝光机会。这个阶段，短视频主要分发给关注账号的用户和附近的用户，然后平台会依据标签、标题等数据进行智能分发。

叠加推荐：经过分发的短视频，机器算法会从曝光的短视频中进行数据筛选，分析短视频的点赞量、评论量、转发量、完播率等多个维度的数据，选择出数据表现出众的短视频，放入流量池，给予叠加推荐，依次循环往复。

精品推荐：短视频经过多轮筛选后，多个维度（点击率、完播率、评论的互动率）表现优秀的短视频会被放入精品推荐池，优先推荐给用户。

2. 获取种子用户

在账号创建初期，通过冷启动曝光获取足够多的种子用户，是短视频创作者初期运营的重心。下面介绍几种有效获取种子用户的方法。

（1）增加曝光率

多渠道转发：短视频创作者利用个人的社交关系和影响力，在朋友圈、微信群、知乎、贴吧、微博等渠道进行转发传播短视频，增加短视频曝光率，获取更多用户的关注。短视频创作者也可以利用微博粉丝通、粉丝头条，筛选“大V”付费推荐，但应尽量筛选精准的、流量真实的“大V”号。

参加挑战和比赛：很多短视频平台都有挑战活动，这些活动自带巨大流量。例如，抖音每天都有各种主题的热门话题和挑战活动，鼓励用户积极参加，美拍鼓励用户制作亮眼的头图，参加话题活动；今日头条的“金秒奖”是短视频行业内标准比较高的赛事，短视频创作者加入比赛不仅可以获得曝光，也可以向优秀短视频同行学习，提升自己的水平。

写优质内容传播：优质的内容是稀缺的。短视频创作者编写优质的内容，在各大网站发布，从而带动阅读量，嵌入自己的短视频，进而带来用户关注，也是一个有效的方式。

付费推广：一些平台提供了付费推广渠道，有助于短视频获取更大的曝光量，如新浪微博的“粉丝通”和抖音的“DOU+”。

（2）蹭热度

评论热门微博：短视频创作者在流量比较大的“大 V”或热门微博下面评论、回复，分享自己的观点，帮别人解决问题或交流问题，用精彩独到的观点引起别人的关注也是一种获取流量的方式。

（3）活动推广

常见的活动推广包括转发抽奖和线下推广。

（4）导流

短视频创作者与其他的自媒体人进行合作，相互导流也是获取用户的不错方式。

3. 激活用户

激活用户可以增加用户的活跃度，引导用户持续关注账号，增强用户黏性。常见的激活用户的方法包括评论互动、回复评论、私信和话题活动等。有一点需要注意，单纯的有奖活动并不是很好的方法，设置能够带动用户参与热情的话题才是关键。例如，有 5000 多万粉丝的微博“大 V”“微博搞笑排行榜”鼓励用户投稿，选出他们关心的话题，形成“榜姐每日话题合集”这样一个优质栏目，引导众多用户积极投票选举，评论互动，不仅确定了选题，也增加了用户黏性。例如，“说一件你和同桌之间，让你念念不忘的小事”和“2018 年，你拍的最搞笑的一张照片是什么”，这些话题都特别贴近用户的生活，能够引发用户共鸣，评论和点赞量都非常高。

6.4.3 数据运营：充分了解潜在用户群体

短视频的所有运营行为都是以数据为导向的。短视频创作者除了需要通过数据持续了解短视频的播放量、点赞量、转发量外，还需要观测后续数据发展，调整短视频的内容、发布时间和发布频率，逐步提升短视频的平台流量。

1. 数据分析的意义

数据是运营的灵魂，所有的运营都建立在数据分析的基础之上。对于短视频创作者来说，数据分析主要有以下几方面作用。

（1）数据指导内容方向

优质内容的产出和运营，是短视频流量增长的关键。当然，这是一个精细策划、持续优化的过程，短视频创作者需要依托数据的反馈来不断改进。

① 用数据指导初期内容方向

在创作初期，短视频创作者对市场和选题的了解不够充分，需要借助数据来指导内容方向。初期短视频创作者经过内容用户定位、竞品分析后，选取资源较充足的选题，按照最小化启动原则，不断根据短视频的播放量、点赞量、转发量等数据的对比来统计短视频的受欢迎程度，持续调整内容方向。

② 用数据指导中后期内容运营

内容方向确定下来后，数据的作用就更加重要了。短视频创作者需要通过和竞品数据的对比，以及自己账号几个维度的数据分析，来改进选题，提升流量，增强用户黏性。

（2）数据指导发布时间

① 发布时段

短视频的发布频率和时间也是短视频运营的关键环节。每个平台都有自己的用户观看流量高峰，单靠人工去判断高峰时段和推荐机制的差异数据，工作量很大，准确率不够高，短视频创作者运用工具可以大大提升效率。“飞瓜数据”拥有提供抖音热门素材，各类排行榜单，视频监控以及多号矩阵管理的功能，短视频创作者可以对抖音平台的各种数据进行分析。

以抖音为例，70%以上的用户会在工作日的饭前刷抖音，睡前半小时也是用户刷抖音的高峰期。所以，在抖音发布短视频的黄金时间是11:00～13:00、18:00～19:00、21:00～22:00。再如美拍，短视频创作者在12:00、18:00、22:00发布短视频效果比较好。这些数据都是短视频创作者借助工具的统计直观获取的。

② 发布频率

短视频创作者形成固定的发布频率，可以培养用户的观看习惯，增强用户黏性。比较好的更新频率是每日更新或隔天更新。有一些短视频的生产周期比较长，可能短视频创作者一周才能完成一个，此时可选择每周更新。

2. 应关注的关键指标

在短视频运营中，数据分析是不可或缺的环节，所有运营行为的分析和优化都建立在数据的基础上。以下几组数据是短视频创作者需要关注的。

（1）固有数据

固有数据指短视频的发布时间、短视频时长、短视频发布渠道等数据。

（2）基础数据

基础数据包括短视频的播放量、评论量、转发量、收藏量等数据。

（3）关键比值

视频的基础数据是变化浮动的，但比值是有规律的。这些比值是分析数据的关键指标，是进行选题调整和内容改进的重要依据。

评论率：评论率=评论数量/播放量×100%，体现出哪些选题更容易引发用户共鸣，引起用户讨论的欲望。

点赞率：点赞率=点赞数量/播放量×100%，反映了短视频受欢迎的程度。

转发率：转发率=转发量/播放量×100%，代表用户的分享行为。通常转发率高的短视频，为账号带来的新增粉丝量也较多。

收藏率：收藏率=收藏量/播放量×100%，能够反映出用户对短视频价值的认可程度，用户收藏后短视频很可能再次观看，可以提升短视频完播率。

完播率：完播率是指完整看完短视频的用户数与所有观看短视频用户比例。完播率的提升，短视频创作者要注意两个点：第一，调整短视频节奏，努力在5秒内抓住用户的眼球；第二，通过文案引导用户看完整个短视频。

（4）数据分析维度

短视频创作者进行短视频数据分析，不仅要分析自己的短视频数据，还要分析同类型短视频数据、榜单短视频数据，通过各维度对比可从宏观和微观角度把握趋势和内容方向。

① 可视化分析工具

可视化分析是将数据、信息转化为可视化的形式。最基础的可视化分析工具就是 Excel 表格，短视频创作者可以将自己需要的数据类型整合起来，转化为图表，使其更直观、清晰。但是，对于较大量数据的分析，短视频创作者用 Excel 进行数据可视化显然工作量过大，此时可以借助其他可视化分析工具来进行。

② 飞瓜数据

短视频创作者利用飞瓜数据可以查看各网的运营数据，如播放统计、用户统计，飞瓜数据还可以显示各平台的数据，帮助短视频创作者更好地跟踪内容数据，优化选题。

③ 卡思数据

卡思数据是一款基于全网各平台的数据开放平台，提供全方位的数据查询、趋势分析、舆情分析、用户画像、视频监测、数据研究等服务，为短视频创作者在内容创作和用户运营方面提供数据支持，为广告主的广告投放提供数据参考。

④ 西瓜指数

西瓜指数是一款小程序，主要针对抖音平台的数据，可以呈现 24 小时内抖音平台播放、点赞前 100 名的短视频，还包括热门视频、热门音乐、博主榜单，短视频创作者可以非常方便地掌握抖音的榜单趋势和动态。

思考与练习

1. 请分别简述抖音、快手、西瓜视频、淘宝卖家秀等短视频平台运营定位及平台特色玩法。
2. 如何精准定位短视频领域？
3. 装修出“走红体质”的短视频账号需要考虑哪些方面？
4. 策划可持续的优质内容需要从哪些方面考虑？
5. 搭建高效的短视频团队需要考虑哪些方面？
6. 国家和平台关于短视频的基本规则有哪些？
7. 短视频的用户运营有哪些阶段？
8. 短视频数据运营中的关键指标有哪些？

第 7 章

直播篇——实时互动，促进话题传播

【学习目标】

- 掌握直播营销的概念、平台优势及风险防范。
- 掌握开展直播活动的整体思路。
- 掌握开展直播活动的方法。

基于互联网的直播形式由来已久，早在 20 世纪末就已经有大量网民“泡”在论坛或聊天室里，参与文字直播。截至 2016 年，观看网络直播的用户已达到 2 亿人，直播平台也超过 300 家。本章主要讲述直播营销的概念、开展直播营销的整体思路及直播营销的具体方法。

7.1 认识直播营销

“直播”一词由来已久，在传统媒体平台就已经有基于电视或广播的现场直播形式，如晚会直播、访谈直播、体育比赛直播、新闻直播等。直播是指与广播电视节目的后期合成、播出同时进行的播出方式。接下来，将对直播营销进行详细介绍。

7.1.1 直播营销概述

1. 直播营销的基础概念

随着互联网的发展，尤其是智能手机的普及和移动互联网的发展，直播的概念有了新的延展，越来越多基于互联网的直播形式开始出现。

所谓“网络直播”或“互联网直播”，指用户在手机上安装直播软件后，利用手机摄像头对发布会、采访、旅行等进行实时呈现，其他用户在相应的直播平台可以直接观看与互动。

广义的直播营销，指企业以直播平台为载体进行营销活动，达到品牌提升或销量增长的目的。2016 年起，互联网直播进入爆发期，直播平台超过 300 家，用户数超 2 亿。现阶段谈到的"直播营销""移动直播营销"等，多数情况下默认是基于互联网的直播。

与传统媒体平台（电视、广播）的直播营销相比，互联网直播营销有以下两个显著的优势。

第一，参与门槛大大降低。网络直播不再受制于固定的电视台或广播电台，无论企业是否接受过专业的训练，都可以在直播平台创建账号，开始直播。

第二，直播内容多样化。除传统媒体平台的晚会、访谈等直播形式外，用户利用互联网可以进行户外旅行直播、网络游戏直播、发布会直播等。

基于互联网的直播营销，通常包括场景、人物、产品、创意四大要素。第一是场景，企业需要用直播搭建销售场景，让用户仿佛置身其中；第二是人物，主播或嘉宾是直播的主角，他的定位需要与目标用户相匹配，并友好地引导用户互动、转发或购买；第三是产品，企业产品需要巧妙地植入主持人名词、道具、互动等之中，从而达到将企业营销软性植入直播中的目的；第四是创意，用户对于常规的"歌舞晚会""朗诵直播"等已经审美疲劳，新鲜的户外直播、互动提问、明星访谈等形式，都可以为直播营销加分。

2. 直播营销的主要特点

直播营销之所以受到越来越多企业的青睐，主要是因为其具备三大特点，如图 7-1 所示。

直播的第一个特点是"即时事件"。由于直播完全与事件的发生、发展进程同步，因此可以第一时间反映现场状态。无论晚会节目的最新投票、体育比赛的最新比分，还是新闻资讯的最新进展，都可以即时呈现。

直播的第二个特点是"常用媒介"。用户收听或观看直播通常无须专门购买昂贵的设备，使用电视机、计算机、收音机等常用设备即可了解事件的最新进展。也正是由于这一特点，用户之间的相互推荐变得更加方便，从而更有利于直播的传播。

直播的第三个特点是"直达用户"。与录播节目相比，直播节目不会做过多的剪辑与后期加工，所有现场情况直接传达给用户。因此，直播节目的制作方或主办方需要花费更多的精力去策划直播流程并筹备直播设施，否则一旦直播出现失误，将直接呈现在用户面前，从而影响制作方或主办方的品牌形象。

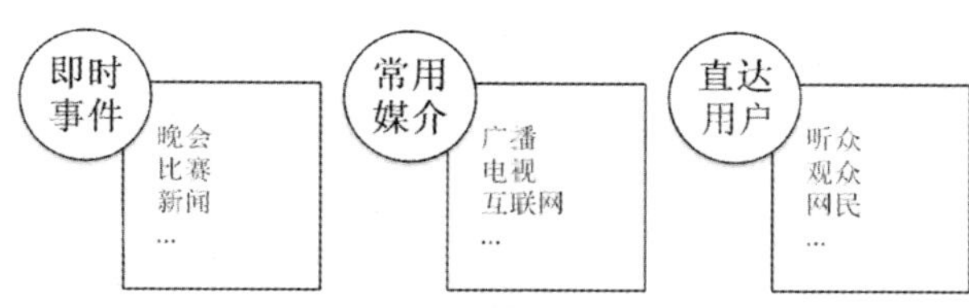

图 7-1　直播营销的三大特点

7.1.2 从 0 到 1 的互联网直播发展历史

网络速度和硬件水平是影响互联网直播发展的主要因素。受这两个因素制约，互联网直播行业的发展历史分为四个阶段，即图文直播、秀场直播、游戏直播及移动直播。

1. 图文直播

拨号上网与宽带上网刚兴起的时候，网速普遍较慢，用户上网以聊天、看新闻、逛论坛为主。因此，这一时期的直播形式仅支持文字或图片，用户通过论坛追贴、即时聊天工具分享等形式，了解事件的最新进展，如图 7-2 所示。

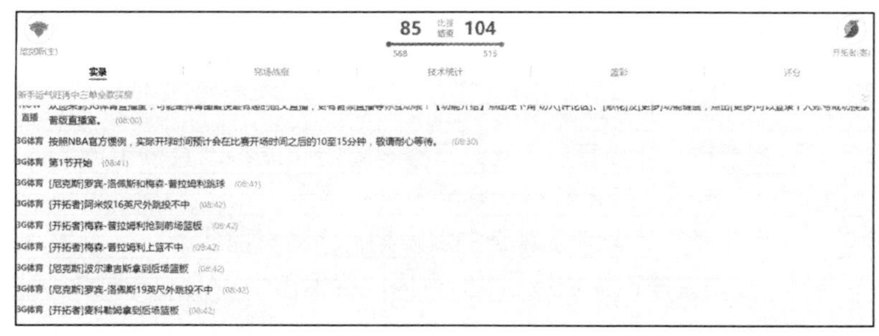

图 7-2 图文直播

由于文字直播、图片直播需要用户喜欢阅读，爱看文字，因此受众面较窄。

2. 秀场直播

随着网速的提升，视频直播开始出现。但受制于计算机运行速度及内存容量的限制，用户无法同时打开多款软件进行“一边玩游戏，一边看直播”或“一边看体育比赛，一边听解说”等操作，只能利用网页或客户端观看秀场直播，如图 7-3 所示。

图 7-3 秀场直播

秀场是用户展示自己能力的互联网空间，从 2005 年开始兴起。

2005 年“9158”网站成立，其业务以文化娱乐为主。“9158”平台上汇集了大量草根明星和平民偶像，逐步发展成“网红”、歌手、草根明星的发源地之一。2006 年“六间房”网站成立，与“9158”平台共同成为视频直播的早期主流平台。

3. 游戏直播

随着计算机硬件的发展，用户可以打开计算机进行多线操作，"一边听 YY 语音直播，一边玩游戏"的形式开始出现，游戏直播开始兴起。与此同时，一系列游戏直播平台开始出现。

2008 年，主打语音直播的 YY 语音面世，并受到游戏玩家的推崇。在早期网游领域，使用 YY 语音进行游戏沟通成为游戏爱好者的默认共识。

2013 年 YY 游戏直播上线，2014 年斗鱼直播上线，我国 PC 端游戏直播平台初具规模。

4. 移动直播

随着智能手机硬件的不断升级，移动互联网逐步提速降费，用户进入全民移动直播时代，与之对应的是大批移动直播网站的火爆。

2015 年，映客直播、熊猫直播、花椒直播等纷纷布局移动直播市场，相关直播创业公司也顺势成立，市场上最多曾有 300 余个直播平台。

2016 年，网络直播市场迎来了真正的爆发期，移动直播成为新兴市场，备受各大直播平台的青睐。移动直播市场发展迅速，直播内容覆盖生活的方方面面，包括聊天、购物、游戏、旅游等。

2017 年，网络直播市场中知名度较高的平台仅剩数十家，如花椒直播、映客直播、一直播等平台。

花椒直播平台采用"明星+主播"的形式，请明星助阵、对明星专访、让明星做主播，迅速占领了移动直播的一部分市场。

映客直播平台与音乐人、综艺节目、明星合作，"奇葩说天团"在映客直播开展首场直播秀后，多位明星纷纷入驻。

7.1.3 五种直播平台的优势

根据平台主打内容划分，直播平台可以分为综合类、游戏类、秀场类、商务类、教育类等（见表 7-1）。需要强调的是，此分类仅表示各个平台的主打内容，实际上绝大多数直播平台并非单一属性，会出现"既有游戏直播，又有教育直播，还有秀场直播"的多维度定位。

表 7-1 直播平台的分类

综合类	游戏类	秀场类	商务类	教育类
一直播	战旗直播	六间房	脉脉直播	网易云课堂
映客直播	斗鱼直播	YY 直播	微吼直播	沪江 CCtalk
花椒直播	虎牙直播	新浪秀场	京东直播	千聊
QQ 空间	龙珠直播	腾讯视频	天猫直播	荔枝微课

1. 综合类直播平台

综合类直播平台通常包含较多的直播类目，用户进入直播平台后的可选择余地较多，包括游戏直播、户外直播、校园直播、秀场直播等。

目前属于综合类的直播平台有一直播、映客直播、花椒直播、QQ 空间等。

一直播是属于一下科技旗下的一款娱乐直播互动 App，而一下科技已经与新浪微博达成战略合作伙伴关系，因此一直播相当于新浪微博的直播平台，新浪微博用户可以通过一直播在新浪微博平台直接发起直播，也可以通过新浪微博直接实现观看、互动。一直播之所以包含丰富的直播类目，也是基于新浪微博用户本身的多样化属性。

2. 游戏类直播平台

游戏类直播平台主要是针对游戏的实时直播平台。游戏爱好者通常会较为规律地登录游戏直播平台，甚至追随某位游戏主播。

3. 秀场类直播平台

秀场直播从 2005 年开始兴起，是直播行业起步较早的模式之一。秀场直播是主播展示自我才艺的最佳形式，用户在秀场直播平台浏览不同的直播间，类似于走入不同的演唱会或才艺表演现场。

目前属于秀场类的直播平台有六间房、YY 直播、新浪秀场、腾讯视频等。其中较典型的是六间房。

作为较早进入中国直播领域的企业，六房间曾一度引领互联网视频娱乐消费新方式。六房间早期以视频为主，随后转型为秀场直播，用户在该平台可观看歌曲、舞蹈、相声、朗诵、戏曲等不同形式的表演内容。

4. 商务类直播平台

与游戏类、秀场类等直播平台不同，商务类直播平台具有更多的商业属性，因此在商务类直播平台进行直播的企业，通常带有一定的营销目的。利用商务类直播平台，企业可以尝试以更低的成本吸引用户，并产生交易。

商务类直播平台又可以分为两大类，即常规商务直播平台和电子商务直播平台。其中，脉脉直播、微吼直播等直播平台属于常规商务直播平台，而京东直播、天猫直播等直播平台属于电子商务直播平台。

较为典型的常规商务直播平台是脉脉直播，如图 7-4 所示。脉脉直播专门针对职场人士和公司职员，主要目的是让用户了解到不同职业和行业从业者的想法，分享职场经验，给职场人提供一个可以交流的商务平台。

较为典型的电子商务直播平台是京东直播，如图 7-5 所示。作为京东旗下的直播平台，京东直播运营紧扣京东商城的整体活动策划，曾举办过人气较高的“京东吃货嘉年华”“锤子 2016 新品发布会”等品牌专场直播。

5. 教育类直播平台

传统的在线教育平台的内容以视频、语音、PPT 等形式为主，虽然呈现形式足够丰富，但互动性不强，主播无法做到实时答疑与讲解。因此，教育类直播平台应运而生，其中网易云课堂、沪江 CCtalk 等平台直接都是在原有在线教育平台的基础上增加了直播功能；而千聊、荔枝微课等平台则属于独立开发的教育直播平台。

图 7-4　脉脉直播

图 7-5　京东直播

较为典型的教育类直播平台是网易云课堂。网易云课堂的直播课程目前属于邀请制，以确保直播课程的质量。2016 年 6 月 7 日，在线教育领域的“知识型网红”秋叶大叔进行了“你的工作经验为什么不值钱”的直播，有上万人观看，赢得全场好评，如图 7-6 所示。

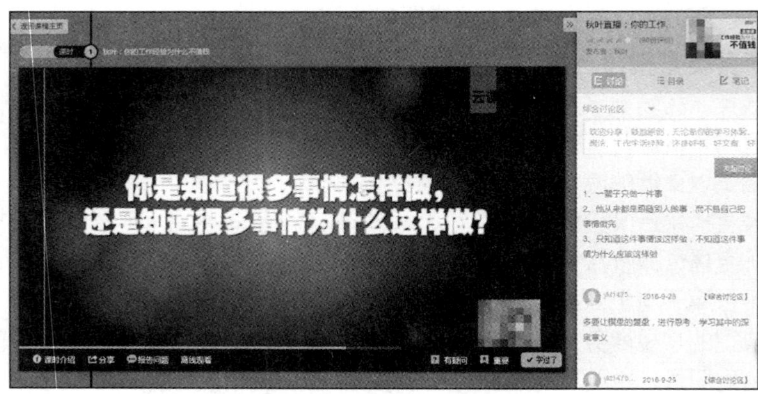

图 7-6　秋叶大叔在网易云课堂进行直播

7.1.4　直播风险的防范

由于直播直接将现场情况呈现在用户面前，没有剪辑与后期加工，因此企业在进行直播营销策划之前，必须先做好风险防范。否则一旦出现失误，不但无法达到企业的营销目的，反而会伤害企业的品牌形象。

在直播策划前，企业必须对以下几方面逐一排查，防止造成不必要的麻烦。

1. 环节设置

企业策划网络直播活动，必须对各环节进行反复推演，尤其是涉及“转发抽奖”

"扫码领取红包"等环节时，应采取措施防止奖品或红包被恶意领走，导致大量用户无法获得，从而引发用户的争议。

2. 软硬件测试

为了达到良好的网络直播效果，企业需要在直播前对所有相关软硬件进行反复排查与测试。一方面，需要熟悉直播软件的使用及各环节软硬件的配合，防止操作失误；另一方面，需要对网站、服务器进行反复测试，防止由于大批用户涌入而造成服务器瘫痪。

3. 主持词审核

现阶段直播平台用户规模不断变大，已成为用户进入社交、娱乐等场景的重要入口，因此相关部门也开始重点管理。因此企业必须对主持人或主播的主持词进行严格审核，防止由于主持人或主播"信口开河"而违反相关规定。错误的主持词不但会影响企业口碑，更有可能直接触犯法律。

4. 弹幕监控

弹幕是指观看直播的用户发送的简短评论，可以以滚动、停留甚至更多动作特效方式出现在屏幕上。

主持人或主播的发言可以提前审核，但直播现场用户发表的弹幕无法在直播前进行预估，只能依靠现场管理。企业在直播平台通常可以设置"房管"，直播间主播发言的同时，房管可以监督用户发表的弹幕，对于发表不当弹幕的用户，可以禁止其发言。

5. 侵权检查

企业直播营销通常需要物料支持，包括背景板、贴图、玩偶、吉祥物等。对于此类物料，企业在直播前必须仔细检查，防止涉及版权保护的物料，引发官司。企业在直播营销开始前，必须检查平台资质，否则无论企业直播营销的策划多优质，都会由于直播平台本身的违法而导致直播被下架，甚至引发官司。

7.2 理顺整体思路，让直播效果最大化

要实现直播效果最大化，直播团队需要有规划地制订直播策略，选择合适的直播营销方式，以期达到最优效果。

7.2.1 五步规划直播营销

一场直播活动，看起来只是几个人对着镜头说说话而已，但背后却有着明确的营销设计——企业要么通过直播营销提升企业品牌形象，要么利用直播营销增加产品销量。

企业将营销目的巧妙地设置在直播各个环节，这就是直播营销的整体设计。直播营销的整体设计主要包括五大环节（见图 7-7），直播团队需要对每个环节进行策划，用"五步法"设计直播营销，确保其完整性和有效性。

图 7-7 直播营销的五大环节

（1）整体思路

直播营销的第一大环节是整体思路。在做营销方案之前，直播团队必须先把整体思路厘清，然后有目的、有针对性地策划与执行。刚接触直播营销的新手容易进入一个误区，认为“直播营销只不过是一场小活动而已，做好方案然后认真执行就够了”。实际上，如果没有整体思路的指导，直播营销很有可能只是好看、好玩而已，并没有达到企业的营销目的。

直播营销的整体思路设计，包括三部分，即目的分析、方式选择和策略组合。

首先是目的分析。对企业而言，直播只是一种营销手段，因此企业直播营销不能只是简单的直播人员线上才艺表演或互联网游戏分享，而是需要企业根据产品特色、目标用户、营销目标，确定出直播营销的目的。

其次是方式选择。在确定直播目的后，直播团队需要在明星营销、稀有营销、利他营销等方式中，选择其中的一种或多种进行组合。

最后是策略组合。方式选择完成后，直播团队需要对场景、产品、创意等模块进行组合，设计出最优的直播策略。

（2）策划筹备

直播营销的第二大环节是策划筹备。好的直播营销需要“兵马未动，粮草先行”。首先，直播团队将直播营销方案撰写完整；其次，直播团队在直播开始前将直播过程中用到的软硬件测试好，并尽可能降低失误率，防止因为筹备疏忽而引起不良的直播效果。

为了确保直播当天的效果，直播团队还需要提前进行预热宣传，鼓励用户提前进入直播间，静候直播开始。

（3）直播执行

直播营销的第三大环节是直播执行。前期筹备是为了直播现场执行更流畅，因为从用户的角度，用户只能看到直播现场，无法感知直播团队前期的筹备。

为了达到已经设定好的直播营销目的，直播团队需要尽可能按照直播营销方案，将直播开场、直播互动、直播收尾等环节顺畅地推进，并确保直播的顺利完成。

（4）后期传播

直播营销的第四大环节是后期传播。直播结束并不意味着营销结束，直播团队需要将直播涉及的图片、文字、视频等，继续通过互联网传播，让其抵达未观看现场直播的用户，让直播效果最大化。

（5）效果总结

直播营销的第五大环节是效果总结。直播后期传播完成后，直播团队需要进行复盘，一方面进行直播数据统计并与直播前的营销目的作比较，判断直播效果；另一方面组织团队讨论，分析本场直播的经验与教训，做好团队经验分享。

每一次直播营销结束后的总结与复盘，都可以作为直播团队的整体经验，为下一次直播营销提供优化依据或策划参考。

需要强调的是，直播营销的第四环节和第五环节虽然都是在现场直播结束后进行的，但是直播团队必须在直播开始前就做好以下两方面的准备。

第一，提前设计数据收集路径，如淘宝店流量来源设置、网站分销链接生成、微信公众号后台问卷设置等。

第二，提前安排统计人员。不少直播网站后台的数据分析功能不够细化，因此一部分数据（如不同时间段的观看人数情况、不同环节的互动情况等）需要人工统计，便于后续分析。

7.2.2 明确目的，对症分析更有效

任何一场直播都必须围绕直播目的展开，直播团队可以通过产品分析、用户分析、营销目标三个层面提炼直播目的，如图 7-8 所示。

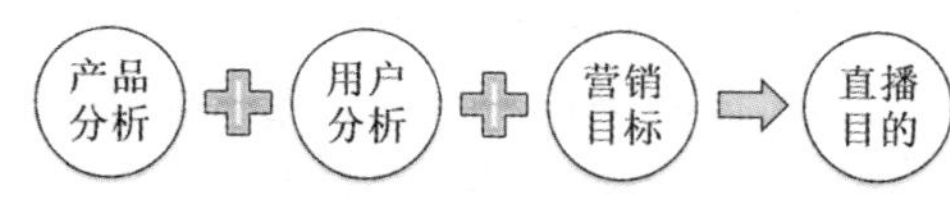

图 7-8 直播目的提炼

首先，直播团队通过产品分析梳理出产品的优势与劣势，宣传产品的优势，并尽量避免在直播过程中暴露产品劣势。

其次，直播团队借助用户分析挖掘出用户的需求，在直播策划时，围绕直播需求设计互动环节及主持人的台词。

再次，直播团队在企业自身年度或月度目标中找到与直播契合的关键点。企业的营销目标通常包括整体目标、阶段性目标、市场目标、销售目标等，而直播团队无法只通过一场直播就完成所有营销目标，因此需要在直播营销策划前，找到企业营销目标的某个点，利用直播进行单点突破。

完成以上产品、用户、目标三方面的梳理后，直播团队需要紧密围绕这三方面要素，用简要的语言将直播目的概括出来。例如，将 A 产品的 B 优势通过直播传达到 C 用户，最终实现直播销售 D 万。

1. 产品分析

产品通常分为两大类，第一类是实物产品，如护肤品、手机、衣服等；第二类是虚拟产品，如软件、音乐、游戏等。直播团队对参与直播的产品进行分析，有助于理解产品价值并提炼产品优势，进而加深屏幕前用户对产品的认识。

直播团队可以从“产品形态与成分”“产品功能与效果”两个维度进行分析。

产品形态与成分包括产品形状、产品尺寸、主要结构、构成成分等。例如，某款手机可能的优势包括“超大屏”“多种外壳颜色”“陶瓷外壳”等；再如某款护肤品，可能的优势包括“纯天然”“植物提炼”“小体积便于携带”等。

产品功能与效果包括产品口味、容量、操作性能等。同样以手机和护肤品为例，某款手机可能的优势包括“充电五分钟通话两小时（电容量大）”“人性化的操作系统”

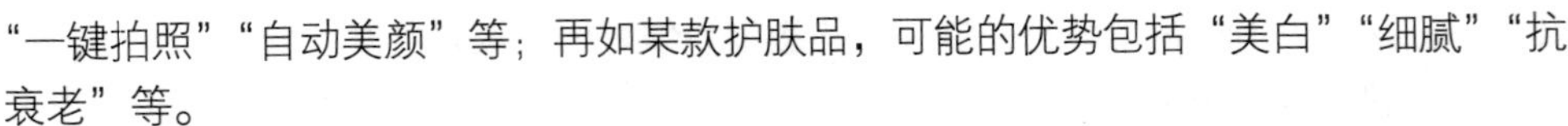

“一键拍照”“自动美颜”等；再如某款护肤品，可能的优势包括“美白”“细腻”“抗衰老”等。

需要强调的是，直播团队在进行产品分析并提炼产品优势时，必须结合“直播”这一场景，不能脱离直播去进行产品分析，即在直播平台，这款产品有哪些优势？由于场景不同，同样的产品特点，在线下的优势可能会成为其在直播平台的劣势。

直播团队在进行产品分析后，需要提炼出产品关键词、产品亮点，在直播策划时将产品信息巧妙植入直播环节，便于向观看直播的用户传达。

首先是产品关键词，产品关键词通常会出现在主播口播中或直播道具上，因此直播团队需要用 3～5 个简练的词概括产品，如“新款”“卫衣”“红色”等；其次是产品亮点，产品亮点通常会出现在嘉宾试用分享、直播预热活动、直播后期发酵环节中体现，因此，直播团队需要将产品在直播场景下的优势进行提炼。

2. 用户分析

企业开展直播营销需要对用户进行分析，主要有两方面原因：一方面，直播平台的可选择性强，不吸引用户注意力的直播会直接造成用户关闭直播窗口，选择观看其他直播；另一方面，为了达到营销目的，直播团队必须想方设法让用户按照主播的引导去下单或分享，而巧妙的引导来自直播团队对用户的分析与判断。

用户分析主要由两部分组成，包括用户属性特征分析和用户行为特征分析。

（1）用户属性特征分析

用户属性特征是用户分析的基础，而用户属性特征又包括固定属性和可变属性。

固定属性特征即伴随用户一生的固定标签，如“男性”“出生于北京”等。可变属性特征即短时间内用户保有的特定标签，如“未婚”“月收入 5000 元左右”“本科学历”等。

（2）用户行为特征分析

直播团队策划一场好的直播营销，需要分析用户的行为特征，然后反向模拟用户行为路径，并在用户的每一步行为过程中设计营销卖点。此处的用户行为特征分析，特指直播场景下用户的行为特征。直播团队需要列出用户观看直播过程中可能会涉及的一系列动作，因为用户的每一个动作都会影响最终的营销效果。

用户在互联网活跃的位置会直接决定直播前期广告投放位置，直播团队必须将有限的资源投放在用户访问较多的网站；用户的社会角色会直接决定直播的语言风格，对于“60 后”“70 后”“80 后”“90 后”及“00 后”，主播通常会有不同的用词习惯和语言风格。

直播团队有效地分析用户并有针对性地设计直播，有助于在直播过程中采取更好的沟通策略，从而达到期望的效果。

3. 营销目标

直播目的必须结合企业的营销目标。因此，直播团队在进行直播目的分析时，必须结合企业自身的营销目标。

在同一个直播平台，不同的企业通常会有不同的营销目标；同一家企业，在不同阶段也会有不同的营销目标。因此，直播团队在每次直播活动的策划前都需要专门进行直播目的分析，尤其是结合企业自身的营销目标，否则一切工作只是在“闭门造车”，无法给企业带来实际效益。

直播团队梳理企业营销目标时，要尽可能科学化、规范化、明确化，运用好 SMART 原则（见图 7-9）。其中，S 代表具体（Specific），指营销目标要切中特定的工作指标，不能笼统。M 代表可度量（Measurable），指营销目标是数量化的，验证这些目标的数据或者信息是可以获得的。A 代表可实现（Attainable），指营销目标在直播团队付出努力的情况下可以实现，避免设立过高或过低的目标。R 代表相关性（Relevant），指营销目标是与企业的其他目标是相关联的。T 代表有时限（Time-bound），直播团队要注重完成营销目标的特定期限。

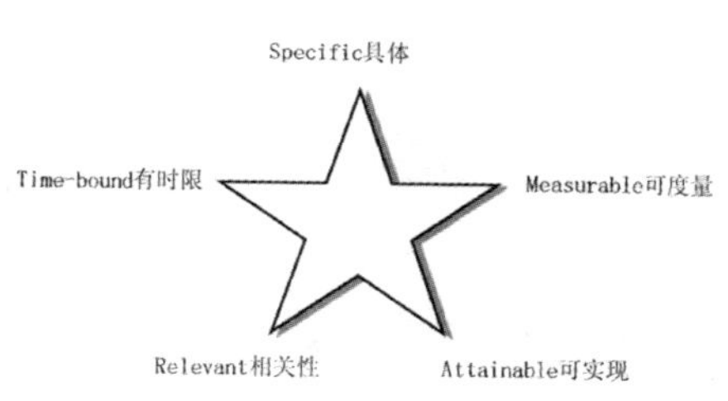

图 7-9 SMART 原则

采用"SMART 原则"不仅可以帮助直播团队成员更加高效地完成工作，也可以使企业对直播团队成员的工作有更清晰的认识，从而可以更公平、公正地评判直播团队的工作结果。

第一是具体，例如，直播团队借助直播提升企业大众点评店铺的星级就是具体的营销目标。

第二是可度量，例如，直播团队借助直播"实现 100 万元的销售额"是可以度量的营销目标。

第三是可实现，例如，直播团队直播一次有 5 万用户观看的目标对于大型企业来说是可实现的。

第四是相关，例如，新媒体部门本身就有网站运营、网店推广、微信公众号运营等职能，直播目标设置为"网站流量 24 小时内提升 80%"是和部门当前的工作是有相关性的。

第五是有时限，直播结束后，传播与发酵的时间通常不超过一周，其中 80%左右的销量来自于直播当天。因此"借助直播实现新品销售 5 万件"是没有时限的，而"直播结束 48 小时内新品销售 5 万件"是有时限的。

直播开始前，直播团队需要将企业营销目标按照 SMART 原则准确地提炼出来，这样才能达到较好的直播效果。

7.2.3 直播营销方式的类型和选择

1. 直播营销的基本方式

为了吸引用户观看直播，直播团队需要设计吸引用户的直播吸引点，并结合前期宣传覆盖更多用户。根据"直播吸引点"划分，直播营销的常见方式共六种，包括明星营销、稀有营销、利他营销、才艺营销、对比营销和采访营销。

（1）明星营销

明星经常会占据娱乐新闻头版，明星的一举一动一般都会受到用户的关注，因此

当明星出现在直播中与用户互动时，会出现极热闹的直播场面。明星营销适用于预算较为充足的项目，企业在明星筛选方面，尽量在预算范围内寻找最贴合产品及用户属性的明星进行合作。

（2）稀有营销

稀有营销适用于拥有独家信息渠道的企业，如独家冠名、知识版权、专利授权、唯一渠道方等。稀有产品往往备受用户追捧，稀有营销不仅仅体现在直播为用户带来的独特视角，更有助于企业利用稀有内容直接提升直播间人气，对于企业而言也是很好的曝光机会。

（3）利他营销

直播中常见的利他营销主要是知识的分享和传播，旨在帮助用户提升生活技能或动手能力。与此同时，企业可以借助主持人或嘉宾的分享，传授产品使用技巧、分享生活知识等。利他营销主要适用于美妆护肤类和时装搭配类产品，如淘宝主播“潮女可可”经常使用某品牌的化妆品向用户展示化妆技巧，教授用户美妆知识的同时，提升产品曝光度。

（4）才艺营销

直播是才艺主播展示的舞台，无论主播是否有名气，只要拥有才艺，都可以带来大量的用户围观。才艺营销适用于主播围绕才艺所使用的工具类产品，例如，主播进行古筝才艺表演需要使用古筝，制作古筝的企业则可以与掌握古筝使用技能的主播进行合作，如花椒主播“琵琶小仙小蜜”经常使用某品牌的琵琶进行才艺表演。

（5）对比营销

产品有对比就会有优劣之分，而用户在购买产品时往往会偏向于购买更具优势的产品。当用户无法识别产品的优势时，企业可以通过与竞品或自身上一代产品的对比，直观展示差异化，以增强产品说服力。

（6）采访营销

采访营销指主持人采访名人嘉宾、路人、专家等，以互动的形式，通过他人的立场阐述被采访者对产品的看法。采访名人嘉宾，有助于增加用户对产品的好感；而采访路人，有利于拉近产品与用户之间的距离，增强用户对产品的信赖感。

2. 直播营销的方式选择

直播团队在选择直播营销方式时，需要从用户角度，挑选或组合出合适的直播营销方式。从互联网用户心理上看，用户从初次接触某企业或某产品直到产生购买行为，通常会经历听说、了解、判断和下单四个过程，如图 7-10 所示。

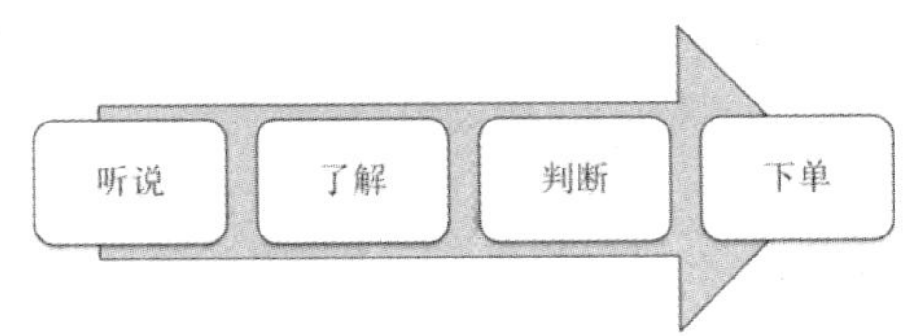

图 7-10　直播营销方式选择过程

首先，互联网用户会在朋友圈、百度搜索等渠道第一次听说某款产品；其次，互联网用户会在产品的官网、官方自媒体平台进行充分了解；再次，互联网用户会对产品进行分析和判断，了解其他用户对此产品的评价；最后，互联网用户才会进行下单购买。

对应互联网用户的以上四个过程，企业需要进行“埋雷”工作，这些工作环环相扣，如图 7-11 所示。

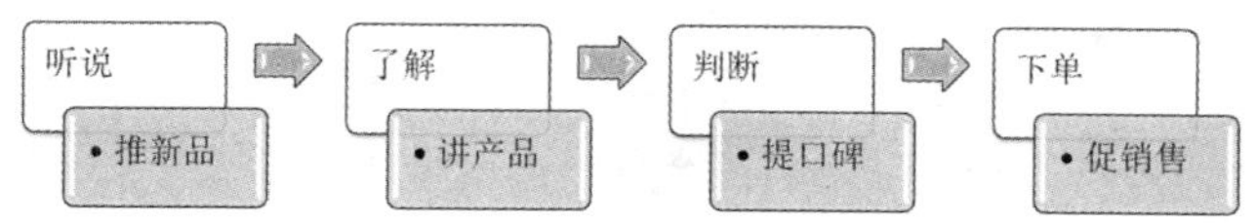

图 7-11　企业的“埋雷”工作

企业可以在用户可能会听说的渠道进行新品推荐，在用户了解产品的平台重点描述产品，在用户进行判断的平台优化产品的口碑与评价，在用户下单的平台设计台词及促销政策、促进订单达成。因此，相对应的企业直播营销的重点工作即推新品、讲产品、提口碑、促销售。

对应以上六种不同的直播营销方式，直播团队在直播中的侧重点各有不同。

由于明星通常会引发用户追捧，“促销售”可以作为明星营销的重点来设计。明星一般不会有太多时间了解产品性能并对产品侃侃而谈，因此“讲产品”可以不作为明星营销的重点。

稀有营销常以发布会直播形式出现，直播团队在现场可以展示新品、讲解现有产品，尤其是提升产品口碑。现场邀请用户谈感受，这也是在对产品质量与品牌进行背书。

利他营销与才艺营销的营销重点在“推新品”与“促销售”。特别是才艺营销的重点在于主播通过现场展示或道具引申，向直播间用户展示新产品，达成产品的销售。

对比营销的重点在于“讲产品”，主播通过对比，突出产品差异化优势，从而让用户对购买的产品更加信任。

采访营销通常以室外采访居多，主播对产品本身的展示与讲解较少，更多是通过被采访者讲述产品的使用心得及感受，从而达到“提口碑”的作用。

需要特别注意的是，以上六种直播营销方式并不是相互独立的。将直播营销方式进行组合，可以强化营销重点，达到“1+1>2”的效果。

7.2.4　直播营销策略组合

在梳理清楚直播目的并选择合适的直播方式后，直播团队需要设计直播营销的策略组合。直播团队进行直播营销的策略组合具有承上启下的作用，一方面可以更好地将上述直播目的落地，另一方面便于下一步直播方案的制作。

人物、场景、产品和创意会影响直播的整体效果，因此，直播团队在设计直播营销的策略组合时，要注意对这四部分进行有机结合，如图 7-12 所示。

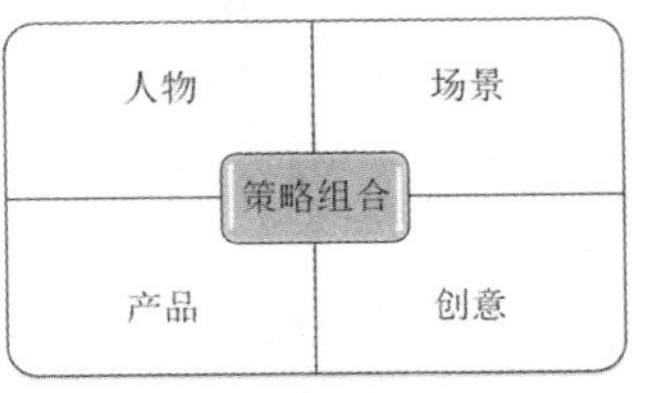

图 7-12　直播营销的策略组合

直播团队借助"人物""场景"'产品"可以组成很多的策略模板，即什么样的人（用户）在什么场所（销售渠道）购买了该产品（直播中展示的产品），并在什么场所（使用场景）使用后获得了什么样的效果（产品功能及效果），而这个人物（用户）正在通过直播的形式把以上环节展示给屏幕前的用户看，让更多的人知道或购买该产品（实现直播目的）。

直播团队套用在策略模板中并非必须保留每一个环节，可以根据实际情况进行动态组合，但每一个环节都会对最终效果产生影响。

例如，一款高端手机，采用了双向摄像头设计，一旦直播团队明确了推广产品的特点为这款手机的双摄像图设计能拍出更漂亮的照片，可以策划户外运动直播活动，以突出这款手机在各场景下的摄影拍照都能够胜任；一款手机，其特点是大屏幕，直播团队可以策划使用手机打乒乓球的环节等。

7.3　开展直播活动，活用技巧转化流量

下面将详细介绍直播开场设计、直播互动技巧、直播结尾设计的具体方法。

7.3.1　六种开场白预热直播间

1. 直播开场设计的五大要素

无论直播团队准备了多少直播内容，如果没有一个好的开场，那直播团队开展的所有用户工作都可能事倍功半，甚至劳而无功，因此，直播的开场是至关重要的。开场是直播留给用户的第一印象，用户进入直播间后一般会在 1 分钟之内决定是否要离开直播间。

直播活动主要有以下五个开场设计。

（1）引发用户兴趣

直播开场时的用户来源分为两部分：第一是前期宣传，直播团队通过直播开始前在微博、微信等自媒体平台宣传，用户会点击链接来到直播间，作为第一批用户；第二是平台流量，在该直播平台随意浏览的用户，看到有趣的直播会点击进入。因此，主播需要利用语言、道具等，充分调动用户的积极性。例如，对新进入直播间的用户进行点名欢迎，及时回应用户的问题，使月直播间道具等。

（2）引导观众推荐

前期宣传及平台流量带来的用户是有限的，甚至一部分用户会因为临时有事、网络故障等情况而退出直播间，因此在开场时，主播需要主动引导用户邀请自己的朋友加入直播间，保持直播间的持续火爆。

（3）带入直播场景

观看一场直播，用户所处环境各不相同，有的正在办公室工作，有的在宿舍上网，也有的在赶往飞机场的路上。主播需要利用开场，第一时间将不同环境下的用户带入直播所需的场景。

（4）渗透营销目的

直播营销属于营销活动的一种形式，但本质上都需要达成相应的营销目的。在开场时，主播可以通过以下三部分进行渗透。

第一，将企业广告语、产品名称、销售口号等穿插植入台词中。

第二，充分利用现场的道具（产品、旗帜、玩具、吉祥物等）对企业品牌进行展示。

第三，提前声明利他的营销信息（特价产品、独家链接等），促成销售。

（5）平台资源支持

各大直播平台通常会配备运营人员，对资源位置进行监控与设置。资源位置包括首页轮转图、看点推荐、新人主播等。

除主播团队事先购买广告位置的资源位置外，直播平台会将一部分资源位置安排给当天直播表现好、口碑佳的直播间。因此，主播利用开场迅速积累人气并引导用户互动，会获得较好的资源位置，从而更快地聚集直播间用户。

2. 直播活动的开场形式

（1）直白介绍

主播在直播开场时，直接告诉用户直播相关信息，包括自我介绍、主办公司简介、直播话题介绍、直播大约时长、本次直播流程等。也可以在开场中提前介绍一些吸引人的环节（如抽奖、彩蛋、发红包等），促进用户留存。

（2）提出问题

开场提问是主播在一开始就提升用户参与感的好方法。一方面，主播通过开场提问可以引导用户思考与直播相关的问题；另一方面，开场提问也可以让主播更快地了解本次用户的基本情况，如用户所处地区、爱好、对于本次直播的期待。

（3）抛出数据

数据是最有说服力的。主播可以将本次直播要素中的关键数据提前提炼出来，在开场时直接展示给用户，用数据说话。特别是针对专业性较强的直播活动，主播可以充分利用数据开场，第一时间令用户信服。

不过需要注意的是，直播开场的数据必须真实可靠，否则会引发用户对于直播真实性的质疑。目前各大直播平台均具有弹幕功能，且主播无法选择或设置禁言，一旦主播抛出的数据有误，会直接导致直播间用户利用弹幕质疑，反而会带来负面的影响。

（4）故事开场

人们一般从小就爱听故事，直播间的用户也不例外。相对于比较枯燥的介绍、分析，故事更容易让不同年龄段、不同教育层次的用户产生兴趣。主播通过一个开场故事，带着用户进入直播所设定的场景，能更好地开展接下来的环节。

例如，某公益活动直播开场可以是：“欢迎大家来到我们的直播间！有这样一个故

事，一个生命垂危的病人从房间里看见窗外的一棵树，在秋风中树叶一片片地掉落下来。病人望着眼前的萧萧落叶，身体也一天不如一天。她说：当树叶全部掉光时，我也就要死了。一位老画家得知后，用彩笔画了一片叶脉青翠的树叶挂在树枝上。最后一片叶子始终没掉下来。只因为生命中的这片绿，病人竟奇迹般地活了下来。今天我们要做的这次公益活动，也是要去帮助一些孩子，让他们看到希望。”

（5）道具开场

主播可以借助道具来辅助开场。开场道具包括企业产品、团队吉祥物、热门卡通人物、旗帜和标语、场景工具等。

其中，场景工具根据直播内容而定。例如，趣味拍卖直播，主播可用拍卖槌作为场景工具；知识分享直播，主播可以借助书籍作为场景工具；户外运动直播，主播可以加入足球、篮球等作为场景工具。

例如，某户外旅行直播开场可以是：“大家上午好！我现在正在青岛××小动物乐园，为大家带来这场直播。我刚才路过小羊、小狗、小鸡的住处，现在来到了鸽子乐园。哇，你看，好多鸽子围着我啊！来，我们一会儿把摄像头对着这只可爱的鸽子，让鸽子和我们直播间的观众打个招呼吧！”

（6）借助热点

参与直播的用户，普遍对互联网上的热门事件和热门词汇有所了解。直播开场时，主播可以借助热点，拉近与用户之间的心理距离。

7.3.2 利用互动技巧活跃气氛

1. 直播互动四象限

与传统的电视直播相比，互联网直播更具参与感。用户可以发弹幕与主播互动，发表评论。毫无互动性的直播，会导致用户流失，直播效果自然会受影响。

直播活动中的互动，由发起和奖励两个要素组成。其中，发起方决定了互动的参与形式与玩法，奖励则直接影响互动的效果。直播活动的互动分类如图 7-13 所示。

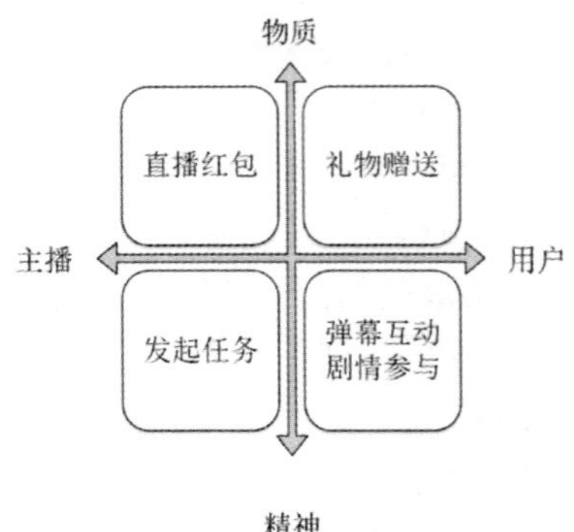

图 7-13　直播活动的互动分类

图 7-13 所示的横轴为发起轴、纵轴为奖励轴，由发起轴与奖励轴分隔出的四个象限，包含了直播互动的四大类玩法。

第一象限（右上角区域）代表用户发起互动，以物质作为奖励。即用户通过直播平台的礼物系统，送给主播礼物，礼物形式根据平台而定，包括“火箭”“跑车”“玫瑰”等。

第二象限（左上角区域）代表主播发起互动，以物质作为奖励。主要以直播红包的形式，主播现场赠送红包或抽奖后快递寄送等价礼物。

第三象限（左下角区域）代表主播发起互动，给用户某种精神奖励。主播可以在直播中邀请用户一起完成某项任务，用户完成后，主播统一授予用户某种称号，或口头念出用户的名字予以感谢。

第四象限（右下角区域）代表用户发起互动，给主播某种精神奖励。在直播中，用户通过弹幕参与讨论，通过与主播共同设定剧情参与直播的下一步开展，这都代表用户对主播或主办方的支持，用户良性的参与和互动对直播活动大有好处。

2. 直播互动的方式

常见的直播互动包括弹幕互动、参与剧情、直播红包、发起任务。

（1）弹幕互动

弹幕即大量以字幕弹出形式显示的评论，这些评论在屏幕上飘过，所有观看直播的用户都可以看到。

传统的弹幕主要出现在游戏直播、户外直播等纯互联网直播中，目前已经有直播平台尝试参与电视直播，与体育比赛、文艺演出等的主办方合作，进行互联网直播和弹幕互动。

目前直播弹幕主要包括两类：第一类是用户相互之间的评论，如“支持刚才这个朋友说的”“给刚才这条弹幕点赞”“说得对，我们北京人喜欢吃这个”等，主播对这类弹幕无须处理；第二类是用户与主播之间的互动，如“能介绍一下台上都坐着什么人吗”“一会该抽奖了吧，主播”等，这类弹幕需要主播与用户及时互动，幽默地回应用户提出的质疑，或详细地帮助用户解答相关问题。

2016 年 7 月 11 日，原创视频博主“papi 酱”在 8 个直播平台（一直播、美拍、斗鱼直播、花椒直播、熊猫 TV、百度视频、优酷直播、今日头条）进行了自己的直播首秀，很多观看直播的用户通过弹幕与主播进行互动，如图 7-14 所示。

（2）参与剧情

这类直播互动方式多见于户外直播。主播可以邀请用户一起参与和策划直播的下一步的进展方式，增强用户的参与感。

2015 年 4 月，一向擅长营销的宝洁旗下的男士香氛品牌 Old Spice，就在游戏直播平台 Twitch 发起了一个不同寻常的参与剧情式直播：该品牌商找来一个人在野外丛林里生活三天，行为完全由用户控制。就像打游戏一样，用户通过输入上下左右按键来控制人物下一步动作，然后该品牌商统计所有用户的选择，票数最高的动作就会成为这个人下一步的行动，如图 7-15 所示。

企业邀请用户参与剧情设计，一方面可以使用户充分发挥创意，令直播更有趣，另一方面可以让被采纳建议的用户获得足够的尊荣感。

（3）直播红包

直播间用户可以为主播或主办方赠送“跑车”“游艇”“玫瑰”等虚拟礼物，表示对主播的认可与喜爱，但此类赠送只是单向互动。

为了提升直播间人气，主播可以利用第三方平台进行红包发放或等价礼品发放，与更多的用户进行互动。

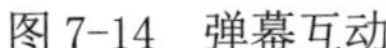
图 7-14　弹幕互动

图 7-15　参与剧情式直播

主播发放直播红包的步骤如下。

第一步：约定时间。主播可以告诉用户“5 分钟后我们会发红包”“晚上八点整咱们准时发出红包”等，一方面通知在场用户抢红包的时间，另一方面暗示用户邀请朋友加入直播间等待红包，提高直播间人气。

第二步：平台说明。除在直播平台发红包外，主播可以选择支付宝、微信、微博等平台作为发放红包的平台，提前告知用户。这一步的目的是为站外平台引流，便于直播结束后的效果发酵。

第三步：红包发放。到约定的时间后，主播或其他工作人员在相应平台发红包。在红包发放前，主播可以进行倒计时，让“抢”红包更有氛围。

除了红包外，主播可以用礼物的形式回馈用户，同样可以达到良好的互动效果。

（4）发起任务

主播在直播中发起任务，类似“快闪”活动，即用户在一个指定的板块，在相同的时间，同时做一系列指定的行为，然后迅速离开。在现实生活中，个人力量有限，但一群人一起做一件事，可以迅速成规模，主播在引起他人注意的同时满足了自我的成就感。

主播在直播中可以发起的任务包括以下方面。

建群“快闪”：邀请用户共同进入一个 QQ 群，在群内说出自己平时不敢说的话，直播结束后，主播解散 QQ 群。

占领留言区：邀请用户共同在某论坛的帖子下方或微信公众号评论区留言。

“晒出”同步动作图片：号召用户一起做出相同的动作，随后用户分别发布在社交网站等。

7.3.3　三种直播收尾，快速转化流量

常规的直播通常不会有太多的营销目的，主播展示自己的游戏才华、日常生活等即可，通常对直播结束的设计无特定要求；而企业直播则需要以结果为导向，通过直播达成营销目的，实现品牌宣传或销售转化。

直播现场的营销效果取决于直播开场的吸引程度和直播进行中的互动程度；直播结束后的营销效果则取决于直播收尾过程中主播对用户的引导程度。

直播结束后，主播首先要解决的是流量问题，无论直播间用户是过十万人还是过百万人，一旦直播结束，用户马上散去，流量随之清空。为了利用直播间的流量，主播在直播结束时的核心工作就是将直播间的流量引向销售平台、自媒体平台和粉丝平台三个方向，如图 7-16 所示。

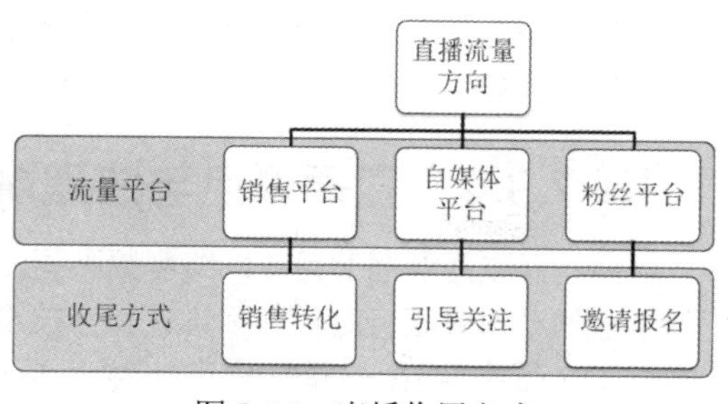

图 7-16　直播收尾方式

1. 销售转化

主播将流量引导至销售平台，从收尾表现上看即引导用户进入官方网店，促进用户购买产品。

通常留在直播间直到结束的用户，对直播都比较感兴趣。对于这部分用户，主播可以充当售前顾问的角色，在结尾时引导用户购买产品。

例如，某电商平台直播收尾可以是：“感谢大家来到我们的直播间！一会儿直播结束后，大家可以找到我们的在线客服，告诉她一段暗语，她会引导你以 9 折的价格买到我们已经下架的爆款 U 盘——就是大家开场弹幕问过我的那一款，现在已经卖到脱销，只剩下库存的一小部分了，可以作为今天直播间的小福利。这段暗语是××，大家千万别打错字了啊！拜拜了各位！”

不过需要注意的是，销售转化要有利他性，能够帮用户省钱或帮用户抢到供不应求的产品；否则，主播在直播结尾植入太过生硬的广告，只会引来用户的反感。

2. 引导关注

主播将流量引导至自媒体平台，从收尾表现上看即引导用户关注自媒体账号。

在直播结束时，主播可将企业的自媒体账号和关注方式告诉用户，以便直播后继续向用户传达企业信息。

例如，某商场开业直播收尾可以是：“今天的直播就到这里。欢迎大家关注我们的微信公众号××，以后最新的打折和新品信息都会通过这个公众号发出来。对了，关注之后回复‘惊喜’两个字，你会获得一张 50 元代金券，来商场购买衣服的时候可以直接减免 50 元了。记得告诉你的亲戚朋友，一起省钱啦！再次感谢大家！”

3. 邀请报名

主播将流量引导至粉丝平台，从收尾表现上看即告知用户粉丝平台加入方式，邀请用户报名。在同一场直播中积极互动的用户，更容易与主播或主办单位“玩”起来，也更容易参加后续的直播。对于这类用户，主播可以在直播收尾时邀请入群，结束后主播通过运营该群，逐渐将这些用户转化成忠实粉丝。

例如，某鸭脖厂商直播收尾可以是：“这次直播就到这里，如果大家喜欢啃鸭脖，也喜欢和我们的小团队一起开展接下来的直播，可以添加我们的微信群小助手，她会拉你入群，她的微信号是××。与今晚一样，我们会在每周五晚 20:00 在群里发红包，

同时也会邀请群里的小伙伴试吃新品，每年还会邀请群里的小伙伴来我们湖北工厂参观。一起来玩吧！”

7.3.4 直播重点与注意事项

直播与互联网录播节目或网络视频不同，直播完全即时地呈现在用户面前，主播任何不当的动作或不合时宜的话语，都会被用户看到。一场好的直播活动，主播需要把握好两方面的平衡，一是前期策划，主播需要按照策划好的流程与台词去完成直播；二是用户互动，主播需要友好地引导用户参与直播环节。在直播营销过程中，主播需要注意 3 方面内容。

1. 反复强调营销重点

一场晚会或一次球赛，现场观众在开始前就已落座，主办方在开场点明重点内容即可。但网络直播随时会有新用户进入，主播需要在直播过程中，反复强调营销重点。

2. 减少自娱自乐，增加互动

直播不是单向沟通，用户希望主播予以回应，主播也需要多利用过渡性的语言进行引导。

例如：“关于这个话题，咱们就讨论到这儿吧，大家觉得呢？接下来我会让大家大吃一惊，大家想看吗？想看的请用 1 告诉我吧！”“今天时间有限，我们再挑选 3 条弹幕问题进行回复吧！3 条之后，我们一起进入下一个环节。”

3. 注意节奏，防止被打扰

直播进行中，用户发布的弹幕是不可控的，部分用户对主播的指责、批评无法避免。如果主播过于关注负面评价，就会影响自己的直播状态。

在直播进行中，主播需要有选择性地与用户互动，主播可以积极回应；对于善意的建议，主播可以酌情采纳；对于正面的批评，主播可以幽默化解或坦荡认错；对于恶意谩骂，主播可以不予理会。

直播的掌控者是主播，因此主播必须注意直播节奏，避免被弹幕影响，特别需要避免与部分用户争执而拖延直播进度。

7.4 直播营销案例：宝马 X1 敢作敢为音乐秀

1. 营销背景

宝马 X1 是较为紧凑的运动型实用汽车（Sport Utility Vehicle，SUV）车型，2016 年 5 月 20 日，宝马新款 X1 上市销售，锁定的是 25～35 岁的青年，这部分人群追求的不是简单的兴奋和满足，而是追求自己内心世界的理想生活方式。因此，本次活动的关键词设定为“Live Real（敢作敢为）”。

主办方为了烘托全新宝马 X1 的上市气氛，宝马 X1 “敢作敢为” 音乐秀会在西双版纳的傣秀剧场开演。傣秀剧场本身仅可以容纳 1000 人左右，因此“以音乐为承载的新车发布，在线上获得最大程度的关注并传达全新宝马 X1 的品牌态度，进而和年轻人群进行深度沟通”成为本次活动的关键点。

2. 营销目标

本次活动的总体营销目标是让全新宝马 X1 的发布和以往有所不同，让全新宝马 X1 得到充分曝光的同时宣传“敢作敢为”的品牌理念；同时希望获得超过 500 万次以上的曝光量，并收集 2000 条以上的销售线索。

3. 策略与创意

本次活动以音乐秀作为内容载体，携手诠释“Live Real”的代表歌手通过全渠道直播和在线实时互动，实现超越时空界限的新车创新发布会，让宝马 X1 的上市成为热点。

在内容层面，主办方邀请了许多音乐代表人物参与演出（见图 7-17），音乐代表人物通过音乐从多个角度对“Live Real”进行解读。

图 7-17 音乐秀现场

在传播层面，发布会前一周，主办方借助视频与音乐平台寻找对音乐秀感兴趣的年轻用户；直播当天，主办方通过社交、音乐、视频、虚拟现实（Virtual Reality，VR）平台共同组成直播生态链，在直播的同时通过丰富的互动形式实现线上和线下的全面互动。

在品牌层面，宝马 X1 作为整场音乐秀的关键角色，作为象征“敢作敢为”精神的符号融入每段音乐故事中，并且通过线上线下的交互传递车型卖点和特色。

4. 执行过程

发布会前一周，主办方开始预热，主办方根据音乐秀的内容特征，借助视频与音乐平台来寻找对音乐秀感兴趣的年轻用户；运用歌词海报定制、宝马 X1 推送欣赏、直播预约等方式实现最大限度的预热和曝光。在预热期间，超过 100 万人参与了歌词海报的制作和好友互动，数百万人进行了直播预约。

在发布会当天，主办方采用腾讯视频、微信、QQ 音乐、企鹅电视、腾讯炫镜 VR 等平台进行立体直播，以满足年轻用户对音乐秀体验的多元化需求，如图 7-18 所示。

首先是微信端，主办方在发布会前 15 分钟开始释放朋友圈广告并直接链接到直播内容；其次是音乐平台，主办方在演唱会当天用闪屏、焦点图等优势资源为用户关联直播内容；再次是腾讯视频的网页端和移动端，主办方在演唱会前对预约用户进行直播提醒；最后是腾讯客厅，用户可以在腾讯客厅观看宝马 X1 的发布会直播。除此之外，此次直播启动了身临其境的 360 度直播，用户可以在移动端利用腾讯炫境和 VR 眼镜感受沉浸式的直播体验或在 PC 端切换到 360 度全景模式进行观看。

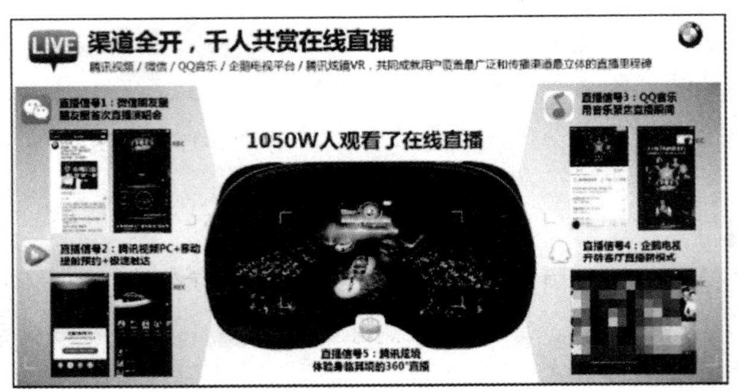

图 7-18　立体直播

主办方在直播进行过程中设计了丰富的互动形式（见图 7-19），用户可以投票为自己喜欢的歌手加油，也可以通过弹幕与其他用户交换意见，并决定宝马 X1 在现场发布会最终的亮相形式。

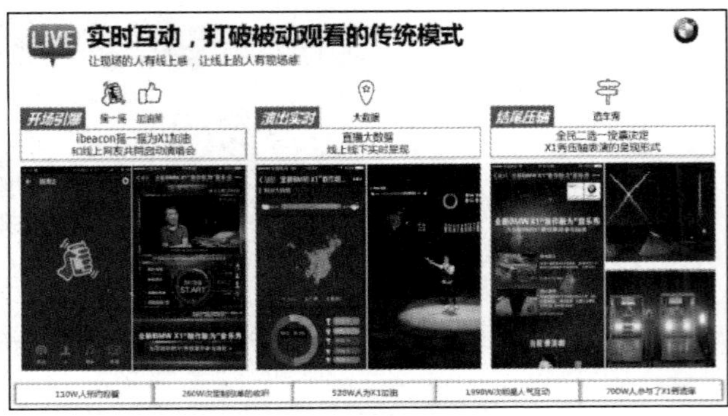

图 7-19　丰富的互动形式

5. 营销效果与市场反馈

最终超过 1050 万用户在线观看了直播，并创造了 4000 万次互动，人均停留时间超过 34 分钟，超过 22366 人预约试驾的成绩。

由于本次宝马 X1 发布会效果良好，第一时间引发电视与社交媒体的自主传播与讨论。

思考与练习

1. 直播营销有哪些特点？
2. 请简述直播平台的类型。
3. 开展直播活动的风险有哪些？
4. 规划直播营销的五个步骤是什么？
5. 请简述直播营销的实用方法。
6. 直播开场设计有哪些方法？
7. 直播互动有哪些具体玩法？